Le pompage solaire pour l'approvisionnement en eau

Éloges de ce livre

« Ce livre est un véritable "guichet unique" pour toutes les questions relatives au pompage d'eau solaire. Il donne des exemples de projets humanitaires et de développement recueillis dans le monde entier et fournit à la fois des règles empiriques simples et faciles à appliquer et des paramètres de conception extrêmement détaillés. Il s'agit du manuel le plus exhaustif et approfondi, mais aussi le plus pratique et concret en matière de pompage d'eau solaire. Une lecture essentielle et un ouvrage de référence pour tous ceux qui conçoivent et installent des systèmes solaires pour l'approvisionnement en eau. »

Andy Bastable, responsable Eau et Assainissement, Oxfam

« *Le pompage solaire pour l'approvisionnement en eau* est un excellent ouvrage qui conjugue à la perfection la théorie et la pratique de ce sujet. Il établit une feuille de route claire pour la conceptualisation d'un projet, sa conception et sa mise en œuvre, tout en abordant les répercussions sociales de tels projets. Il donne de très bons exemples de ce qu'il faut faire et ne pas faire en matière de pompage solaire pour l'approvisionnement en eau, avec des formules d'ingénierie et des photographies, en s'appuyant sur des réalisations en Afrique et en Asie. Je recommande vivement cet ouvrage aux praticiens et aux apprenants en matière d'approvisionnement en eau et d'énergie renouvelable solaire, car il permet de fusionner ces deux disciplines pour exploiter les rares ressources en eau de la façon la plus économique. »

Dr MAS Waweru, Directeur général, Davis & Shirtliff Ltd

« Un bon ouvrage de référence à la portée de tous – et pas seulement des techniciens – pour en savoir plus sur tous les aspects du pompage solaire PV dans le cadre des interventions d'urgence et des projets de développement, englobant la technologie, la conception, l'installation, la maintenance et le financement de systèmes de pompage solaire. Des études de cas utiles et intéressantes sont également fournies en annexe. »

Jean-Paul Louineau, Directeur, Alliance Soleil

« Un manuel remarquable qui reflète l'expérience des auteurs dans le secteur de l'énergie et de l'action humanitaire et qui sera assurément bien accueilli par tous ceux qui doivent mettre en œuvre des systèmes photovoltaïques pour le pompage de l'eau. »

Dr. Salvador Seguí-Chilet, Université polytechnique de Valence

« Un guide très pertinent et complet sur les systèmes d'approvisionnement en eau à énergie solaire, qui englobe la conception, la localisation, l'achat des matériaux, l'installation, la mise en service, l'exploitation, la maintenance et la supervision. Ce manuel contribuera à réduire au minimum les problèmes techniques dus à une conception inadéquate des systèmes solaires d'approvisionnement en eau, qui ont freiné leur pleine exploitation pour assurer la qualité, l'équité et la durabilité des services d'eau salubre. »

Silvia Gaya, Conseillère principale Eau et Environnement,
Division du programme WASH, siège de l'UNICEF

Le pompage solaire pour l'approvisionnement en eau

Exploiter l'énergie solaire dans le contexte de l'action humanitaire et du développement

Asenath W. Kiprono et Alberto Ibáñez Llario

Practical
ACTION
PUBLISHING

Practical Action Publishing Ltd
27a, Albert Street, Rugby,
Warwickshire, CV21 2SG, Royaume-Uni
www.practicalactionpublishing.com

Une entrée de catalogue pour ce livre est disponible à la British Library.

Une entrée de catalogue pour ce livre a été demandée à la bibliothèque du Congrès.

ISBN 978-1-78853-186-3 Relié
ISBN 978-1-78853-187-0 Broché
ISBN 978-1-78853-188-7 Livre numérique

Citation : Kiprono, A W., Llario, A I., (2021) *Le pompage solaire pour
l'approvisionnement en eau. Exploiter l'énergie solaire dans le contexte de l'action
humanitaire et du développement*, Royaume-Uni : Practical Action Publishing
<http://dx.doi.org/10.3362/9781788531887>.

Depuis 1974, Practical Action Publishing publie et diffuse des livres et des
informations pour soutenir les travaux de développement international
dans le monde entier. Practical Action Publishing est un nom commercial
de Practical Action Publishing Ltd (enregistrée sous le numéro 1159018), la
maison d'édition appartenant en totalité à Practical Action. Practical Action
Publishing sert uniquement les objectifs de l'association caritative dont elle
est issue, et tout profit est reversé à Practical Action (organisation caritative
enregistrée sous le numéro 247257, TVA du groupe 880 9924 76).

Photos de couverture : en haut, système d'approvisionnement en eau de
l'OIM dans l'extension du camp de réfugiés de Kutupalong Balukhali, avec
l'autorisation de l'OIM Bangladesh. En bas, des villageois au Darfour (Soudan),
avec une nouvelle pompe à eau solaire installée dans le cadre d'un système
de gestion intégrée des ressources en eau (GIRE) issu d'une collaboration
entre Practical Action, les collectivités locales, les services techniques et les
communautés touchées par la sécheresse, avec l'autorisation de Practical Action.

Maquette de couverture : RCO.design
Traduit de l'anglais par Jean-Michel Assié
Relecture : Maryck Nicolas-Holloway
Composition : vPrompt eServices, Inde; ThompsonText, Royaume-Uni
Imprimé au Royaume-Uni

Table des matières

Encadrés, figures et tableaux ix
Sigles et abréviations xvii
Préface xix

1. Les solutions solaires photovoltaïques pour le pompage de l'eau 1
   1.1 Le pompage solaire PV de l'eau dans le contexte de l'action
       humanitaire et de l'aide au développement 1
   1.2 Facteurs déterminant le regain d'intérêt pour le pompage
       solaire PV de l'eau 4
   1.3 Note d'orientation sur l'utilisation du pompage solaire 6

2. Définitions et principes de la production d'énergie solaire 11
   2.1 La ressource solaire 11
   2.2 Le soleil et l'eau : une symbiose parfaite 12
   2.3 Le rayonnement solaire 13
   2.4 Le solaire photovoltaïque 14
   2.5 L'éclairement solaire 16
   2.6 L'ensoleillement 20
   2.7 Conditions normales d'essai 22
   2.8 Cartes d'ensoleillement aux heures de soleil maximum 23
   2.9 Concepts de base de l'électricité en CC 24
   2.10 Courbe I-V et point de puissance maximale du module solaire 27

3. Configurations et composants d'un système de pompage solaire 31
   3.1 Le concept et la révolution de SPS 31
   3.2 Configurations des SPS 33
   3.3 Composants d'un SPS 37
   3.4 Composants du reste du système SPS 47
   3.5 Fabricants d'équipements SPS 53
   3.6 L'importance des aspects qualitatifs dans les SPS 53

4. Les pertes d'énergie dans la production d'énergie solaire photovoltaïque 57
   4.1 Calcul des pertes d'énergie 57
   4.2 Pertes d'énergie dues à la température des cellules 59
   4.3 Pertes d'énergie dans le câblage 64
   4.4 Pertes d'énergie dues à l'éclairement solaire 65
   4.5 Pertes d'énergie dans les modules PV 70
   4.6 Pertes d'énergies dues au montage des modules 72
   4.7 Pertes d'énergie dans les convertisseurs de puissance
       et le reste du système 73
   4.8 Estimation de la performance énergétique 75

5. Conception d'un système de pompage solaire   77
    5.1 Conception de la pompe solaire   77
    5.2 Concepts et aspects importants pour la conception   78
    5.3 Étapes de la conception d'un système de pompage solaire   79

6. Installation électrique et mécanique des systèmes de pompage solaires   99
    6.1 Installation du système de pompage   99
    6.2 Séquence et procédure d'installation   101
    6.3 Mise à la terre et protection contre la foudre et les surtensions   119
    6.4 Sécurité électrique   121

7. Aspects et contraintes spécifiques au pompage solaire   123
    7.1 Chloration   123
    7.2 Détection de réservoir plein éloigné du point d'eau   125
    7.3 Suivi solaire   126
    7.4 Kits de pompage solaire d'urgence   127
    7.5 Plage de puissance des groupes motopompes et des onduleurs   128
    7.6 Vandalisme et vol   129
    7.7 Surpompage des aquifères   131
    7.8 Régions chaudes et pompage d'eau chaude   133
    7.9 Questions fréquentes   135

8. Pompage d'eau solaire pour l'agriculture   137
    8.1 Pompage d'eau pour l'agriculture irriguée   137
    8.2 Influence de la pression sur les besoins en énergie pour l'irrigation   137
    8.3 Émissions de gaz à effet de serre par l'agriculture et
        adaptation au changement climatique   139
    8.4 Financement des systèmes d'irrigation à énergie solaire   140
    8.5 Instruments financiers pour le développement de l'irrigation solaire   141
    8.6 Risques et contraintes de l'irrigation solaire   142
    8.7 Recommandations pour relever les défis de l'irrigation solaire   143

9. Analyse économique : coût du cycle de vie des technologies
    de pompage   147
    9.1 L'importance des critères économiques   147
    9.2 Analyse du coût du cycle de vie   148
    9.3 Détermination du coût du cycle de vie du pompage de l'eau   150
    9.4 Comparaison de l'ACCV des systèmes solaires et des systèmes
        à générateur   152
    9.5 Coût de propriété   158

10. Appel à propositions et évaluation des offres   161
    10.1 Critères de sélection des produits et services de pompage solaire   161
    10.2 Caractéristiques requises des principaux composants   161
    10.3 Sélection du fournisseur   164
    10.4 Processus d'appel d'offres   164
    10.5 Modèle de document d'appel d'offres : cahier des charges technique   166
    10.6 Qualité des modules solaires   170
    10.7 Aspects pratiques de la sélection des fournisseurs et des équipements 175

11. Essai et mise en service, opérations et maintenance   177
    11.1 Essai et mise en service   177
    11.2 Opérations et maintenance de l'équipement   181

12. Garanties, modèles de gestion et surveillance   193
    12.1 Garanties   193
    12.2 Modèles de gestion   196
    12.3 Surveillance   198

Annexe A Notions élémentaires de conception de la pompe et
         du générateur   203

Annexe B Calcul manuel du système de pompage solaire   211

Annexe C Calcul des pertes dues à un angle d'inclinaison non optimal   227

Annexe D Dimensionnement des câbles   231

Annexe E Exemple de fiche de garantie produit   235

Annexe F Fiches d'inspection et de maintenance de routine   237

Annexe G Plan de maintenance préventive   241

Annexe H Dépannage général des SPS   245

Annexe I Instruments de financement des systèmes d'irrigation
         à énergie solaire   249

Annexe J Liste de contrôle physique de l'installation et de la maintenance 253

Annexe K Formulaire de suivi journalier des modules photovoltaïques
         et de la pompe   258

Glossaire   261

Références   267

Encadrés, figures et tableaux

Encadrés

Encadré 2.1 Éléments d'un système solaire photovoltaïque 15

Encadré 4.1 Minimiser les pertes dues à la température 63

Encadré 4.2 Minimiser les pertes dans le câblage 65

Encadré 4.3 Minimiser les pertes dues à l'encrassement 67

Encadré 4.4 Minimiser les pertes dues à l'ombrage 68

Encadré 4.5 Minimiser les pertes dues à une orientation azimutale et
à un angle d'inclinaison incorrects 69

Encadré 4.6 Minimiser les pertes dues à la désadaptation 71

Encadré 4.7 Minimiser les pertes dues au vieillissement 71

Encadré 4.8 Minimiser les pertes dues à la disponibilité 74

Encadré 10.1 Aspects qualitatifs des produits 162

Encadré 10.2 Critères de sélection du fournisseur 165

Encadré 10.3 Guide de référence pour la procédure d'achat du SPS 166

Encadré 10.4 Vérification de la qualité du module 175

Encadré 11.1 Quand faire appel à un technicien 188

Encadré 11.2 Exemple de dispositions essentielles d'un contrat
de service de maintenance 189

Encadré 12.1 Points communs des systèmes de distribution d'eau
gérés avec succès par la communauté au Kenya 197

Encadré 12.2 L'eau solaire devrait-elle être gratuite dans les projets
communautaires ? 198

Figures

Figure 1.1 Carte mondiale des régions adaptées aux applications solaires   2

Figure 1.2 Évolution du prix des cellules PV, 1977–2015   5

Figure 2.1 L'eau et le soleil : une symbiose parfaite   12

Figure 2.2 Rayonnement global horizontal   14

Figure 2.3 Transformation de la lumière du soleil en électricité   14

Figure 2.4 Le processus de « l'effet photovoltaïque »   15

Figure 2.5 Illustration de la cellule, du module, du groupe et du générateur PV   16

Figure 2.6 Système type de pompage d'eau solaire   17

Figure 2.7 Rayonnement hebdomadaire à Valence au mois de juillet   18

Figure 2.8 Éclairement solaire selon l'heure à Valence durant deux jours
          consécutifs en été   19

Figure 2.9 Courbe d'ensoleillement journalier   20

Figure 2.10 Éclairement solaire pendant deux jours de juillet et
          ensoleillement correspondant   21

Figure 2.11 Masse d'air selon différentes positions du soleil   22

Figure 2.12 Carte d'ensoleillement de la Jordanie   25

Figure 2.13 Courbe I-V et courbe de puissance types d'un module PV
          cristallin fonctionnant dans des conditions normales d'essai   28

Figure 2.14 Courbe I-V selon la variation de l'éclairement et de la
          température   28

Figure 3.1 Plage de débit type d'une pompe à énergie solaire   33

Figure 3.2 Installation solaire autonome   34

Figure 3.3 Installation hybride   34

Figure 3.4 Installation autonome en surface   35

Figure 3.5 Illustration de la fabrication d'un module solaire   44

Figure 3.6 Différents types de module solaire (dans le sens des aiguilles
          d'une montre, à partir d'en haut à gauche : mono-Si,
          poly-Si, a-Si et TFPV)   45

Figure 3.7 Parties d'un câble   50

Figure 3.8 Éléments d'un pompage d'eau solaire   52

Figure 3.9 Conduits endommagés par les hautes températures en Irak   54

Figure 4.1 Écart de température pour une centrale c-Si avec un angle
d'inclinaison fixe de 30° à Valence, Espagne   60

Figure 4.2 Effet de l'éclairement solaire sur le rendement des modules PV c-Si   61

Figure 4.3 Écarteurs placés entre les modules pour améliorer le refroidissement   63

Figure 4.4 Sable sur les modules PV limitant la puissance de sortie   66

Figure 4.5 Ombre sur les modules PV limitant la puissance de sortie   68

Figure 4.6 Exemple de garantie fournie par Trina Solar pour les modules
polycristallins Tallmax   72

Figure 4.7 Déclenchement des diodes de dérivation sur les modules PV
ombragés   73

Figure 5.1 Connexion en série   85

Figure 5.2 Connexion en parallèle   86

Figure 5.3 Combinaison de connexions en série et en parallèle   86

Figure 5.4 Configuration du groupe de modules   87

Figure 5.5 Position du soleil dans le ciel par rapport à la surface de la Terre   89

Figure 5.6 Effet de l'inclinaison sur le captage de l'énergie solaire   91

Figure 5.7 Modules PV à Sheikhan, Irak, orientés au sud avec une
inclinaison de 36°   92

Figure 5.8 Boîtier d'onduleur placé sous les modules dans la région de
Somali, Éthiopie   92

Figure 5.9 Système hybride solaire-générateur dans le camp de réfugiés
d'Adjumani, Ouganda   96

Figure 6.1 Exemples de plaques signalétiques d'un module PV (à gauche)
et d'un contrôleur solaire (à droite)   100

Figure 6.2 Installation d'une pompe à l'aide d'un treuil hydraulique   103

Figure 6.3 Pompes de surface horizontales installées sur une dalle
en béton à la station de pompage d'Itang, Éthiopie   105

Figure 6.4 Dispositifs de commande installés (de gauche à droite) :
commutateur CA, onduleur, parasurtenseur, interrupteur
de déconnexion PV   107

Figure 6.5 Onduleur installé dans une armoire grillagée verrouillable
sous le groupe PV à Turkana, Kenya   108

Figure 6.6 Exemples de mauvaise gestion du câblage au Soudan du Sud   110

Figure 6.7 Exemples de bonne gestion du câblage au Soudan du Sud
et en Tanzanie respectivement   110

Figure 6.8 Structure fixée au sol dans le camp de réfugiés de Kawrgosk   111

Figure 6.9 Modules PV fixés sur des mâts dans le camp de réfugiés de
Bidibidi, Ouganda   111

Figure 6.10 Modules fixés sur la toiture plane d'un réservoir à Gaza   112

Figure 6.11 Installation combinée sur toiture et sur mâts dans le système
de pompage de l'OIM, extension du camp de réfugiés de
Kutupalong Balukhali (photo de couverture)   112

Figure 6.12 Exemple de structure sur pieux vissés   114

Figure 6.13 Structure installée sur un réservoir dans un camp de PDIP
près de Maiduguri, Nigéria   114

Figure 6.14 Effondrement d'une structure sur mâts, Yida, Soudan du Sud
(à gauche), modules arrachés par le vent à Fafen, Éthiopie
(à droite)   116

Figure 6.15 Branchement correct des connecteurs rapides MC3
d'un module solaire   116

Figure 6.16 Connexion alternée des modules   117

Figure 6.17 Exemple de câbles de modules mal et bien ordonnés   118

Figure 6.18 Couloir de maintenance entre des modules montés
sur toiture à l'université de Strathmore, Kenya   118

Figure 6.19 Couloir de maintenance dans une installation au sol
à Koboko, Ouganda   119

Figure 6.20 Parasurtenseur Lorentz   120

Figure 7.1 Chlorateur à vanne de dérivation   125

Figure 7.2 Suiveurs solaires : suivi sur deux axes (à gauche) et
sur un seul axe (à droite)   126

Figure 7.3 SPS grillagé avec un éclairage solaire de sécurité à Turkana, Kenya   129

Figure 7.4 Mesures extrêmes de sécurité des modules à Burao, Somalie   130

Figure 7.5 Sensibilisation à l'importance du SPS pour éviter le vol
et le vandalisme   131

Figure 8.1 Incidence de la disponibilité des ressources en eau sur
les rendements des cultures en Chine   138

Figure 8.2 Répartition approximative des émissions de gaz à effet
de serre (en équivalent CO_2) du secteur agroalimentaire
mondial en 2010   139

Figure 9.1 Étapes de conception technique et d'évaluation économique   151

Figure 9.2 Évolution comparée des coûts d'un système solaire
et d'un générateur   156

Figure 9.3 ACCV d'un générateur autonome par rapport à des systèmes
hybride et solaire à Nyarugusu, Tanzanie   159

Figure 9.4 Modèles de financement des systèmes de pompage
à énergie solaire   159

Figure 10.1 La qualité, un critère essentiel des panneaux solaires   162

Figure 10.2 Exemple de schéma d'un système de pompage d'eau
à énergie solaire fourni aux soumissionnaires   168

Figure 10.3 Ce qui paraît bon marché au départ peut s'avérer
plus cher à l'arrivée   176

Figure 11.1 Durée des différentes étapes de la vie utile d'un système de
pompage solaire   182

Figure 11.2 Maintenance de routine pour assurer le bon fonctionnement
quotidien   186

Figure 12.1 Système de communication de Lorentz pour une surveillance
sur téléphone via Bluetooth ou sur ordinateur via Internet   199

Figure 12.2 Pince ampèremétrique Fluke   200

Figure A1 Schéma du calcul de la hauteur manométrique totale   204

Figure A2 Schéma de l'exemple pratique   207

Figure B1 Nombre de modules configurés en série et en parallèle   213

Figure B2 Résultat du dimensionnement à l'aide du logiciel Grundfos   215

Figure B3 Résultat du dimensionnement à l'aide du logiciel Lorentz   216

Figure B4 Courbe hauteur-débit de la pompe Grundfos SP 9   217

Figure B5 Fiche technique de la pompe Grundfos SP 9   218

Figure B6 Courbe de puissance-débit de la pompe Grundfos SP 9   219

Figure B7 Fiche technique des moteurs Grundfos   220

Figure B8 Carte des ressources solaires du Kenya   221

Figure D1 Tableau d'intensités maximales et de chutes de tension admissibles 232

Figure D2 Tableau de tailles de câble   233

Tableaux

Tableau 1.1 Avantages et inconvénients des systèmes de pompage
solaire PV de l'eau   3

Tableau 2.1 Analogie entre l'électricité et l'eau   26

Tableau 3.1 Liste de systèmes de pompage solaire de l'eau en service   32

Tableau 3.2 Exemple de caractéristiques d'un module   45

Tableau 4.1 Tableau des pertes estimées en pourcentage de l'énergie
totale produite   58

Tableau 4.2 NOCT, g et facteurs de rendement pour différentes
technologies de module PV   62

Tableau 4.3 Variation de la résistivité et de la conductivité
en fonction de la température   65

Tableau 5.1 Données requises pour la conception d'un système
de pompage solaire   78

Tableau 5.2 Durée de vie prévue des composants solaires   80

Tableau 5.3 Exemple de calcul du pire mois de l'année pour des
besoins en eau constants : Yumbe, Ouganda (3N, 31E)   83

Tableau 5.4 Exemple de calcul du pire mois de l'année pour des
besoins en eau variables : Yumbe, Ouganda (3N, 31E)   83

Tableau 5.5 Orientations indicatives sur la capacité du réservoir d'eau   94

Tableau 7.1 Résumé des spécifications de la Global Solar and Water
Initiative pour les kits de pompage solaire de petite,
moyenne et grande taille destinés à un déploiement rapide 127

Tableau 9.1 Données requises pour l'analyse du cycle de vie   151

Tableau 9.2 Coût de maintenance estimé d'un générateur diesel de qualité 152

Tableau 9.3 Consommation de carburant estimée d'un générateur
selon la charge   152

Tableau 9.4 ACCV du système de pompage donné avec un
générateur diesel   153

Tableau 9.5 Coût d'investissement des principaux composants
du système de pompage solaire PV donné   154

Tableau 9.6 ACCV du système de pompage donné à énergie solaire PV 155

Tableau 9.7 Comparaison des coûts de systèmes autonomes à générateur
existants au Soudan du Sud et des coûts de systèmes solaires
ou hybrides équivalents   157

Tableau 10.1 Caractéristiques minimales recommandées des composants
solaires   163

Tableau 11.1 Inspections et tests de fonctionnalité des systèmes
de pompage solaires   178

Tableau 11.2 Tests de performance d'un système de pompage solaire 179

Tableau 11.3 Modèle de rapport d'essai de SPS   180

Tableau 11.4 Documentation technique accompagnant le système
de pompage solaire   183

Tableau 11.5 Registres d'interventions d'entretien et de maintenance
sur site   184

Tableau 11.6 Maintenance de routine des systèmes de pompage solaire 186

Sigles et abréviations

ACCV	analyse du coût du cycle de vie
BEP	point d'efficacité maximale
CAE	contrat d'achat d'électricité
FAO	Organisation des Nations Unies pour l'alimentation et l'agriculture
GES	gaz à effet de serre
GLOSWI	Global Solar and Water Initiative
HMT	hauteur manométrique totale
LCB	booster de courant linéaire
MPP	point de puissance maximale
MPPT	suivi du point de puissance maximale
NOCT	température nominale de fonctionnement des cellules
O&M	opérations et maintenance
PDIP	personnes déplacées à l'intérieur de leur propre pays
PSH	heures de soleil maximales
RDS	reste du système
SIS	système d'irrigation solaire
SPS	système de pompage solaire
STC	conditions normales d'essai
TFPV	cellules photovoltaïques en couche mince
VA	valeur actuelle

Préface

Bien que le pompage d'eau solaire fonctionne depuis les années 1970, ce n'est que depuis quelques années qu'il s'est répandu à travers le monde, grâce à des solutions plus robustes, plus puissantes et plus efficientes destinées à des projets d'approvisionnement en eau. Des dizaines de milliers de systèmes de pompage solaire ont été installés ces dix dernières années, aussi bien dans des communautés rurales que dans de grandes agglomérations urbaines ainsi que dans des camps de réfugiés et de personnes déplacées à l'intérieur de leur propre pays, dans des contextes d'urgence et post-urgence et dans le cadre de projets de développement.

Cet ouvrage est le résultat de cinq ans de travail dans le cadre de la Global Solar and Water Initiative [Initiative mondiale énergie solaire-eau]. Cette initiative a pour objectif de généraliser les solutions de pompage solaire de qualité dans les pays à revenus faibles ou intermédiaires, en collaborant étroitement avec les gouvernements, le secteur privé, les fabricants, les universités, les ONG et les agences des Nations Unies.

Pour écrire cet ouvrage, nous avons étudié la technologie actuelle, les bonnes pratiques ainsi que la qualité et la disponibilité des produits. Nous avons analysé les coûts et les avons comparés à ceux d'autres technologies disponibles, et nous avons examiné différents modèles d'opérations et de maintenance. Au cours de ce travail, plus de cent camps de réfugiés et de PDIP ont été visités dans 12 pays différents et des centaines d'ingénieurs ont été formés, aussi bien dans le cadre de formations sur site que de stages spécialisés en ligne.

Cet ouvrage est le fruit de tout ce travail. Nous nous sommes efforcés d'expliquer dans un langage simple et clair non seulement les connaissances théoriques nécessaires pour comprendre la technologie, mais aussi les aspects pratiques et les enseignements tirés lors des visites, des réunions et des entretiens effectués depuis 2016 dans le domaine du pompage solaire dans les contextes de l'action humanitaire et du développement. Tout le matériel élaboré dans le cadre de la Global Solar and Water Initiative, ainsi que l'actualité relative aux formations, au service d'assistance en ligne et d'autres ressources sont disponibles sur www.thesolarhub.org.

Nous tenons à remercier Albert Reichert et Jonathan Hamrell, du bureau de l'aide humanitaire d'USAID, qui nous ont apporté leur soutien et le financement nécessaire pour la rédaction et la publication de cet ouvrage.

Nous souhaitons exprimer notre gratitude aux centaines de personnes que nous avons rencontrées sur le terrain ces dernières années pour leur travail, leur intérêt, leur temps et leur curiosité pour les solutions de pompage solaire.

Nous remercions également l'éditeur, Practical Action Publishing, qui nous a accompagnés tout au long de la rédaction et de la publication de cet ouvrage.

Nous sommes particulièrement reconnaissants au professeur Salvador Seguí Chilet (Université polytechnique de Valence, Espagne), qui est l'auteur du chapitre 4, et à Florent Eveillé (FAO) qui a écrit le chapitre 8. Nous remercions par ailleurs les personnes chargées de la révision technique pour leurs précieuses contributions : Brian McSorley (Oxfam), Kai Rainecke (Lorentz), Andrew Armstrong et Jeff Zapor (Water Mission), Antonio Torres (OIM) et la professeure Ellen Milnes (Université de Neuchâtel, Suisse). Nous remercions enfin Jérôme Burlot, qui a apporté un soutien décisif au démarrage de la Global Solar and Water Initiative en 2016, ainsi que ses collègues Daniel Clauss et Denis Heidebroek (ECHO).

Nous exprimons notre profonde gratitude à nos familles, notamment Ezekiel, Kuan-Yun et Arnaud, pour leur appui indéfectible et leurs sacrifices pour nous permettre de travailler de longues heures et d'entreprendre de longs voyages, les obligeant souvent à assurer eux-mêmes de plus lourdes responsabilités. À Lisa, Joshua, Nina et Noa – merci de nous avoir accordé du temps loin de vous pour pouvoir écrire cet ouvrage.

CHAPITRE 1

Les solutions solaires photovoltaïques pour le pompage de l'eau

Dans le sillage de la transition énergétique mondiale vers les solutions renouvelables, les acteurs de l'action humanitaire et de l'aide au développement font de plus en plus appel à la technologie solaire photovoltaïque dans leurs projets d'approvisionnement en eau. Plusieurs facteurs, notamment la réduction des coûts, la fiabilité de la technologie, un secteur privé florissant, l'ensoleillement élevé de vastes régions d'Afrique et d'Asie ainsi que les enjeux environnementaux, entre autres, ont joué un rôle essentiel dans le regain d'intérêt pour les solutions solaires PV dans le secteur de l'aide humanitaire. Malgré ses nombreux avantages, le pompage solaire PV n'est pas la panacée et son adoption doit être subordonnée à une analyse contextuelle rigoureuse, au-delà des aspects techniques.

Mots clés : transition énergétique, énergie et aide humanitaire, orientations sur le pompage solaire, avantages du pompage solaire, réduction de coûts de l'énergie solaire

1.1 Le pompage solaire PV de l'eau dans le contexte de l'action humanitaire et de l'aide au développement

Une transition énergétique est résolument engagée à travers le monde, comme en témoigne la progression exponentielle de l'utilisation de solutions d'énergie renouvelable dans les pays développés et en développement. Cela permet de créer de la valeur et des emplois à l'échelle locale, d'atténuer le changement climatique et de renforcer la résilience des communautés (REN21, 2019).

Un approvisionnement énergétique constant et fiable est crucial pour assurer la prestation de services essentiels, notamment dans le domaine de l'eau. Dans un grand nombre de projets d'approvisionnement en eau, celle-ci est pompée dans des masses d'eau superficielles ou au moyen de forages, acheminée dans des réservoirs d'accumulation en hauteur puis dirigée vers des systèmes de distribution par gravité. Dans les pays en développement, en particulier, l'énergie nécessaire au pompage de l'eau est fournie par des générateurs diesel et/ou par des réseaux électriques peu fiables ou défectueux. Du fait de la profondeur des nappes phréatiques, de l'éloignement des points d'eau et/ou des besoins élevés en eau, le pompage de l'eau nécessite une grande consommation d'énergie qui entraîne des coûts récurrents considérables, en particulier pour l'approvisionnement en carburant et la maintenance des équipements.

En outre, les projets d'approvisionnement en eau sont souvent mis en œuvre à des endroits difficiles d'accès en raison de l'insécurité, des routes en mauvais état et des aléas climatiques. De ce fait, la fourniture de carburant et d'autres consommables pour la réparation et l'entretien est coûteuse et laborieuse. D'autres inconvénients liés à l'exploitation et à l'entretien des générateurs diesel utilisés pour le pompage de l'eau sont notamment le risque de détournement du carburant, la logistique requise pour assurer un approvisionnement régulier en carburant et les pannes fréquentes, entraînant des pénuries d'eau.

Énergie solaire ou énergie éolienne

Les systèmes de pompage à énergie éolienne sont soumis au caractère imprévisible du vent et nécessitent des pièces spéciales et un entretien fréquent, la technologie du pompage solaire étant donc plus fiable dans un grand nombre de cas.

En revanche, le soleil constitue une source potentielle d'énergie respectueuse de l'environnement. Le pompage solaire PV de l'eau – c'est-à-dire la transformation directe de l'énergie en électricité pour alimenter une pompe à eau – est considéré dans un certain nombre de contextes et de régions comme la solution la plus appropriée et la plus rentable afin d'assurer un approvisionnement en eau durable et fiable (voir figure 1.1). L'exploitation et l'entretien de ce système sont beaucoup plus simples et économiques, ce qui permet de réduire ou d'éviter les pénuries d'eau dues à des pannes d'équipement comme celles qui se produisent sur les générateurs (voir tableau 1.1). De ce fait, le pompage solaire PV est une technologie particulièrement adaptée aux endroits où le réseau électrique est inexistant ou défectueux ainsi qu'aux contextes où l'approvisionnement en carburant et la logistique requise sont trop coûteux ou aléatoires.

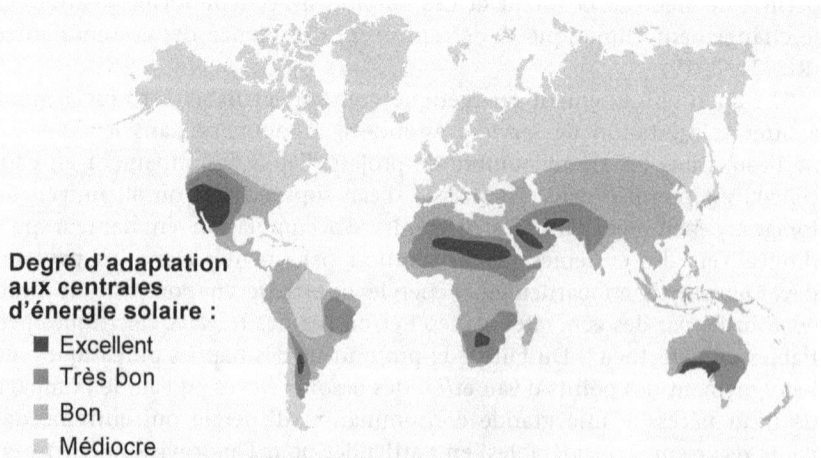

Degré d'adaptation aux centrales d'énergie solaire :

■ Excellent
■ Très bon
■ Bon
■ Médiocre

Figure 1.1 Carte mondiale des régions adaptées aux applications solaires

Tableau 1.1 Avantages et inconvénients des systèmes de pompage solaire PV de l'eau

Avantages	Inconvénients
Coûts d'exploitation réduits car le système est alimenté par le soleil et ne nécessite pas de carburant	Coûts d'investissement généralement plus élevés que les solutions diesel équivalentes. Les prix sont cependant de plus en plus bas.
Ne dépend pas d'un approvisionnement en carburant aléatoire ou coûteux (cela évite aussi le risque de vol de carburant)	La plupart des applications nécessitent une capacité de stockage d'eau généralement supérieure à celle des systèmes équivalents au diesel ou sur réseau
Entretien de routine réduit du fait que les panneaux solaires et les onduleurs n'ont pas de pièces mobiles	Risque de vol de panneaux, considérés comme un produit de valeur dans certaines régions
Pas de pollution ni de bruit	Système soumis aux niveaux d'ensoleillement
Longue durée de vie (les panneaux solaires de qualité sont garantis 25 ans et les onduleurs généralement de 6 à 8 ans)	Pièces détachées et techniciens compétents généralement disponibles seulement dans les grandes villes et insuffisants sur le terrain
Solution modulaire, facilement évolutive via l'ajout de modules et d'autres accessoires	Expertise technique encore faible dans la plupart des organismes humanitaires et de développement en matière d'eau

Le pompage solaire PV est une solution particulièrement adaptée et rentable dans de vastes régions d'Afrique, d'Amérique, d'Océanie et d'Asie, où le carburant peut être cher à transporter, les réseaux électriques inexistants ou défectueux et l'accès aux points d'eau limité, mais qui bénéficient d'un ensoleillement assez élevé et régulier.

Bien que les coûts de la solarisation des points d'eau soient généralement plus élevés que les systèmes de pompage à générateur diesel, il a été démontré que l'installation de systèmes de pompage solaires PV permet de réaliser des économies supérieures à court et à moyen terme (GLOSWI, 2018a).

Pourquoi le pompage solaire n'est-il donc pas généralisé, en particulier dans le secteur de l'aide humanitaire ? Le grave manque de compétences en matière d'énergie solaire dans les ONG œuvrant dans le secteur de l'eau, de l'assainissement et de l'hygiène (WASH), au sein des agences des Nations Unies et chez les responsables gouvernementaux de l'eau constitue probablement le principal obstacle à l'utilisation efficace et plus répandue de la technologie du pompage solaire dans les projets d'approvisionnement en eau, aussi bien dans le contexte de l'intervention d'urgence que du développement.

Parmi les autres contraintes, à noter également :

- Les parties prenantes du secteur de l'eau ont une expertise solaire dispersée et non institutionnalisée.

- Il n'existe pas de politique claire décrivant les conditions favorables au pompage solaire.
- Les organisations ne sont pas assez incitées à adopter de meilleures solutions énergétiques sur le terrain.
- Les praticiens ne sont pas en mesure de démontrer les avantages aux donateurs et aux gestionnaires.
- Les décisions de certains donateurs sont freinées par l'investissement initial.

Malgré ces obstacles, l'intérêt suscité par le pompage solaire et le nombre de projets entrepris dans le cadre d'interventions humanitaires sont en augmentation constante, figurant désormais dans les documents stratégiques d'agences des Nations Unies et d'organisations non gouvernementales.

1.2 Facteurs déterminant le regain d'intérêt pour le pompage solaire PV de l'eau

Le pompage solaire n'est pas une technologie récente puisque les premiers projets remontent au début des années 1970. Malgré l'intérêt considérable accordé initialement aux possibilités d'alimentation des pompes à l'énergie solaire, l'enthousiasme est vite retombé et ce n'est que depuis quelques années qu'un large éventail d'acteurs s'est de nouveau intéressé aux solutions de pompage solaire. Plusieurs facteurs expliquent ce regain d'intérêt.

1.2.1 Environnement

Dans le contexte mondial du changement climatique, la réduction des émissions de gaz à effet de serre est devenue un impératif crucial. Les solutions respectueuses de l'environnement telles que l'énergie solaire gagnent du terrain, y compris dans les programmes d'intervention d'urgence et d'aide au développement.

1.2.2 Réduction des coûts

L'utilisation de sources d'énergie renouvelables augmente en flèche dans le monde entier, la puissance installée ayant doublé pour la cinquième année de suite en 2018 (IRENA, 2019).

Le solaire PV est l'une des solutions les plus en vogue, affichant une progression exponentielle depuis 10 ans. En 2017 seulement, plus de 40 000 nouveaux panneaux solaires ont été installés par heure sur la planète. Ce déploiement généralisé a permis aux panneaux solaires PV de bénéficier d'économies d'échelle (plus de 200 fois moins chers aujourd'hui qu'à la fin des années 1970). Le coût des panneaux a déjà diminué d'environ 80 % depuis 10 ans et devrait encore baisser d'environ 40 % d'ici 10 ans.

1.2.3 Rayonnement solaire élevé

Les régions de la planète bénéficiant d'un rayonnement solaire (énergie rayonnante émise par le soleil) élevé et régulier, qui englobent la plupart des pays où les opérations d'urgence et les programmes de développement sont mis en œuvre, sont également souvent des régions dans lesquelles le réseau électrique est défectueux ou dans lesquelles le carburant est, pour des raisons logistiques ou autres, coûteux et/ou approvisionné de façon irrégulière (voir figure 1.1).

1.2.4 Secteur solaire privé national

Les marchés du solaire PV évoluent rapidement dans le monde en développement, suivant une tendance amorcée en Afrique de l'Est et qui s'étend maintenant à l'Afrique de l'Ouest et à l'Asie du Sud (IRENA, 2019).

Cela a favorisé l'essor d'un secteur solaire privé doté d'une solide expertise dans bon nombre de ces pays. La disponibilité de compétences et de produits solaires de qualité pouvant être exploités par d'autres organisations au niveau national facilite l'adoption accrue de solutions PV, y compris le pompage solaire (GLOSWI, 2018a).

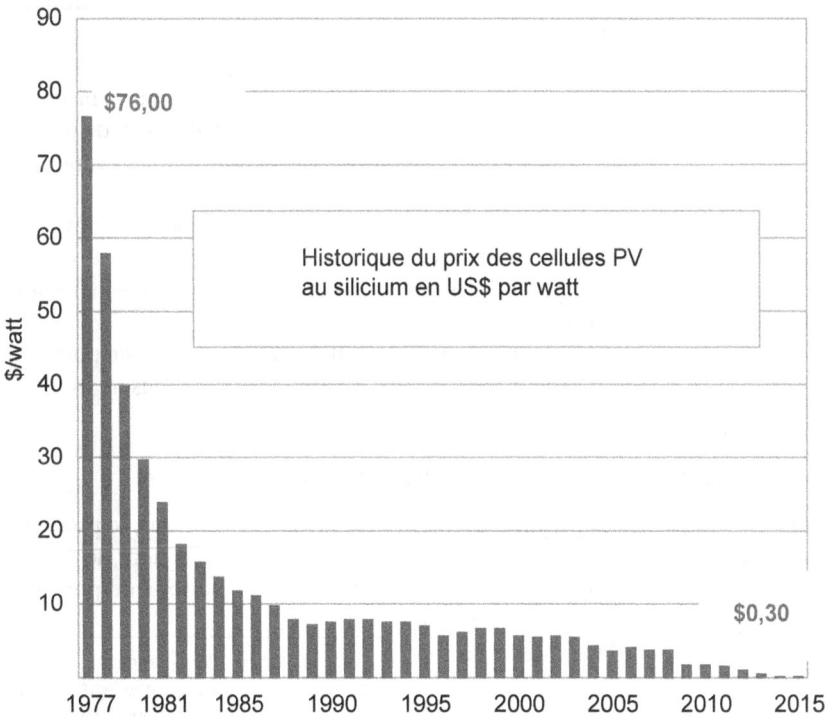

Figure 1.2 Évolution du prix des cellules PV, 1977–2015
Source : IEA PVPS et Bloomberg

1.2.5 Progrès technologiques

Les progrès technologiques en matière de pompage solaire permettent de disposer d'un matériel solide, polyvalent et nécessitant peu d'entretien. Les équipements solaires peuvent désormais fournir une vaste plage de puissance, permettant d'alimenter une large gamme de pompes immergées et de surface à l'énergie solaire.

1.2.6 Politiques énergétiques nationales

La mise en place de politiques d'appui à l'accomplissement des objectifs en matière d'énergies renouvelables par un nombre croissant de gouvernements (REN21, 2019) favorise le décollage des solutions de pompage solaire.

1.3 Note d'orientation sur l'utilisation du pompage solaire

1.3.1 Éléments justifiant l'adoption de solutions de pompage solaire PV

Les facteurs mentionnés dans la section 1.2 permettent aujourd'hui de considérer le pompage solaire comme une solution optimale pour l'approvisionnement en eau aux endroits bénéficiant d'un niveau d'ensoleillement moyen à élevé (4–8 kWh/m²), en particulier dans les zones hors réseau, les camps de réfugiés permanents ou les lieux où l'approvisionnement en eau dépend d'un carburant dont la fourniture est trop coûteuse ou irrégulière.

La présence d'entrepreneurs qualifiés du secteur privé disposant de matériel de pompage solaire de qualité dans de nombreux pays est également propice à l'essor de l'énergie solaire et peut être exploitée par les organisations de secours et de développement pour faciliter l'adoption de solutions solaires dans les projets d'approvisionnement en eau.

Une réduction de coûts substantielle peut être obtenue si les analyses et les décisions de financement sont basées sur les coûts du cycle de vie des systèmes (dépenses d'exploitation) plutôt que sur les coûts d'investissement dans l'installation uniquement.

De plus, les aspects environnementaux font de la technologie de pompage solaire un choix respectueux du climat, surtout en comparaison avec un système diesel.

1.3.2 Le contexte des camps : généralisation du pompage solaire

Dans les camps censés perdurer pendant plus de deux à trois ans, le pompage solaire doit être considéré comme la solution optimale. Il convient de prévoir son installation dès que possible, à condition que les solutions de pompage solaire permettent de satisfaire une part significative de la demande en eau (GLOSWI, 2018b).

Les systèmes solaires autonomes sont préférables aux systèmes hybrides (solaire + générateur diesel ou autre

> Les solutions de pompage solaire doivent être la solution privilégiée dans les camps de réfugiés bénéficiant d'un ensoleillement élevé et leur adoption doit être prévue dès que possible.

source d'énergie de secours) en raison de leur coût inférieur et de leur simplicité de fonctionnement et d'entretien.

Cependant, il convient d'être prudent lorsqu'un changement rapide du contexte peut impliquer le prolongement du pompage au-delà de la journée solaire, par exemple lorsque les chiffres de population ne sont pas connus avec précision ou sont sujets à de brusques augmentations annoncées peu de temps à l'avance (p. ex., des afflux massifs de réfugiés) ou quand on ne connaît pas suffisamment le comportement de l'aquifère (p. ex. débit de pompage durable incertain ou possibilité de fortes variations saisonnières du rabattement). Dans ces cas, une source d'énergie de secours doit être prévue pour que le pompage puisse continuer au-delà de la journée solaire si nécessaire.

Dans les camps les plus anciens, la priorité doit être accordée à la solarisation des systèmes afin de garantir l'approvisionnement en eau, notamment dans les camps confrontés à des coûts récurrents élevés ou à de graves pénuries d'eau en raison de l'absence ou du caractère irrégulier de la fourniture d'électricité ou de carburant pour alimenter les pompes.

1.3.3 Le contexte des communautés hôtes : les aspects sociaux priment sur le choix technologique

Du point de vue technique, le pompage solaire convient aux projets d'approvisionnement en eau aussi bien à l'échelle des communautés hôtes (villes et villages) que des camps de réfugiés ou de personnes déplacées. Il doit être considéré comme une solution optimale dans l'optique d'accroître la durabilité et la résilience des communautés. Contrairement aux camps, où il existe généralement une présence permanente d'organisations de secours, les aspects liés à la propriété, à l'exploitation et à la maintenance accentuent la complexité des projets dans les communautés hôtes.

À l'échelle des communautés hôtes, des aménagements en matière de collecte et d'affectation des redevances d'eau devront être réalisés et discutés, du fait que les solutions solaires ne nécessitent pas obligatoirement une rentrée de fonds régulière pour fonctionner et que les équipements peuvent rester en service plusieurs années sans tomber en panne.

Par conséquent, la démarche à suivre pour les systèmes d'approvisionnement en eau à énergie solaire dans les communautés ne doit pas être axée sur l'exploitation d'une source gratuite d'énergie pour le pompage de l'eau, mais plutôt sur l'accumulation de fonds en vue du remplacement du système.

Le choix de la technologie doit être précédé d'une réflexion sociale approfondie, impliquant la contribution des usagers et un appui technique externe en matière de maintenance et de réparation. À cet égard, il convient d'accorder la priorité aux communautés dotées d'une forte cohésion sociale et de coordonner les démarches avec les offices de l'eau et/ou les sociétés compétentes du secteur privé.

1.3.4 Situations non adaptées au pompage solaire

Le pompage solaire ne doit pas être considéré comme une solution universelle pour tous les projets d'approvisionnement en eau et son adoption est déconseillée dans certains cas, à savoir :

- lorsque des interventions précédentes font état de vols et/ou d'actes de vandalisme fréquents dans les installations de pompage solaire ;
- lorsque l'expertise de l'organisme de mise en œuvre est faible et que le soutien du secteur privé n'est pas disponible ;
- lorsque la technologie solaire ne comporte aucun avantage technique, économique ou environnemental par rapport aux solutions existantes en termes de volume d'eau fourni, de réduction des gaz à effet de serre, de réduction des coûts à long terme ou de simplicité d'exploitation et de maintenance des équipements.

1.3.5 Aspects relatifs à l'exploitation et à la maintenance, à la formation et à l'évaluation

Les systèmes de pompage solaire tombent moins en panne et nécessitent un entretien moins intensif que les systèmes de pompage à main ou alimentés par un générateur. Toutefois, les systèmes de pompage solaire sont susceptibles de poser des problèmes techniques qui ne peuvent être réglés au sein de la communauté (ou pour lesquels l'organisation qui gère le système aura probablement besoin d'un appui externe), quel que soit le niveau de formation initial.

Il est important de conclure des contrats de services avec une société privée compétente, la compagnie des eaux locale, un prestataire de services dans le secteur de l'eau ou un service technique pertinent du gouvernement avant toute installation, et de les renouveler chaque fois que cela est nécessaire.

> Le regroupement géographique et les contrats de maintenance sont une bonne façon d'assurer un entretien et des réparations ponctuels lorsque les pièces et les techniciens ne sont disponibles que dans les grandes villes.

Sachant que le principal obstacle à la généralisation des solutions de pompage solaire réside dans le manque d'expertise technique de la plupart des organisations œuvrant dans le secteur WASH, il convient d'assurer ou d'encourager le soutien du secteur privé, des pouvoirs publics et/ou de la communauté des donateurs pour la mise en œuvre d'activité de renforcement des capacités dans les régions ayant un potentiel élevé d'adoption de solutions de pompage solaire (p. ex., les régions ayant un ensoleillement élevé et une forte dépendance aux solutions à énergie fossile pour l'approvisionnement en eau).

En outre, il convient d'encourager des approches de collaboration (par exemple avec des universités, des sociétés privées compétentes ou les compagnies des eaux) pour que les activités de formation soient aussi durables que possible.

Finalement, du fait que l'adoption de solutions de pompage solaire est souvent basée sur la perspective d'une longue durée de vie des équipements solaires, il est important de faciliter l'évaluation des systèmes solaires les plus anciens (plus de cinq ans) afin de recueillir des éléments d'information plus solides sur la pertinence de la technologie de pompage solaire dans un contexte déterminé et d'étayer les stratégies futures en matière d'approvisionnement en eau dans le pays cible.

Faits et chiffres

- La durée de fonctionnement des modules solaires est garantie 25 ans.
- Le coût des modules solaires a diminué de 80 % depuis 10 ans.
- La période de recouvrement moyenne du coût d'investissement du pompage solaire par rapport à la technologie diesel est de 0 à 4 ans.
- La réduction des coûts sur la durée de vie du système est de 40–90 % par rapport aux générateurs diesel.
- Un système solaire correctement conçu et entretenu peut fonctionner plus de 10 ans sans panne majeure.
- Hauteur de pompage solaire de +450 m ; débit de pompage de +240 m³/h.
- Le coût moyen des contrats signés avec les sociétés de maintenance afin d'assurer le fonctionnement du système est de 1 500 US$ par an.

Source : GLOSWI, 2018f

CHAPTER 2

Définitions et principes de la production d'énergie solaire

Le niveau d'ensoleillement constant et élevé de la plupart des régions où les projets humanitaires sont mis en œuvre fait du pompage solaire photovoltaïque la solution idéale pour les systèmes d'approvisionnement en eau. Le soleil et l'eau font bon ménage : plus il y a de soleil, plus on produit d'électricité et plus on pompe d'eau. Les ingénieurs hydrauliques doivent assimiler une série de concepts de base en matière d'énergie solaire et d'électricité afin de bien maîtriser les solutions solaires PV dans leurs projets d'approvisionnement en eau, y compris les différents paramètres techniques d'un module solaire, les paramètres de mesure des ressources solaires dans une zone déterminée et les formules de base en matière d'électricité CC.

Mots clés : ressource solaire, rayonnement, ensoleillement, courbe I-V, poursuite du point de puissance maximale (MPPT), cartes d'ensoleillement, CC solaire, heures de soleil maximum (PSH), solaire photovoltaïque, conditions normales d'essai (STC), module solaire, groupe PV

2.1 La ressource solaire

La consommation d'énergie devrait doubler à l'échelle mondiale d'ici à 2050 (IRENA, 2019). Les réserves de pétrole ne cessent de s'amenuiser et le soleil fournit une source d'énergie renouvelable propre et viable pour satisfaire la demande énergétique croissante tout en atténuant les dommages environnementaux provoqués par l'utilisation des combustibles fossiles. L'énergie solaire est renouvelable parce qu'elle sera disponible tant que le soleil continuera de briller. Il est estimé que le niveau de rayonnement solaire actuel va se maintenir pendant 4 à 5 milliards d'années.

La formidable quantité d'énergie fournie par le soleil peut être directement exploitée à l'aide de la technologie photovoltaïque. La terre reçoit en une heure davantage d'énergie du soleil ($4{,}3 \times 1\,020$ J) que toute l'énergie consommée dans le monde en un an ($4{,}1 \times 1\,020$ J). L'énergie du soleil est gratuite, durable (inépuisable), présente partout et non polluante. Toutefois, l'énergie solaire comporte aussi des aléas, du fait qu'elle varie au cours de la journée et de l'année. Il existe cependant des moyens de surmonter ces inconvénients, comme nous le verrons dans la description du processus de conception d'un système de pompage solaire.

L'énergie solaire abondante disponible dans la plupart des régions du monde en développement peut être utilisée pour pomper de l'eau potable et de l'eau d'irrigation, en particulier dans les contextes humanitaires et de développement, qui sont souvent confrontés à de graves problèmes d'approvisionnement en eau et en énergie.

2.2 Le soleil et l'eau : une symbiose parfaite

L'eau destinée à la consommation, à l'irrigation, à l'abreuvage du bétail et à d'autres fins provient de diverses origines, aussi bien superficielles (p. ex., rivières, lacs, retenues, bassins, citernes, sources, captages dans la roche) que souterraines (p. ex., puits et forages).

Le pompage de l'eau depuis son origine jusqu'au point d'utilisation nécessite de l'énergie. Les comptes rendus des visites effectuées par la Global Solar and Water Initiative [Initiative mondiale énergie solaire-eau] (2016–2020) dans plus de 100 camps et communautés de 12 pays, disponibles dans les rapports pays GLOSWI, montrent que l'approvisionnement en eau provient essentiellement de sources souterraines, en particulier de forages profonds. Le pompage dans ces forages profonds nécessite des quantités d'énergie relativement élevées qui sont souvent indisponibles sur de nombreux sites d'intervention, notamment lorsque le réseau électrique est inexistant ou peu fiable et le transport de carburant coûteux et complexe.

L'abondance de l'énergie solaire, les besoins en eau considérables et l'absence d'autres sources d'énergie sur ces sites donnent lieu à une symbiose parfaite entre l'eau et le soleil. En d'autres termes, plus il y a de soleil, plus on a besoin d'eau. Les réserves d'eau de surface diminuent au cours de la saison sèche, tandis que les besoins en eau augmentent dans

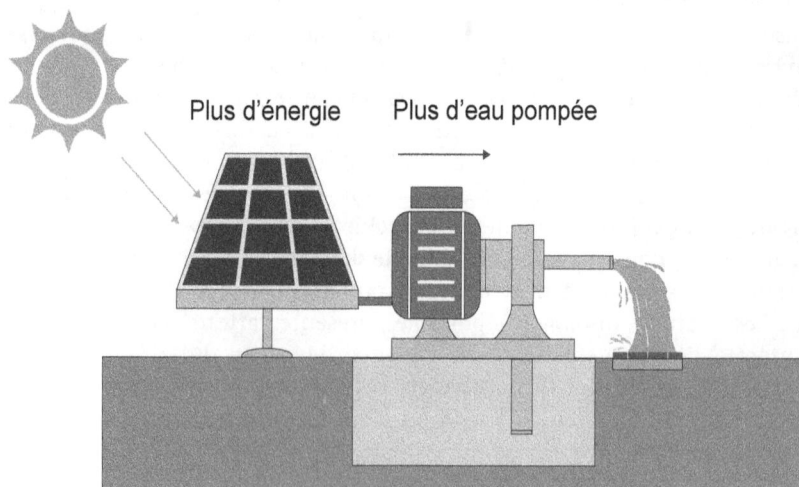

Figure 2.1 L'eau et le soleil : une symbiose parfaite

les régions arides durant cette saison, notamment pour l'agriculture. Un ensoleillement supérieur signifie également une augmentation de l'énergie solaire disponible, ce qui permet de pomper davantage d'eau. Cette corrélation naturelle est très favorable au pompage photovoltaïque de l'eau.

À l'aide de technologies sophistiquées et éprouvées, l'énergie solaire permet d'alimenter une pompe qui achemine l'eau de son origine vers le point de destination. Tant que l'ensoleillement est suffisant, l'eau peut être pompée soit dans un réservoir, soit directement jusqu'à la borne de consommation, au moyen d'une configuration simple, efficace et ne nécessitant pas de dispositifs de stockage d'énergie tels que des batteries.

2.3 Le rayonnement solaire

Le rayonnement solaire est un terme général qui désigne les ondes électromagnétiques émises par le soleil. Dans l'espace, le rayonnement solaire est pratiquement constant. Sur la terre, il varie selon l'époque de l'année, l'heure de la journée, la latitude et les conditions atmosphériques (p. ex., humidité, fumée, brouillard, poussière) mais il reste prévisible et constant d'une année sur l'autre. Le rayonnement du soleil peut être absorbé par une surface appelée capteur solaire, la quantité de rayonnement qui peut être recueillie étant conditionnée par la position du capteur et le paysage local.

Le rayonnement solaire peut être transformé en électricité à l'aide de technologies photovoltaïques telles que les modules PV. La quantité d'électricité produite par un module dépend de l'intensité de la lumière du soleil. Plus celle-ci est intense, plus la production d'électricité est élevée.

À mesure que la lumière du soleil traverse l'atmosphère, une partie de celle-ci est absorbée, diffusée et réfléchie par les molécules d'air, la vapeur d'eau, les nuages, la poussière et les polluants atmosphériques. Le rayonnement total reçu par une surface horizontale sur la terre est appelé rayonnement global horizontal et se compose du rayonnement direct, diffus et réfléchi. Le rayonnement solaire diffus est la portion dispersée dans l'atmosphère qui parvient à la surface de la terre. Le rayonnement réfléchi est l'énergie qui ricoche sur la surface de la terre. Le rayonnement solaire qui arrive à la surface de la terre sans être diffusé dans l'atmosphère est appelé rayonnement solaire direct (figure 2.2).

La mesure de l'énergie solaire est généralement exprimée par le rayonnement solaire total sur une surface horizontale ou inclinée, et calculée au moyen de l'équation suivante :

Rayonnement global horizontal = direct + diffus + réfléchi

Pour la conception et le dimensionnement des systèmes d'énergie solaire, la quantification de la quantité d'énergie solaire parvenant aux capteurs solaires peut être représentée par l'éclairement et par l'ensoleillement (décrits dans les sections 2.5 et 2.6).

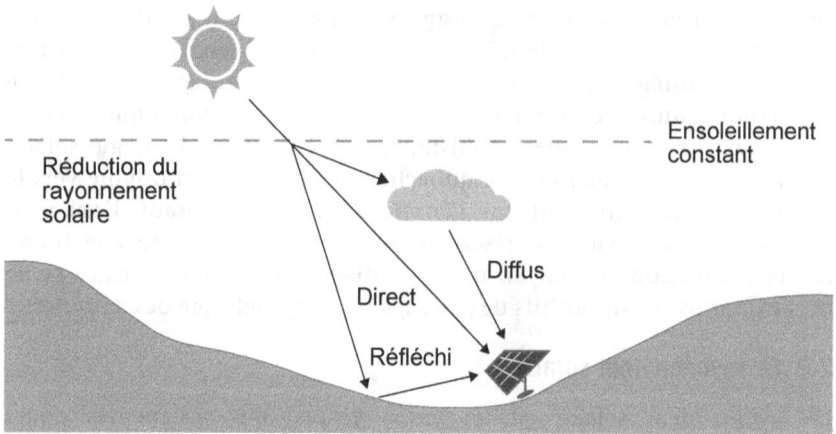

Figure 2.2 Rayonnement global horizontal

2.4 Le solaire photovoltaïque

Le terme solaire photovoltaïque (PV) désigne la production d'électricité à partir de l'énergie du soleil. Une cellule PV solaire transforme l'énergie du soleil en électricité. L'effet photovoltaïque se produit lorsque les photons de la lumière frappent un ensemble de cellules solaires, provoquant une excitation des électrons, qui passent à un état d'énergie supérieur et deviennent porteurs de charges, créant un courant électrique. En d'autres termes, le rayonnement solaire frappe les cellules solaires, les atomes des cellules absorbent une partie des photons de la lumière du soleil, provoquant une excitation qui libère des électrons. Ces électrons circulent ensuite dans un conducteur pour produire du courant électrique. Ce courant est proportionnel à l'intensité du rayonnement incident sur le capteur (figure 2.3).

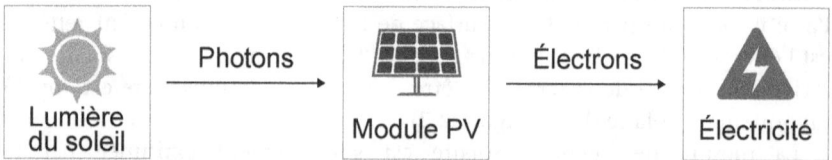

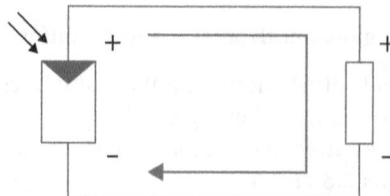

Figure 2.3 Transformation de la lumière du soleil en électricité

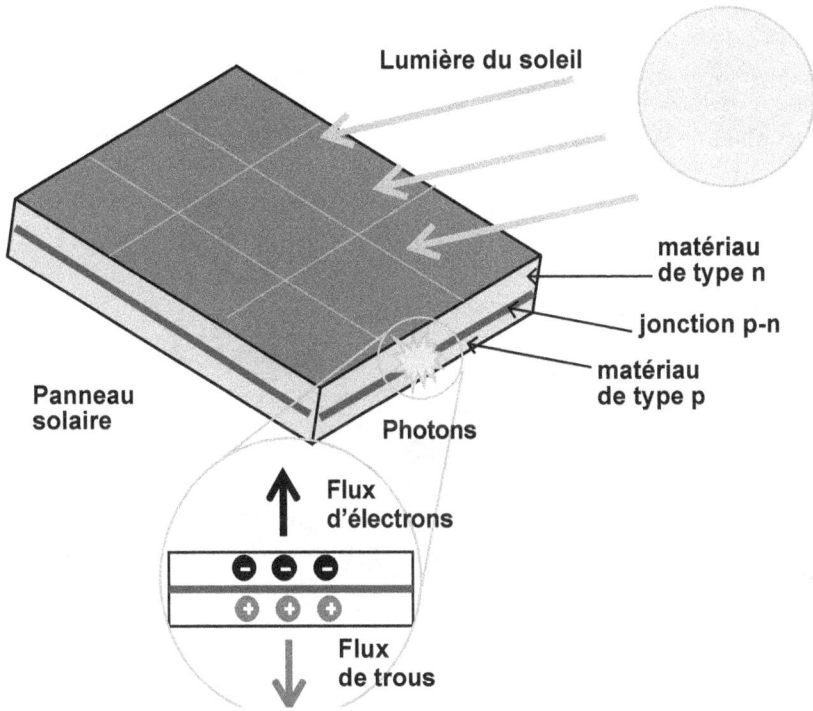

Figure 2.4 Le processus de « l'effet photovoltaïque »

Encadré 2.1 Éléments d'un système solaire photovoltaïque

Cellule solaire – La cellule photovoltaïque individuelle est l'élément de base de l'installation solaire. Elle transforme la lumière en électricité.

Module PV – Également appelé panneau solaire, panneau PV ou module solaire, c'est un ensemble de cellules solaires interconnectées, généralement assemblées sur un châssis d'aluminium vitré.

Groupe photovoltaïque – Plusieurs modules reliés électriquement en série ou en parallèle.

Générateur solaire – Plusieurs groupes reliés électriquement en série et en parallèle pour augmenter la puissance disponible totale selon la tension et l'intensité requises.

Branche – Ensemble de modules solaires reliés électriquement en série.

L'effet photovoltaïque se produit dans un matériau semi-conducteur, le plus couramment utilisé étant le silicium cristallin. Le matériau semi-conducteur actif (silicium) contient des atomes dont la cohésion est assurée par les électrons de valence. Le silicium contenant très peu d'électrons à température ambiante, il est « dopé » afin de créer une jonction positif-négatif (jonction p-n). Ce dopage consiste à introduire des impuretés spécifiques, telles que du bore (type p) qui contient un excédent de trous (l'absence d'un électron laisse un trou qui produit une charge positive nette) ou du phosphore (type n) qui contient un excédent d'électrons (figure 2.4).

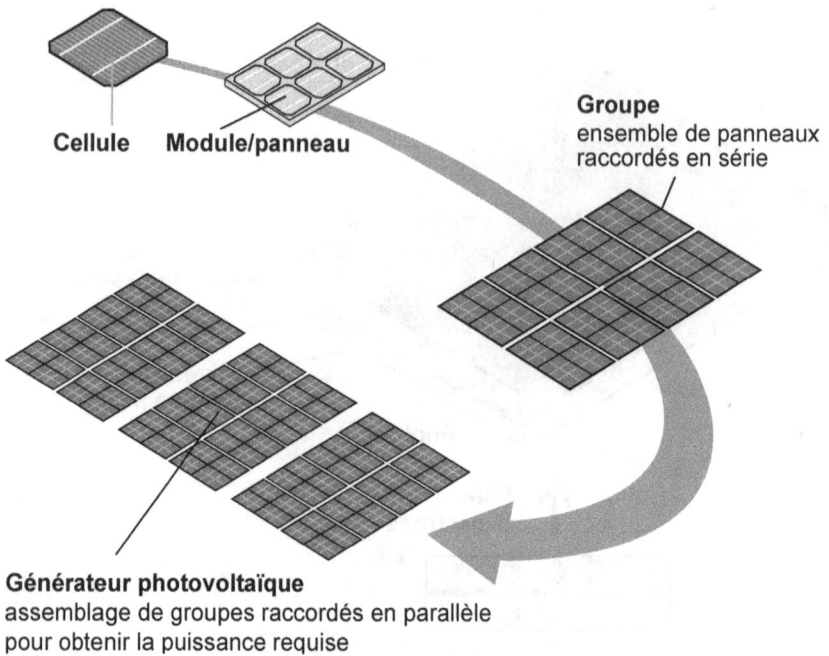

Groupe
ensemble de panneaux
raccordés en série

Cellule   Module/panneau

Générateur photovoltaïque
assemblage de groupes raccordés en parallèle
pour obtenir la puissance requise

Figure 2.5 Illustration de la cellule, du module, du groupe et du générateur PV

Cela augmente la conduction (quantité de courant transportée) du matériau semi-conducteur, produisant un champ électrique (une tension) qui permet au courant de circuler seulement dans une direction. Les électrons de valence sont libérés par l'énergie dégagée par la lumière et peuvent se déplacer librement, produisant de l'électricité.

Une seule cellule produit une intensité ou une tension réduite, insuffisante pour la plupart des applications. Les cellules sont donc assemblées sous diverses configurations, en série ou en parallèle, et encapsulées dans de l'aluminium ou du verre afin d'obtenir des modules solaires fournissant une intensité, une tension et une puissance variables.

Le générateur solaire PV est raccordé à un module de commande (le contrôleur) pour alimenter un système de pompage (la charge). La configuration de base du système se compose d'un groupe/générateur PV, d'un contrôleur et d'une pompe électrique (voir figure 2.6).

2.5 L'éclairement solaire

L'éclairement solaire désigne la puissance instantanée du rayonnement solaire reçu par unité de surface. Il est exprimé en W/m² (ou en kW/m²). Le niveau d'éclairement moyen sur une surface inclinée à l'équateur par temps dégagé à midi (lorsque le soleil est au zénith) est égal à 1 000 W/m². Cela signifie qu'une surface de 1 m2 reçoit une puissance instantanée de 1 000 W. Par temps dégagé, la surface recevant l'énergie solaire capte principalement le rayonnement

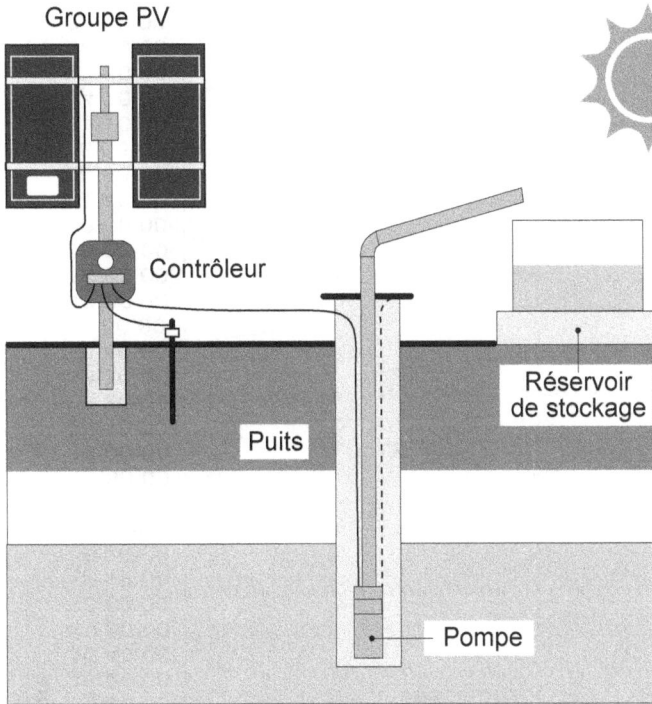

Figure 2.6 Système type de pompage d'eau solaire

direct, tandis que par temps couvert, la surface reçoit essentiellement le rayonnement diffus parce que les nuages font obstacle au rayonnement direct. Des valeurs d'éclairement supérieures à 1 000 W/m² peuvent également être obtenues sous l'effet d'une combinaison de rayonnement direct et diffus.

Les pays non tropicaux (p. ex., en Europe) reçoivent un rayonnement solaire moins élevé que les pays équatoriaux parce que l'angle d'incidence des rayons du soleil n'est pas perpendiculaire à la terre et qu'une part beaucoup plus importante de la ressource est absorbée par l'atmosphère.

L'éclairement solaire varie au cours de la journée, les valeurs minimales étant observées à l'aube et au crépuscule et les valeurs maximales à midi. Par exemple, par temps dégagé à Valence, en Espagne, la valeur d'éclairement à 9 h sera inférieure à la valeur d'éclairement à midi. Cela s'explique par la rotation de la terre sur son axe, qui fait que la distance parcourue par la lumière du soleil dans l'atmosphère terrestre est au minimum à midi (heure solaire). À ce moment-là, les rayons du soleil heurtent la surface perpendiculairement en parcourant le moins de distance dans l'atmosphère.

La figure 2.7 montre le rayonnement solaire reçu par une installation photovoltaïque à Valence, orientée au sud et avec une inclinaison de 30 degrés par rapport à l'horizontale durant une semaine à la mi-juillet (été). Le niveau maximum de rayonnement solaire est de 900 W/m² à midi.

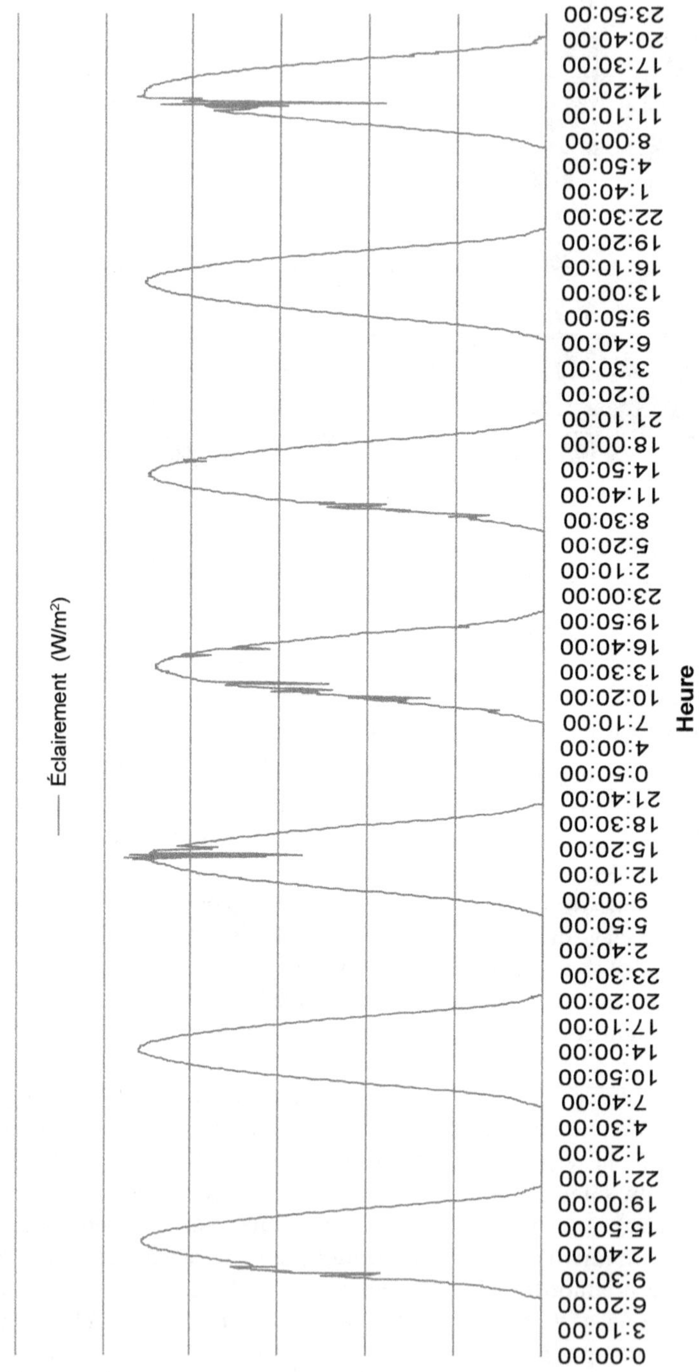

Figure 2.7 Rayonnement hebdomadaire à Valence au mois de juillet
Source : Université polytechnique de Valence, Espagne

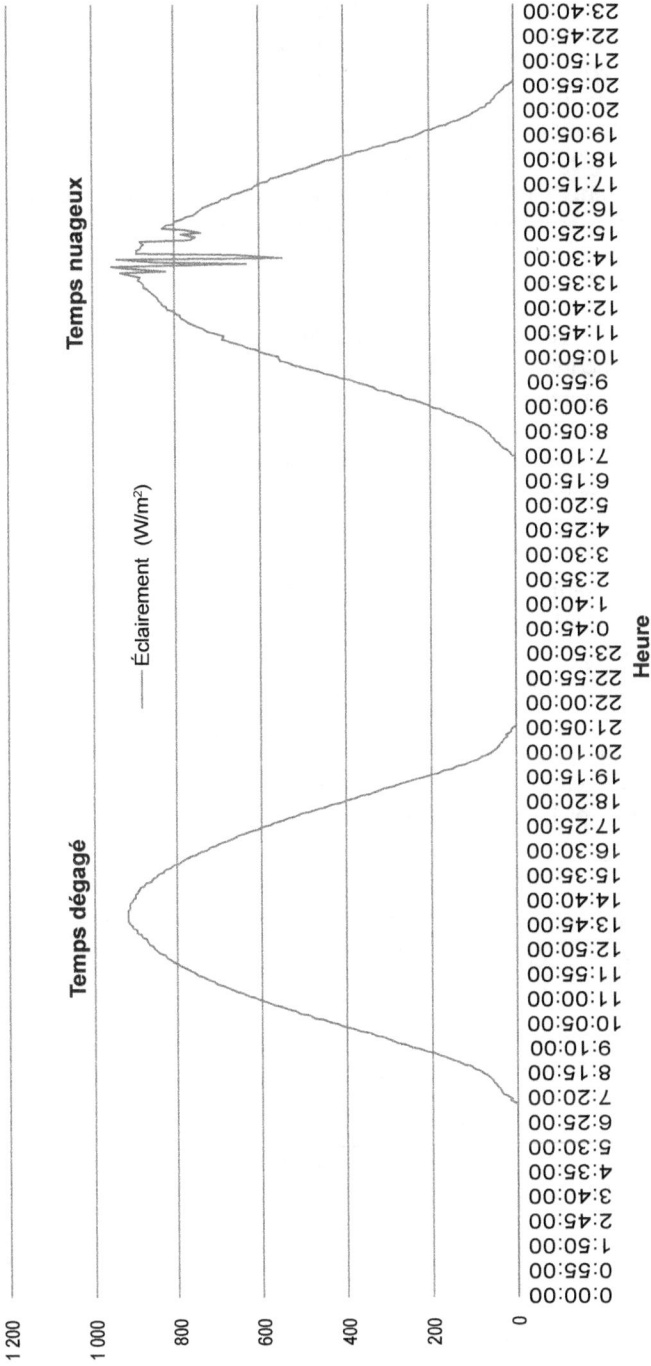

Figure 2.8 Éclairement solaire selon l'heure à Valence durant deux jours consécutifs en été

Source : Université polytechnique de Valence, Espagne

La figure 2.8 illustre l'évolution de la quantité d'énergie solaire reçue pendant une journée dégagée sur un plan (partie gauche du graphique). Le matin et en fin d'après-midi, la puissance reçue (l'éclairement) est inférieure parce que l'angle de la surface par rapport au soleil n'est pas optimal. À midi, la quantité d'énergie reçue est la plus élevée (environ 900 W/m²). Cependant, la quantité effective d'énergie reçue instantanément varie en fonction des nuages passagers et de la clarté atmosphérique, qui dépend de la poussière dans l'atmosphère (la partie droite du graphique montre les effets de quelques nuages passagers à midi).

2.6 L'ensoleillement

L'ensoleillement est la mesure de l'éclairement cumulé sur une surface donnée pendant une période déterminée, exprimée en Wh/m² ou en kWh/m². Il est généralement représenté par l'aire sous la courbe d'éclairement en fonction de données horaires, journalières, mensuelles ou annuelles. Pour des raisons pratiques aux fins de la conception du système, on considère que l'ensoleillement journalier est l'éclairement cumulé pendant une journée. En d'autres termes, c'est l'énergie captée par une surface de 1 m² pendant une période d'une heure, d'où l'unité du kilowattheure par mètre carré (kWh/m²).

L'ensoleillement est également exprimé en heures de soleil maximum, c'est-à-dire le nombre d'heures de la journée pendant lesquelles l'éclairement solaire moyen est de 1 000 W/m² (voir figure 2.9). Par exemple, pour un ensoleillement journalier de 5 kWh/m², on obtient cinq heures de soleil maximum en divisant par 1 kW/m² (1 000 W/m²).

Comme le montre la figure 2.10, l'éclairement varie au cours de la journée. L'énergie du premier jour est équivalente à sept heures d'éclairement à 1 000 W/m². Sept heures de soleil maximum (PSH) signifient que l'énergie

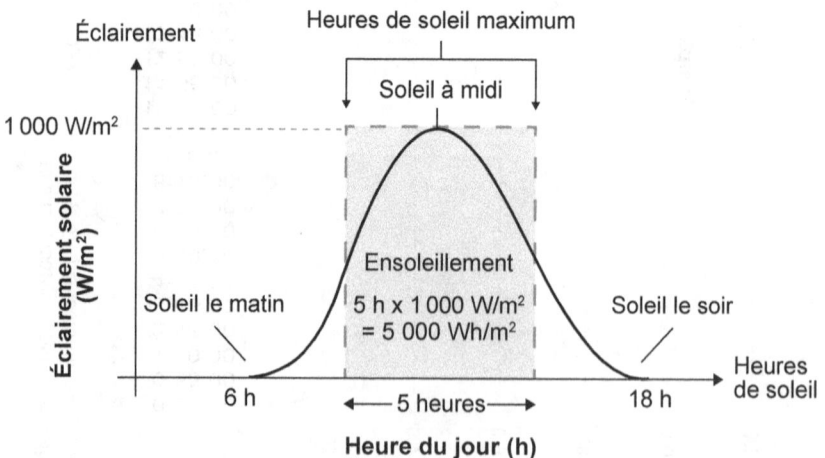

Figure 2.9 Courbe d'ensoleillement journalier

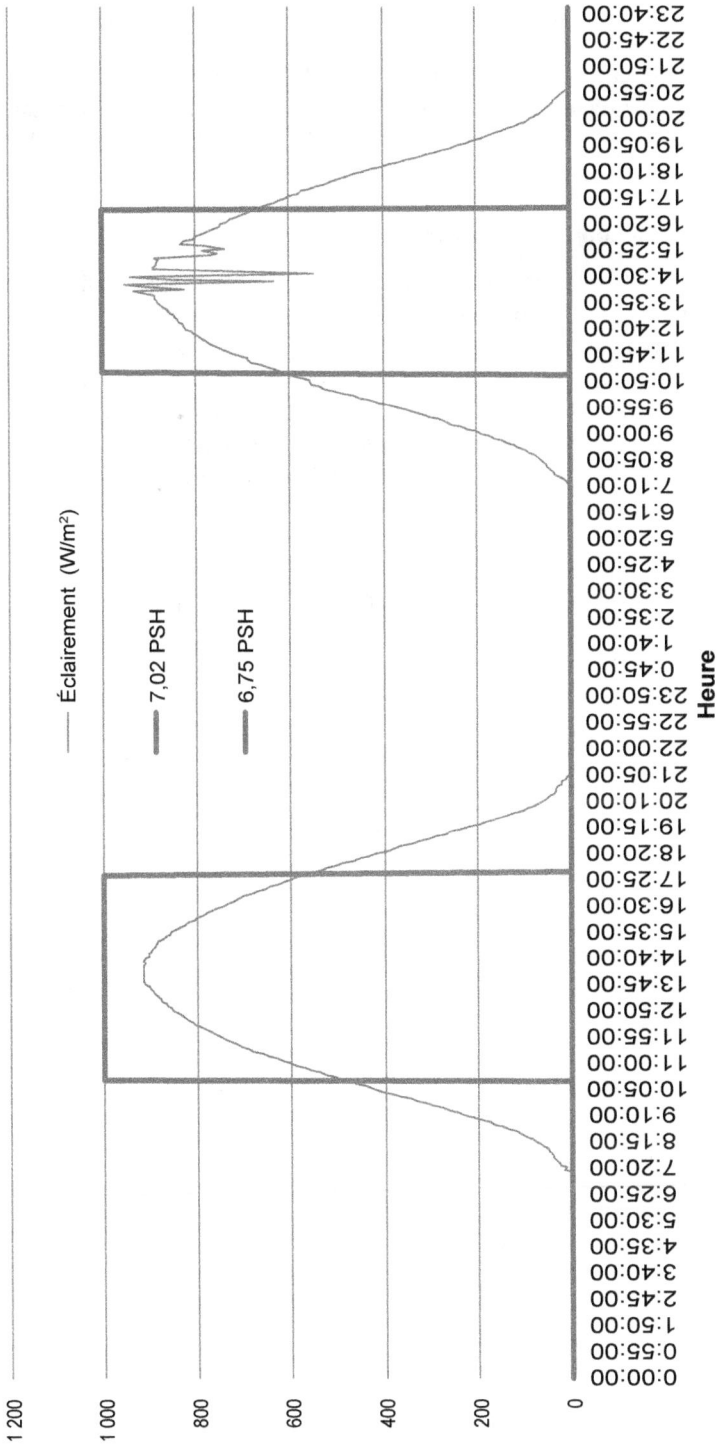

Figure 2.10 Éclairement solaire pendant deux jours de juillet et ensoleillement correspondant

Source : Université polytechnique de Valence, Espagne

accumulée durant la totalité des heures de soleil est égale à l'énergie qui aurait été reçue si le soleil avait brillé pendant sept heures à raison de 1 000 W/m². Le deuxième jour affiche 6,6 PSH en raison de l'éclairement inférieur durant le passage de nuages. Les heures de soleil maximum sont utiles dans la mesure où elles simplifient les calculs de conception. L'énergie produite par un groupe PV est directement proportionnelle à l'ensoleillement du site.

2.7 Conditions normales d'essai

L'inconvénient des systèmes solaires est que l'approvisionnement énergétique n'est pas continu ni constant durant la journée, et fluctue également d'un jour à l'autre au cours de l'année. La quantité d'énergie reçue varie en fonction de la localisation, de la saison, de l'heure de la journée et du temps (en particulier s'il est nuageux). Cela conditionnera à son tour la puissance produite par un module solaire et donc le débit d'eau d'un système de pompage solaire. Par conséquent, un module PV aura une puissance utile différente selon l'endroit, la saison, l'heure de la journée et les conditions météorologiques.

À des fins d'uniformité, les modules PV sont testés et calibrés dans des conditions normales d'essai (STC). Les STC permettent d'effectuer

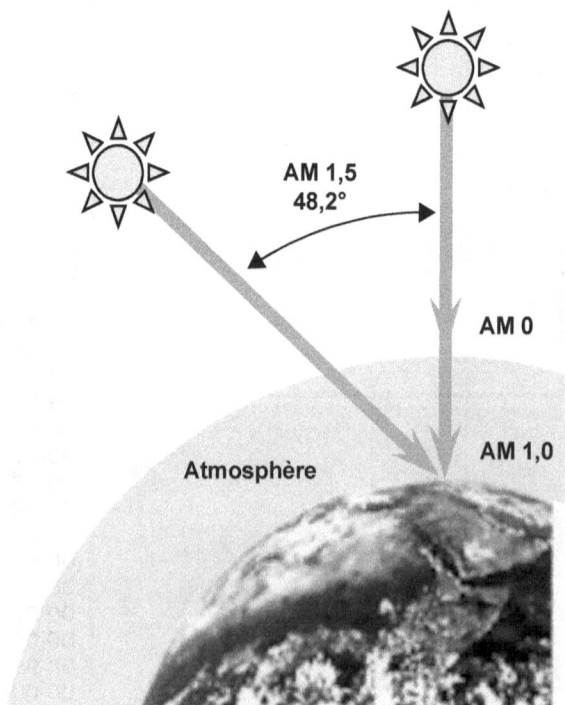

Figure 2.11 Masse d'air selon différentes positions du soleil

des comparaisons uniformes et précises des performances de modules photovoltaïques de différents fabricants.

Les modules solaires sont testés et calibrés dans les conditions STC suivantes :

- rayonnement solaire de 1 000 W/m^2 – généralement à midi par temps dégagé
- température du module de 25 degrés Celsius – la température de la cellule elle-même et non pas la température ambiante
- masse d'air égale à 1,5 (AM1,5) – c'est-à-dire, l'épaisseur de l'atmosphère traversée par le soleil. AM0 est la valeur du rayonnement solaire hors de l'atmosphère terrestre (1 350 W/m^2). AM1 est la valeur à la surface de la terre, lorsque le soleil est au zénith et que le rayonnement traverse l'épaisseur de l'atmosphère à angle droit (figure 2.11).

Le watt-crête (W$_c$) est l'unité de mesure de la puissance utile d'un module PV dans des conditions STC. Quand un module fonctionne hors STC (ce qui est souvent le cas en conditions réelles), la puissance varie en fonction des conditions de rayonnement et de température (la masse d'air a peu d'effet dans la pratique). Un module d'une puissance nominale de 300 W$_c$ ne produira ces 300 W qu'avec un rayonnement solaire de 1 000 W/m^2 et une température de cellule de 25 °C. Lorsque le rayonnement tombe en dessous de 1 000 W/m^2 et/ou que la température de la cellule dépasse 25 °C, la puissance utile du module diminue de façon proportionnelle. Ce module peut produire plus de 300 W lorsque le rayonnement dépasse 1 000 W/m^2 et/ou que la température de la cellule est inférieure à 25 °C, dans la fourchette de tolérance fixée par le fabricant. Cela est décrit plus en détail dans le chapitre 4.

En théorie, une pompe à eau de 3 kW raccordée à des panneaux d'une puissance nominale de 3 kW en STC fonctionnerait comme si elle était alimentée par un générateur ou par le réseau électrique.

2.8 Cartes d'ensoleillement aux heures de soleil maximum

Les heures de soleil maximum sont un paramètre employé pour dimensionner et concevoir un générateur PV approprié afin de satisfaire la demande d'énergie de la pompe pour fournir le débit requis. Les PSH permettent de déterminer la quantité d'énergie disponible par jour à un endroit donné.

Les PSH sont une valeur utile pour comparer les écarts d'énergie de plusieurs emplacements. Dans le cas du pompage, les PSH fournissent une indication du nombre d'heures journalières de puissance maximale permettant à la pompe d'atteindre son débit optimal.

Il existe des bases de données qui recueillent des informations météorologiques traitées de façon systématique sur de nombreuses années afin de fournir des données météorologiques moyennes sur le long terme. Voici trois exemples de ces bases de données :

- Cartes d'ensoleillement Solargis
  <https://solargis.com/maps-and-gis-data/download/>
- POWER Data Access Viewer
  <https://power.larc.nasa.gov/data-access-viewer/>
- Système d'information géographique photovoltaïque de la Commission européenne <https://re.jrc.ec.europa.eu/pvg_download/map_index.html>

Ces trois bases de données sont des sources fiables de données d'ensoleillement précises et de haute qualité, validées à l'échelle mondiale. Elles permettent de trouver des informations sur la plupart des régions du monde. Les cartes ou les données peuvent être téléchargées gratuitement par région ou par pays (selon les conditions d'utilisation disponibles sur ces sites web). La carte mondiale du rayonnement solaire reproduite sur la figure 1.1 fournit des informations sur les PSH annuelles et journalières (kWh/m^2/an ou jour) dans les différentes régions du monde.

D'après la carte de la figure 1.1, les valeurs de PSH journalières en Afrique fluctuent approximativement entre 4,6 et 7,4 heures, tandis que les valeurs de PSH en Europe peuvent descendre à 2,2 et atteindre 4,6 heures. En théorie, cela signifie qu'en STC, une pompe raccordée à une source d'énergie PV peut produire un débit maximal pendant 7,4 heures dans certaines régions d'Afrique, contre 4,6 heures au mieux dans certaines zones d'Europe (pour une puissance PV et une installation équivalentes dans les deux scénarios).

Dans la pratique, nous verrons dans les chapitres suivants que le surdimensionnement du générateur PV solaire dans un système de pompage permet de prolonger les heures de fonctionnement.

Pour obtenir la carte d'ensoleillement de tout pays ou région, consulter https://solargis.com/maps-and-gis-data/download, sélectionner la région dans le menu déroulant (p. ex., Afrique, Asie), puis choisir le pays (p. ex., Kenya, Jordanie), faire défiler jusqu'à Global Horizontal Irradiation et cliquer sur Download.

> **Note d'application**
>
> Lorsque les PSH sont inférieures à 3,0 heures, il est important d'effectuer un examen critique du coût d'installation du pompage solaire PV par rapport aux avantages potentiels. Il peut s'avérer nécessaire de renoncer à la solution solaire pour ce niveau de PSH s'il existe d'autres options.

2.9 Concepts de base de l'électricité en CC

Courant, tension et résistance sont trois concepts clés de l'électricité qu'il convient de maîtriser afin de mieux comprendre la génération d'électricité basée sur l'énergie solaire.

Une petite ampoule électrique raccordée aux côtés positif et négatif d'un module solaire crée un circuit fermé où les électrons peuvent circuler entre les bornes (à travers les câbles) pour allumer la lampe. Ce flux d'électrons est appelé *courant électrique*.

Exemple de PSH pour le pompage

Un essai de débit a permis de déterminer un débit critique de 20 m³/h pour un nouveau forage à Madaba, en Jordanie. Ce forage alimentera un village de 2 000 habitants à raison de 40 litres par jour et par personne. Sans tenir compte de l'effet de la température et d'autres facteurs, cette demande peut-elle être satisfaite par un système de pompage solaire ?

2 000 personnes x 40 litres/jour = 80 000 litres/jour = 80 m³/jour

D'après la carte d'ensoleillement de la Jordanie (voir figure 2.12), Madaba bénéficie d'un ensoleillement annuel d'environ 2 100 kWh/m², soit un ensoleillement journalier de 5,8 kWh/m² (c.-à-d. 2 100/365 = 5,8). Cela signifie que les heures de soleil maximum à Madaba sont de 5,8 PSH (c.-à-d. que Madaba reçoit 1 000 W/m² pendant 5,8 heures par jour).

Débit maximal possible du forage = débit critique x PSH = 20 m³/h x 5,8 = 116 m³/jour

Le volume d'eau qui peut être pompé durant les heures de soleil maximum est supérieur à la demande. Il est donc possible de satisfaire les besoins en eau de ce village à l'aide d'un système solaire.

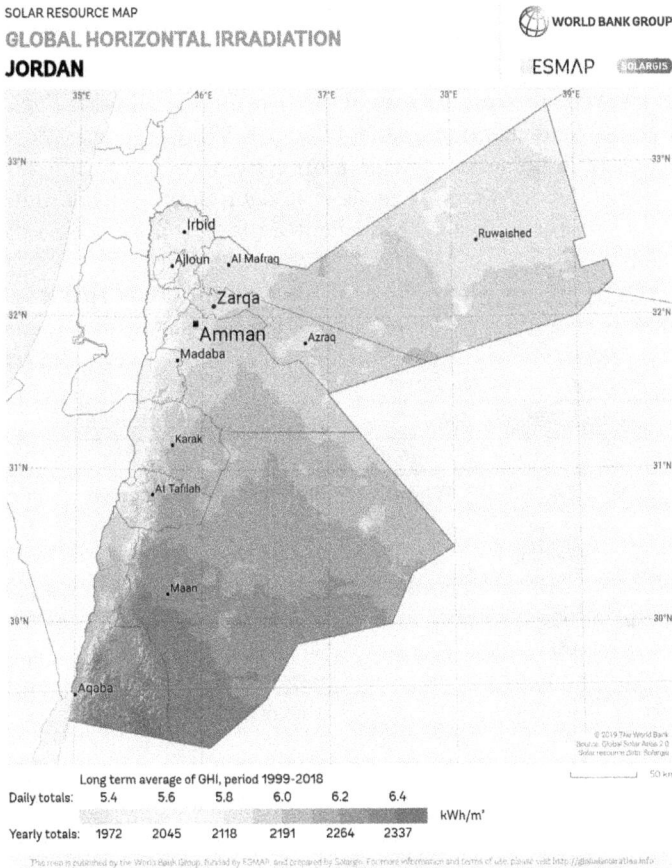

SOLAR RESOURCE MAP
GLOBAL HORIZONTAL IRRADIATION
JORDAN

WORLD BANK GROUP
ESMAP SOLARGIS

Long term average of GHI, period 1999-2018						
Daily totals:	5.4	5.6	5.8	6.0	6.2	6.4
Yearly totals:	1972	2045	2118	2191	2264	2337

kWh/m²

Figure 2.12 Carte d'ensoleillement de la Jordanie
Source : solargis.com

Dans ce circuit, le flux d'électrons rencontrera une opposition, que l'on appelle la *résistance*.

Le courant circulera s'il existe une différence de potentiel électrique entre les bornes positive et négative. La différence de potentiel entre les bornes, résultant de la résistance au flux d'électrons, est appelée *tension électrique*. C'est la force exercée sur les électrons pour produire le courant électrique.

La loi d'Ohm associe ces trois paramètres comme suit :

Tension (V)	=	Intensité (I)	×	Résistance (R)

La *puissance électrique* est le produit de l'intensité du courant et de la tension et représente la génération d'énergie à un moment donné. La relation entre puissance, intensité du courant et tension est exprimée par la *formule de la puissance*.

Puissance (P)	=	Intensité (I)	×	Tension (V)

L'*énergie électrique* est la puissance générée pendant une période déterminée.

Ce concept peut également être expliqué comme suit : la circulation de l'eau dans un tuyau est l'équivalent du courant dans un circuit électrique. Pour que l'eau circule dans le tuyau, il doit y avoir une différence de pression (hauteur) entre les deux points, cette différence de pression étant équivalente à la tension. Si le tuyau est obstrué à un certain endroit ou s'il existe une friction, la circulation d'eau est gênée et le débit dans le tuyau diminue. La friction (ou l'obstruction) est l'équivalent de la résistance. Cela est résumé dans le tableau 2.1.

Les pertes de puissance dans un câble sont conditionnées par la longueur, la dimension et le type de câble conducteur. En particulier, la résistance

Tableau 2.1 Analogie entre l'électricité et l'eau

Électricité dans un câble			Eau dans un tuyau		
Définition	Terme	Unité	Définition	Terme	Unité
Flux d'électrons	Courant (I)	Ampères (A)	Flux d'eau	Débit (Q)	m^3/h
Différence de potentiel	Tension (V)	Volts (V)	Différence de pression	Hauteur (H)	Mètres (m)
Résistance au flux	Résistance (R)	Ohms (Ω)	Résistance au flux	Friction (H_f)	Mètres (m)
Puissance instantanée générée = I x V	Puissance électrique (P)	Watts (W)	Charge hydraulique = Q x H	Puissance hydraulique (P)	Watts (W)
Puissance générée pendant une période = P x temps	Énergie électrique (E)	Wattheures (Wh)	Puissance générée dans un temps donné	Énergie hydraulique (E)	Wattheures (Wh)
Haute tension + petit câble = courant élevé + haute résistance + pertes câble = chaleur et feu			Haute pression + petit tuyau = haute vitesse + fortes pertes par friction = rupture de tuyau		

est directement proportionnelle à la longueur du câble et inversement proportionnelle à son épaisseur. En d'autres termes, plus le câble est long, plus la perte est élevée, et plus le diamètre du câble est grand, moins la perte est importante. La perte d'énergie dépend également du matériau du câble : un bon conducteur comme le cuivre possède une faible résistance et provoquera donc une perte d'énergie inférieure.

Un autre moyen efficace de réduire les pertes électriques dans un système consiste à réduire la circulation du courant (en maintenant la puissance électrique de l'application). Les pertes de puissance dans un circuit électrique sont proportionnelles au carré de l'intensité du courant, comme indiqué dans cette équation.

$$\boxed{Perte\ de\ puissance} = \boxed{Intensité^2} \times \boxed{Résistance}$$

Par conséquent, d'après la formule de la puissance ($P = I \times V$), l'augmentation de la tension accompagnée d'une réduction de l'intensité donnera une transmission de puissance identique avec moins de pertes d'énergie. C'est pourquoi les pompes ayant une tension supérieure tendent à être plus efficaces que celles ayant une tension inférieure, toutes autres caractéristiques étant par ailleurs identiques.

Il est important de savoir qu'il existe deux formes d'électricité, le *courant alternatif* (CA) et le *courant continu* (CC), qui ne peuvent pas être directement mélangées. Les modules solaires PV produisent toujours du courant continu, tandis que les générateurs diesel et les réseaux électriques produisent du courant alternatif. Le courant continu a une polarité fixe (c.-à-d. qui ne change pas de direction), tandis que le courant alternatif change de direction. Une charge CC (par exemple, une pompe CC) est alimentée directement par une alimentation CC au moyen d'un simple commutateur on-off. Une charge CA (par exemple, une pompe CA) peut également être alimentée par l'alimentation CC des modules solaires, mais la puissance CC doit tout d'abord être convertie en CA pour pouvoir alimenter la charge CA. Cette conversion est assurée par un onduleur CC-CA. De plus amples détails à ce sujet sont fournis au chapitre 3.

2.10 Courbe I-V et point de puissance maximale du module solaire

Les caractéristiques électriques d'un module PV peuvent être définies au moyen de la relation entre l'intensité du courant et la tension tracée sur une courbe (de même que les caractéristiques hydrauliques d'une pompe à eau sont définies en traçant une courbe représentant la charge hydraulique par rapport au débit). Les valeurs d'intensité du courant et de tension varient entre zéro et le maximum et sont obtenues en exposant le module à un rayonnement et une température constants, en modulant la résistance de la charge de zéro à l'infini et en mesurant l'intensité et la tension. Ces valeurs sont ensuite tracées respectivement sur les axes horizontal et vertical d'une courbe I-V, comme l'illustre la figure 2.13.

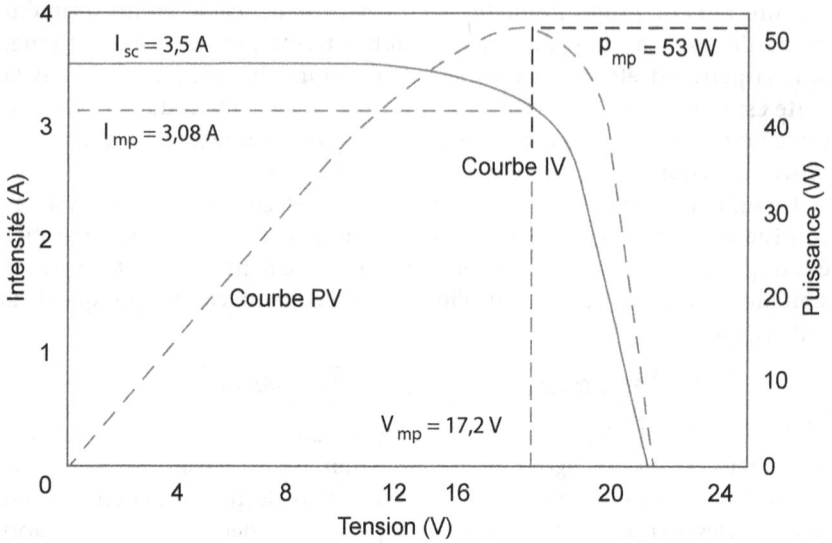

Figure 2.13 Courbe I-V et courbe de puissance types d'un module PV cristallin fonctionnant dans des conditions normales d'essai

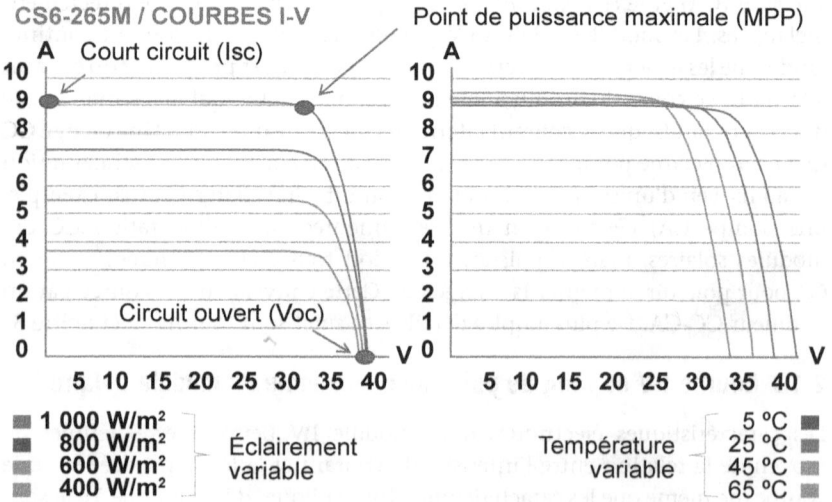

Figure 2.14 Courbe I-V selon la variation de l'éclairement et de la température

La *tension en circuit ouvert* (V_{oc}) est la tension maximale mesurée, qui est obtenue lorsqu'il n'y a pas de charge raccordée au module (circuit ouvert), ce qui signifie qu'il existe une différence de potentiel (tension) mais aucun flux d'électrons (pas de courant). Dans un système solaire, le paramètre V_{oc} permet de calculer la tension d'entrée maximale dans le contrôleur.

Le *courant de court-circuit* (I$_{sc}$) est l'intensité maximale ; il est obtenu en cas de court-circuit, c'est-à-dire qu'il y a un flux d'électrons mais pas de différence de potentiel (tension nulle entre les bornes positive et négative). Dans la conception du système, le courant de court-circuit I$_{sc}$ est la variable utilisée pour dimensionner tous les accessoires CC, y compris le commutateur CC et le câblage CC, puisque cela représente le courant maximal produit par le module.

Étant donné que, dans la pratique, les deux valeurs maximales ne peuvent pas être atteintes en charge (c'est-à-dire qu'aucune puissance n'est produite à un courant de court-circuit avec une tension nulle et à une tension de circuit ouvert avec un courant nul), la puissance maximale est obtenue au point de la courbe où *le produit de la tension et de l'intensité est au maximum*. Cela se produit au point d'inflexion de la courbe, qui est connu sous le nom de point de puissance maximale (MPP) et qui représente la puissance de sortie la plus élevée possible d'un module solaire, c'est-à-dire l'efficacité maximale de la conversion de la lumière du soleil en électricité grâce au module. Le point auquel la puissance est à son maximum donne le *courant de crête maximal* *(I$_{mp}$ ou I$_{MPP}$)* et la *tension de crête maximale (V$_{mp}$ ou V$_{MPP}$)*. Le MPP est le point de fonctionnement souhaité du module, tout fonctionnement en dessous de ce seuil diminuant la quantité d'électricité produite.

En conditions réelles, l'éclairement et la température ne sont pas constants et le MPP du module se déplace donc en fonction des variations d'éclairement et de température (voir la figure 2.14). Des éclairements plus faibles réduisent le courant de sortie mais leur effet sur la tension est négligeable, et des températures plus élevées réduisent la tension mais leur effet sur le courant est minime.

La puissance étant le produit de l'intensité du courant et de la tension (loi d'Ohm), la réduction de l'éclairement et l'augmentation de la température entraînent une réduction de la puissance de sortie. L'utilisation de la technologie de poursuite du point de puissance maximale (MPPT) dans les contrôleurs solaires permet de faire varier la résistance de la charge pour faire en sorte que le module fonctionne toujours à son point de puissance maximale dans des conditions d'intensité et de tension variables. Les contrôleurs de pompe solaire sont donc équipés d'une fonctionnalité MPPT qui exploite la puissance du panneau photovoltaïque à sa valeur la plus efficace en ajustant la charge, évitant ainsi les pertes d'énergie inutiles. La fonction MPPT est une caractéristique importante à rechercher dans les contrôleurs solaires.

CHAPITRE 3

Configurations et composants d'un système de pompage solaire

Bien que le pompage solaire ne soit pas un concept récent, les premiers projets datant de la fin des années 1970, la révolution technique en matière d'onduleurs (dispositifs convertissant l'électricité solaire CC en CA) a ouvert la voie à la solarisation d'un éventail beaucoup plus large de pompes à eau, aussi bien de surface qu'immergées. Selon que l'eau demandée peut être fournie durant la journée solaire ou que le pompage est nécessaire au-delà de celle-ci, la configuration des systèmes sera autonome ou hybride (une ou plusieurs sources d'énergie). Ce chapitre décrit les principaux éléments d'un système de pompage solaire.

Mots clés : composants du reste du système, onduleurs, système solaire autonome, système solaire hybride, pompes solaires, contrôleurs solaires, fréquence variable, interrupteur de déconnexion

3.1 Le concept et la révolution de SPS

Les systèmes de pompage solaire (SPS) offrent des avantages inestimables : simplicité, fiabilité, durabilité, modularité et simplicité d'entretien. Dans les SPS, l'énergie solaire alimente directement le moteur d'une pompe électrique au moyen d'un contrôleur solaire. La pompe électrique peut être une pompe de surface, une pompe immergée, une pompe CC ou une pompe CA. Le contrôleur peut être soit un boîtier de commande CC, soit un onduleur. Un système de pompage photovoltaïque de l'eau est donc similaire à tout autre système de pompage, si ce n'est qu'il est alimenté à l'énergie solaire.

La capacité des premiers SPS était limitée. Il y a 15 ans, la plus grosse pompe solaire disponible sur le marché devait être une pompe CC de 4 kW avec une charge hydraulique journalière de 1 500 à 2 000 m^4 (soit un débit d'environ 10–200 m^3/jour proportionnellement inverse à une hauteur de 10–200 m). La diminution considérable des prix du photovoltaïque depuis dix ans a favorisé les progrès technologiques, permettant de mettre au point des équipements de pompage solaire robustes et fiables.

Le développement des onduleurs à fréquence variable a multiplié par dix la plage de performance des pompes solaires, du fait qu'ils fonctionnent avec des moteurs électriques standard. N'importe quelle pompe électrique peut être solarisée et peut également être alimentée par une double source d'énergie (solaire et électricité CA). Ces progrès ont conduit à une révolution dans l'utilisation de l'énergie solaire pour le pompage d'eau hors réseau, favorisant le développement d'un secteur privé dynamique, doté d'une solide expertise

Tableau 3.1 Liste de systèmes de pompage solaire de l'eau en service

Pays	Localisation	Taille du moteur (kW)	Taille du générateur PV (W)	Débit moyen (m³/jour)	Hauteur manométrique totale (m)	Prix (US$)[1]
Kenya	Lodwar	0,9	1 400	18	70	8 535
Nigéria	Maiduguri	1,4	1 000	17	61	7 955
Soudan	Zamzam	1,7	1 560	26	55	11 013
Éthiopie	Fafen/Awbare	3,0	7 500	108	47	24 309
Soudan du Sud	Bentiu	4,0	10 920	120	68	23 998
Ouganda	Rhino	4,0	4 000	30	90	17 057
Éthiopie	Fafen/Babile	4,0	6 750	59	80	20 264
Kenya	Songot	4,0	3 500	35	85	15 893
Soudan du Sud	Bentiu	5,5	15 600	197	58	32 747
Ouganda	Bidibidi Zone 1	7,5	15 000	95	121	34 554
Irak	Erbil	18,5	32 130	277	110	50 567
Kenya	Nablon	30,0	51 000	450	100	79 820

[1] prix d'un SPS installé jusqu'à la surface du forage, comprenant la pompe, le moteur, le générateur solaire, le contrôleur solaire, les accessoires CC, le câblage et les tuyaux de refoulement.
Source : rapports pays GLOSWI, 2016–2020

technique et proposant des produits de pompage solaire de qualité dans la plupart des pays (voir les rapports pays de GLOSWI de 2016 à 2020). Il n'existe actuellement pas d'obstacles techniques au déploiement des SPS, ce qui permet de mettre en œuvre de grands systèmes de pompage solaire (voir la section 7.5 pour plus de détails sur les dimensions des SPS).

Le tableau 3.1 contient une liste représentative de certains systèmes en service actuellement et de leur prix.

L'une des particularités des SPS réside dans la possibilité de fonctionner à fréquence variable. Le pompage d'eau conventionnel sur réseau ou diesel est généralement configuré pour fonctionner à une vitesse constante de rotation de la pompe, c'est-à-dire que la pompe est conçue pour démarrer et fonctionner à un régime fixe (normalement à 50 Hz ou 60 Hz).

Comme indiqué dans le chapitre 2, l'énergie solaire disponible fluctue au cours de la journée en fonction du rayonnement solaire, limitant ainsi le fonctionnement d'une pompe à vitesse fixe. Les ingénieurs ont tenu compte de cette contrainte dans la mise au point de la technologie du pompage solaire. En effet, les systèmes de pompage solaire sont conçus pour pouvoir démarrer à une faible fréquence et adapter la fréquence de fonctionnement à l'énergie solaire disponible. De ce fait, le débit fourni par la pompe varie également en fonction de la vitesse de rotation de la pompe, permettant de fournir de l'eau durant toute la journée solaire – bien qu'en quantité plus réduite le matin et le soir, lorsque l'intensité du soleil est faible (figure 3.1).

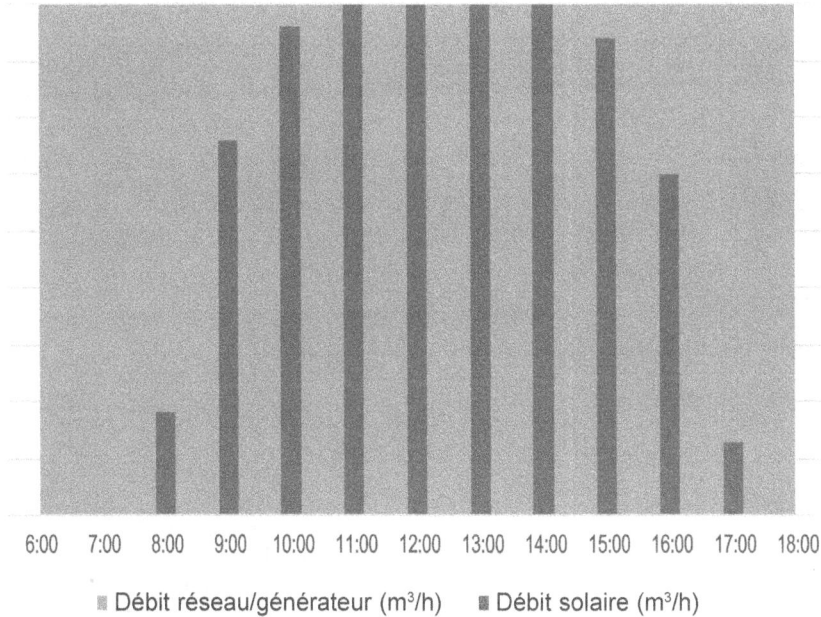

● Débit réseau/générateur (m³/h)   ■ Débit solaire (m³/h)

Figure 3.1 Plage de débit type d'une pompe à énergie solaire
Note : la partie en gris clair montre le débit d'une pompe à vitesse constante/fixe alimentée par un générateur ou par le réseau électrique durant la même période.

3.2 Configurations des SPS

Plusieurs configurations de pompage solaire sont possibles en fonction de la source d'alimentation employée (solaire autonome ou hybride) et du point d'eau exploité (souterrain ou superficiel).

3.2.1 Configuration autonome ou hybride du système solaire

Un SPS autonome est alimenté uniquement à l'énergie solaire. Il s'agit d'un groupe PV relié à un groupe motopompe par l'intermédiaire d'un contrôleur, comme indiqué sur la figure 3.2.

Dans un SPS hybride, la source d'alimentation principale est l'énergie solaire et une deuxième source d'alimentation est disponible, telle que l'électricité CA fournie par le réseau ou par un générateur diesel, lorsque l'énergie solaire est insuffisante pour faire fonctionner la pompe (figure 3.3). Cela permet de pomper de l'eau lorsque la demande ne peut pas être satisfaite par l'énergie solaire et que le pompage est nécessaire en dehors de la journée solaire, ou bien dans les cas où la capacité du point d'eau est limitée et ne peut fournir suffisamment d'eau pendant une journée de pompage solaire de 4 à 9 heures, ou encore lorsque la demande d'eau est

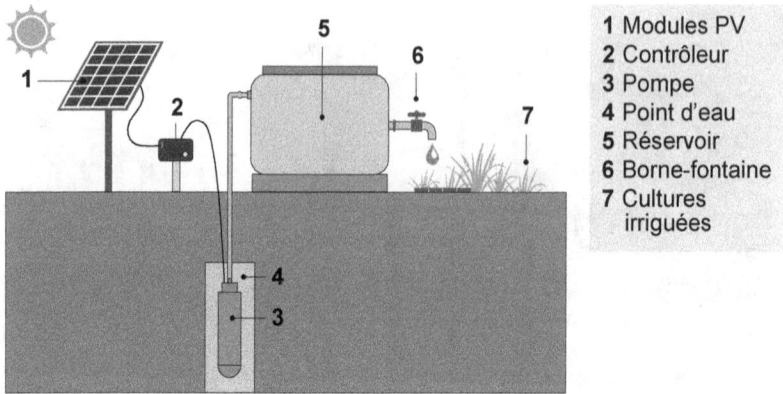

1 Modules PV
2 Contrôleur
3 Pompe
4 Point d'eau
5 Réservoir
6 Borne-fontaine
7 Cultures
  irriguées

Figure 3.2 Installation solaire autonome

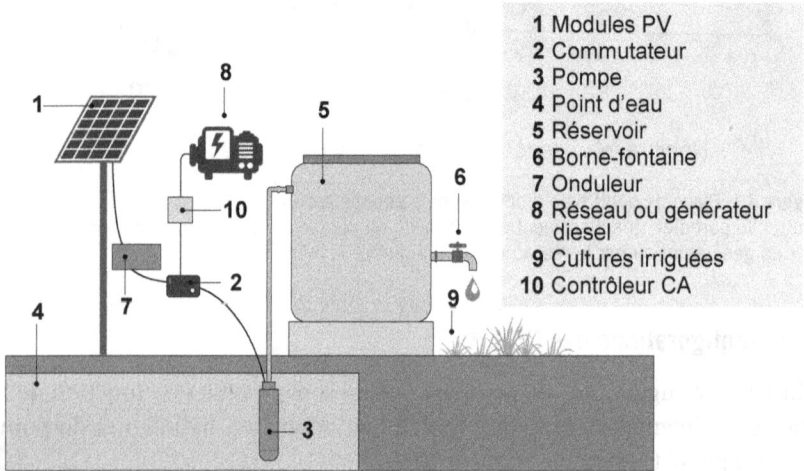

1 Modules PV
2 Commutateur
3 Pompe
4 Point d'eau
5 Réservoir
6 Borne-fontaine
7 Onduleur
8 Réseau ou générateur
  diesel
9 Cultures irriguées
10 Contrôleur CA

Figure 3.3 Installation hybride

variable selon la saison et qu'une source d'alimentation supplémentaire peut être connectée si nécessaire pour répondre à la hausse de la demande (utilisation intermittente). Ce point est décrit plus en détail dans la section 5.3.8.

Chaque fois que cela est possible et dans la mesure où la solution peut satisfaire la demande de débit, il convient de donner la priorité aux systèmes solaires autonomes par rapport aux solutions hybrides, en raison d'un meilleur rapport coût-efficacité et d'une période de recouvrement plus courte. Cette décision doit toujours être basée sur la disponibilité d'informations complètes sur le point d'eau – provenant par exemple d'un rapport d'essai de débit – ainsi que d'informations fiables sur les besoins en eau.

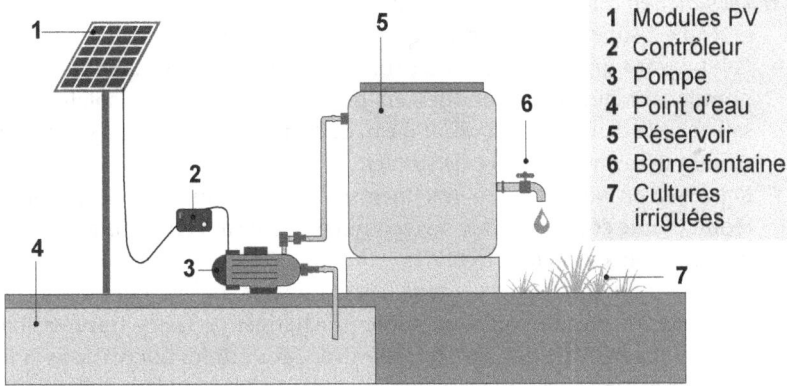

1 Modules PV
2 Contrôleur
3 Pompe
4 Point d'eau
5 Réservoir
6 Borne-fontaine
7 Cultures irriguées

Figure 3.4 Installation autonome en surface

3.2.2 Configuration immergée ou de surface

Dans la configuration immergée, une pompe spécialement prévue à cet effet est entièrement immergée dans le point d'eau (généralement un puits ou un forage). Les pompes immergées peuvent également être installées horizontalement dans un réservoir d'eau, à une profondeur minimum de 0,5 m, bien fixées et dotées d'un système de refroidissement du moteur adéquat (carénage cylindrique en plastique ou en métal protégeant le moteur).

Dans la configuration de surface, la pompe est installée à l'extérieur, près du point d'eau (p. ex., réservoir, rivière, barrage ou lac). Elle est placée au niveau du sol, l'orifice d'entrée étant relié à la source d'eau par un tuyau d'aspiration et l'orifice de sortie étant raccordé à un tuyau de refoulement (figure 3.4).

Les pompes immergées et de surface peuvent toutes deux flotter sur un point d'eau superficiel comme une rivière, un lac ou un barrage. Cela peut s'appliquer aux situations où il n'est pas possible d'installer la pompe de surface assez près du point d'eau, afin d'éviter une hauteur d'aspiration considérable qui pourrait provoquer des problèmes de cavitation (voir section 3.3.1, « Pompes de surface ou immergées »). Lorsque le niveau de l'eau est fluctuant, une pompe flottante peut être installée sur le point d'eau afin d'éviter l'inondation de la pompe de surface pendant la saison des pluies et de maintenir la hauteur d'aspiration pendant la saison sèche.

La configuration optimale (système solaire autonome ou hybride) est déterminée en fonction de multiples critères :

- *Ressource solaire* – aux endroits où les heures de soleil maximum sont insuffisantes pour satisfaire la demande, une configuration hybride devra être adoptée pour prolonger le pompage au-delà de la journée solaire.
- *Climat* – dans certaines régions, le couvert nuageux saisonnier peut exiger un système hybride permettant le recours ponctuel au diesel pour assurer le pompage durant les périodes prolongées de temps nuageux.

- *Demande en eau* – un système hybride est nécessaire lorsque la demande en eau est supérieure à la capacité d'un système solaire autonome.
- *Point d'eau* – un point d'eau au débit limité exigera d'installer une petite pompe qui devra fonctionner en dehors de la journée solaire pour satisfaire la demande. Un point d'eau de surface est généralement équipé d'un système de pompage de surface.
- *Raisons économiques* – les systèmes solaires ont un coût de propriété réduit et une courte période de recouvrement, ce qui en fait une solution préférable aux systèmes hybrides.
- *Facteurs démographiques* – dans les contextes où la population est inconnue, incertaine ou susceptible de changer de façon imprévisible, un système hybride doit être installé afin d'amortir les fluctuations et les pénuries d'approvisionnement en eau lorsque la population augmente.
- *Aspects sociaux* – une communauté peut faire preuve d'une certaine réticence à l'installation d'un système solaire, ce qui nécessite d'installer un système hybride jusqu'à ce que la technologie soit communément acceptée.

Note d'application

Des contraintes d'équipement spécifiques peuvent également influer sur le choix de la configuration en faveur d'un système solaire, avec toutefois un système auxiliaire diesel afin de satisfaire la demande. Par exemple, si la demande est de 600 m³/jour et que la solution de pompage la plus puissante disponible dans le pays ou sur le marché local est une pompe de 30 kW ayant un débit de 40 m³/h, au lieu d'installer un système diesel de 55 kW avec un débit de 60 m³/h fonctionnant pendant 10 heures pour satisfaire la demande, un système solaire de 30 kW peut être installé de façon à fonctionner à l'énergie solaire pendant 7 heures (40 m³/h x 7 h = 280 m³/jour), puis passer au diesel de nuit pendant 8 heures afin de fournir les 320 m³/jours manquants. Si l'on compare la consommation de carburant dans les deux cas, la pompe de 55 kW serait branchée sur un générateur diesel de 140 kVa consommant 25 litres x 10 heures = 250 litres de gazole par jour. Avec la deuxième option, la pompe de 30 kW serait alimentée par un générateur de 75 kVa consommant 15 litres x 8 heures = 120 litres de gazole. La deuxième solution comporte donc un avantage économique évident. À noter que si une pompe solaire de 55 kW était disponible, il ne serait pas nécessaire de faire appel au diesel. La nécessité d'un système hybride est donc déterminée par les contraintes d'équipement du SPS dans ce contexte.

Par ailleurs, certains scénarios impliquent des considérations spécifiques au contexte, à savoir :

- Une solution solaire autonome devra être adoptée dans les régions confrontées à un approvisionnement en carburant irrégulier ou à un transport de carburant difficile en raison de l'inaccessibilité du site et/ou de problèmes de sécurité, même si le système solaire n'est pas justifié sur le plan économique.

- Un approvisionnement en eau critique, susceptible d'affecter toute une population ou de suspendre des opérations en cas de panne du système d'alimentation en eau, exige une configuration hybride afin d'assurer la continuité de l'approvisionnement en cas de défaillance d'une des sources d'alimentation.
- Lorsque les pièces détachées ou les services techniques ne sont pas immédiatement disponibles, l'adoption de systèmes hybrides permet de garantir un pompage continu pendant que le système solaire est réparé, ce qui peut prendre plusieurs jours, voire plusieurs semaines, dans les régions isolées.

3.3 Composants d'un SPS

Un système de pompage solaire se compose d'un côté CC (toute la partie du système qui produit et transmet l'électricité CC, comprenant le générateur PV, les bornes CC, les isolateurs CC, les interrupteurs CC, les câbles CC, le contrôleur et la pompe CC) et/ou d'un côté CA (toute la partie du système PV qui commence après la conversion du courant continu en courant alternatif, comprenant les interrupteurs CA, le commutateur, les câbles CA et la pompe CA). Tous les composants électriques sont calibrés pour la forme d'électricité qu'ils doivent transmettre, de sorte que le matériel destiné à l'alimentation CC est calibré en CC et le matériel destiné à l'alimentation CA est calibré en CA. Ils doivent être conçus et utilisés conformément aux codes électriques pertinents.

Un système de pompage solaire de l'eau est formé de trois composants essentiels qui représentent en moyenne 60 % du coût total de l'ensemble, les composants du reste du système (accessoires CC, câblage, tuyaux de refoulement, etc.) constituant les 40 % restants.

- Pompe – la pompe peut être de type CC ou CA, centrifuge ou à rotor hélicoïdal, de surface ou immergée.
- Contrôleur – les pompes CC sont directement alimentées en courant continu par les modules solaires au moyen d'un simple boîtier de commande. Pour une pompe CA, un onduleur est nécessaire pour inverser le courant continu des modules solaires et fournir le courant alternatif nécessaire à la pompe CA.
- Module solaire – les modules solaires produisent du courant continu et alimentent la pompe par l'intermédiaire du boîtier de commande ou de l'onduleur.

3.3.1 Pompes à eau

Les pompes sont calibrées en fonction du débit (m^3/h) et de la hauteur (m) et sont raccordées à un moteur électrique qui est calibré en kilowatts (kW). Le moteur est alimenté en électricité par la source (le générateur solaire PV dans ce cas) et fait fonctionner la pompe pour fournir de l'eau :

- le type d'alimentation du moteur – pompes solaires CC ou CA ;
- le principe de fonctionnement de la pompe : pompes volumétriques ou centrifuges ;
- la configuration d'installation : pompes immergées ou de surface.

Le groupe motopompe doit être adapté au point d'eau, à la source d'alimentation et à l'application.

La sélection du modèle de pompe approprié est basée sur le point de fonctionnement, c'est-à-dire le débit et la hauteur requis. Pour le déterminer, on peut utiliser des logiciels ou les courbes de performance fournies par les fabricants des pompes. Une explication de la méthode de sélection est fournie aux annexes A et B.

Pour la sélection de la pompe, il est essentiel de s'assurer que le point de fonctionnement de la pompe correspond au point d'efficacité maximale (BEP). Une pratique courante consiste à sélectionner le point de fonctionnement à droite du BEP sur la courbe de performance de la pompe, de sorte qu'à mesure que la pompe s'use, le point de fonctionnement se déplace vers le BEP, ce qui permet d'assurer un fonctionnement efficace pendant toute la durée de vie du système.

Pompes solaires CC ou CA. Les pompes disponibles peuvent fonctionner sur courant continu ou alternatif. L'élément distinctif de ces deux types de pompe réside dans le moteur.

Le système de pompage CC représente la configuration la plus simple du SPS. Il s'agit d'un groupe PV directement connecté à un groupe motopompe équipé d'un moteur CC, via un contrôleur CC. Les pompes CC ont une durée de vie plus longue et sont plus efficaces que les pompes CA de même taille (jusqu'à 90 % contre 50–70 % pour les pompes CA) du fait qu'elles ne nécessitent pas de conversion du courant. Ces pompes sont cependant limitées en termes de hauteur et de débit et sont généralement réservées aux applications de hauteur et de volume plus réduits (c.-à-d. plus petites), exigeant une puissance maximale de 4 kW. On peut utiliser une pompe de type volumétrique ou centrifuge équipée d'un moteur avec ou sans balais (avec des aimants permanents dans les deux cas).

Dans les moteurs à balais, le courant est transmis par les balais aux bobinages du moteur à travers les contacts du commutateur, tandis que les moteurs sans balais n'ont pas de commutateur. Les moteurs à balais ont l'avantage d'être moins coûteux à l'achat et faciles à installer du fait qu'ils peuvent être directement raccordés à une source d'alimentation CC à l'aide d'un simple interrupteur, ne nécessitant donc pas d'appareillage électronique complexe. Cependant, leurs inconvénients sont un rendement inférieur (75–80 %), des interférences électriques et un certain coût de maintenance en raison de l'usure des balais et des commutateurs.

Quant aux moteurs sans balais, ils affichent un rendement supérieur (85–90 %), une durée de vie plus longue et un coût de maintenance inférieur puisqu'il n'y a pas de balais à remplacer. Outre leur prix supérieur à celui des moteurs à balais, il faut aussi prévoir le coût supplémentaire d'un codeur et d'un contrôleur électronique.

Dans un système de pompage CA, le groupe PV est raccordé au groupe motopompe équipé d'un moteur CA, qui est généralement un moteur triphasé à induction (asynchrone) sans balais. C'est un type de moteur robuste, doté d'une isolation de série ou renforcée qui assure un fonctionnement fiable et de longue durée, un entretien minimal et la possibilité de résister aux contraintes de tension habituelles avec la plupart des variateurs de fréquence d'onduleur. Les moteurs CA ne peuvent pas fonctionner avec une source d'alimentation CC et nécessitent un onduleur CC-CA pour convertir le courant continu et alimenter la pompe CA. Le type de pompe utilisé est généralement centrifuge en raison de sa haute capacité de débit.

Le système de pompage CA est réservé aux applications exigeant une capacité supérieure qui ne peut être fournie par un système CC.

Pompes volumétriques ou centrifuges. Il existe plusieurs types de pompe volumétrique, tels que les pompes à rotor hélicoïdal, à diaphragme ou à piston. Le modèle hélicoïdal, qui est utilisé dans les pompes immergées, consiste en un rotor logé dans un stator en caoutchouc qui tourne avec le moteur, créant un vide qui fait pénétrer l'eau dans la cavité et qui la comprime sous l'effet de la rotation. L'eau est refoulée à chaque rotation et le débit d'eau augmente avec la vitesse de rotation, ce qui signifie que le rendement et la capacité de refoulement de ces pompes restent élevés même à une faible vitesse de rotation. Elles sont donc adaptées au pompage direct de l'eau à l'énergie solaire avec des niveaux variables de rayonnement solaire, permettant de pomper des volumes d'eau supérieurs par jour dans des conditions d'ensoleillement fluctuantes. Ces pompes appartiennent toutes à la catégorie des pompes solaires CC et ont donc une capacité limitée, qui convient aux applications à grande profondeur et à petit débit. Elles permettent d'atteindre une hauteur de refoulement de 450 m en maintenant un haut rendement.

Les pompes centrifuges comprennent une ou plusieurs turbines logées dans une chambre (appelée étage de la pompe). L'eau entre au centre de la turbine, dont la rotation soumet l'eau à la force centrifuge et la pousse d'un étage à l'autre. Pour obtenir une élévation importante, plusieurs étages sont empilés (pompes à étages multiples), la pression de l'eau augmentant à mesure qu'elle passe d'un étage à l'autre. Cela explique la grande taille des pompes centrifuges à haute pression (les pompes immergées peuvent comprendre jusqu'à 100 étages sur une hauteur allant jusqu'à 6 m !).

Les pompes centrifuges nécessitent une vitesse minimum pour démarrer et fournir de l'eau. Leur débit peut atteindre 250 m³/h et leur rendement diminue à grande profondeur et faible débit. Pour cette raison, les pompes volumétriques sont utilisées dans la plupart des systèmes qui exigent une grande élévation et de faibles volumes. Le rendement des pompes centrifuges diminue avec les variations de vitesse, tandis que les pompes volumétriques peuvent fonctionner efficacement avec une large plage de vitesse. Les pompes volumétriques peuvent également fournir un débit assez constant avec une large plage de pression.

Pompes de surface ou immergées. Les pompes immergées sont installées directement dans l'eau. Elles sont surtout utilisées pour le pompage dans des puits profonds. Les pompes immergées sont équipées de moteurs à refroidissement à eau ou à huile et ne doivent jamais fonctionner sans eau, sous peine de griller à cause de la marche à sec. Elles sont disponibles en version centrifuge ou volumétrique.

Les pompes de surface sont installées à l'extérieur du point d'eau et ne peuvent pas être immergées. Elles sont équipées d'un moteur à refroidissement à air qui doit être installé dans un endroit bien ventilé à l'abri des intempéries. Elles sont susceptibles de tomber en panne si elles sont immergées dans l'eau ou éclaboussées. Les pompes de surface sont généralement installées à l'intérieur d'une station de pompage. Elles sont conçues pour puiser de l'eau à une hauteur de 3 à 7 m au-dessus du niveau du point d'eau. Si cette hauteur verticale (appelée hauteur d'aspiration) est dépassée, la pompe subit une cavitation (lorsque l'eau pénètre dans la turbine, elle se vaporise sous l'effet de la basse pression, formant des bulles qui éclatent en érodant la turbine), ce qui finit par provoquer une panne de la pompe. Les pompes de surface peuvent être de type centrifuge ou volumétrique (à diaphragme ou à piston).

Les pompes de surface ont tendance à être plus efficaces pour les gros débits de pompage et sont moins chères que les pompes immergées, mais plus complexes à installer et à utiliser.

Le type et le nom de la pompe sont indiqués sur les fiches techniques des fabricants.

Aspects relatifs à la qualité et aux performances. Il est recommandé d'utiliser des pompes conformes aux normes EN 809 et EN 60034-1 ou équivalentes, en acier inoxydable de classe AISI 304 ou supérieure.

Les pompes centrifuges peuvent être construites dans d'autres matériaux, comme la fonte ou le plastique, dont le choix dépendra de divers facteurs, tels que la qualité de l'eau à pomper. Par exemple, l'eau contenant beaucoup de limon est plus facile à puiser avec une pompe à structure interne en plastique, tandis que des pompes en acier de qualité supérieure conviennent mieux à l'eau corrosive ou à l'eau chaude. Il est important que le matériau utilisé pour la construction de la pompe soit résistant à la corrosion, lubrifié en permanence et sans entretien, et qu'il puisse supporter la température de l'eau.

Le moteur de la pompe est l'élément le plus sujet aux pannes et doit être construit dans un matériau résistant à la corrosion, avec un corps extérieur entièrement en acier inoxydable, un arbre en acier inoxydable, des roulements en céramique, des cotes de montage NEMA, des enroulements hermétiques, une lubrification à l'eau et un diaphragme d'égalisation de pression, et il doit pouvoir supporter une température maximale déterminée.

Le groupe motopompe doit être de conception modulaire pour permettre le remplacement de pièces individuelles (tête de pompe, moteur de la pompe et composants électroniques) en cas de panne. La pompe doit être équipée d'une protection contre la marche à sec en cas de faible niveau d'eau.

3.3.2 Contrôleurs

Les panneaux solaires produisent du courant continu et le contrôleur remplit la fonction d'un conditionneur de puissance, c'est-à-dire qu'il améliore la qualité de l'énergie fournie à la pompe par les modules PV. Il intervient d'une ou de plusieurs façons pour fournir une tension de niveau et de caractéristiques appropriés afin de permettre à la pompe de fonctionner correctement. Une autre fonction importante du contrôleur est de démarrer la pompe lentement (démarrage progressif) et d'ajuster sa vitesse en fonction de la charge de pompage et de la puissance disponible du groupe solaire. La poursuite du point de puissance maximale permet d'adapter de façon optimale la puissance de sortie du panneau solaire à la charge, quelles que soient les conditions.

Les contrôleurs de pompes solaires sont calibrés en watts ou en kilowatts. La sélection de la taille appropriée pour alimenter la pompe est basée sur la puissance d'entrée admissible (tension et intensité CC minimum et maximum), la puissance de sortie du contrôleur (tension et intensité) et la puissance nominale du moteur de la pompe (tension et intensité). Le contrôleur influe sur la configuration en série ou en parallèle des modules. Les fiches techniques des fabricants ou des logiciels de conception peuvent être utilisées pour déterminer chacun de ces éléments. Une explication complète est fournie à l'annexe B.

Contrôleurs CC. Les pompes CC utilisent des contrôleurs solaires CC, qui se présentent sous deux formes en fonction du type de moteur équipant la pompe.

Les moteurs CC à balais peuvent être raccordés directement à la source d'alimentation CC à l'aide d'un simple interrupteur, sans électronique compliquée. Une pompe hélicoïdale à balais sera équipée d'un booster de courant linéaire (LCB) qui réduit la tension du groupe PV tout en augmentant l'intensité. Cela permet de démarrer le moteur de la pompe et d'éviter qu'il ne cale dans des conditions de faible luminosité. Les pompes centrifuges à balais sont souvent fournies sans LCB car elles démarrent facilement et leur consommation de courant diminue avec la vitesse. Un LCB augmentera l'efficacité de la pompe pendant les périodes de faible ensoleillement, mais le gain de performance est relativement faible.

Les moteurs CC sans balais nécessitent un dispositif de commande externe pour contrôler la tension et l'intensité appliquées au moteur, réaliser la fonction LCB et adapter la vitesse de la pompe à la puissance disponible. Le contrôleur module la vitesse du moteur en faisant varier sa propre fréquence. Les pompes CC sans balais sont généralement vendues avec un contrôleur conçu spécifiquement pour elles. Par exemple, les moteurs CC sans balais de Lorentz ont un pilote externe qui est monté à la surface pour commander la pompe. Les contrôleurs pour moteurs sans balais sont parfois intégrés au moteur, comme sur les pompes solaires Grundfos SQFlex ou Nastec. L'inconvénient de ces dispositifs de commande intégrés est qu'en cas de problème électronique dans le moteur, l'ensemble de la pompe et du tuyau doit être retiré du puits et le groupe moteur complet doit être remplacé. Les dispositifs de commande hors sol sont polyvalents et plus faciles d'accès pour les réparations et la maintenance.

Les régulateurs solaires CC ont généralement une puissance allant jusqu'à 4 kW, leur puissance nominale étant exprimée en termes de tension et d'intensité.

Onduleurs CA. Pour les pompes CA, un onduleur solaire est nécessaire pour convertir le courant continu produit par le groupe PV en courant alternatif pour la pompe. L'onduleur produit une fréquence variable en fonction de l'énergie solaire disponible, permettant ainsi au moteur de la pompe de fonctionner à vitesse variable et de fournir un débit variable en fonction de la disponibilité d'énergie. Il permet également de lisser l'onde sinusoïdale du courant alternatif et de maintenir une tension constante indépendamment des fluctuations de la charge. Des puissances allant jusqu'à 150 kW sont disponibles. La plupart des onduleurs destinés au pompage produisent un courant alternatif triphasé, les onduleurs monophasés étant peu recommandés pour le pompage en raison de la disponibilité de pompes solaires directement alimentée en courant continu.

On trouve aujourd'hui des onduleurs à double alimentation ou permettant de combiner plusieurs sources d'alimentation. Les exigences spécifiques à ces onduleurs, telles que des interrupteurs d'isolement pour empêcher les deux sources d'alimentation de fonctionner en même temps, sont généralement fournies par le fabricant. Les spécifications techniques fournissent des informations détaillées sur la procédure de montage, de protection et de fonctionnement.

Aspects relatifs à la qualité et aux performances. Un bon contrôleur solaire doit être conforme aux normes EN 61800-1, EN 61800-3, EN 60204-1 ou à des normes équivalentes reconnues au niveau international, qui attestent la sécurité et la qualité des équipements. La conception et l'utilisation d'un régulateur doivent être conformes aux normes CEI 62109-1 et CEI 62109-2.

Les contrôleurs solaires CC et les onduleurs CA doivent également être dotés des fonctionnalités de commande, de surveillance et de protection suivantes afin que le pompage soit pratique et efficace :

- fonction MPPT intégrée qui suit le point de puissance maximale des modules pour fournir une tension constante à la pompe, comme indiqué dans la section 2.10 ;
- raccordable à plusieurs dispositifs de commande tels que des sondes à contact sec (pour éviter la marche à sec) et des sondes de niveau/pression (automatisation du réservoir à haut et bas niveau) ;
- fonctionnalités de commande du système de pompage et de génération d'indicateurs de diagnostic pour indiquer l'état du système ;
- indicateurs simples de l'état du système visibles par l'utilisateur pour la résolution de problèmes, à savoir généralement : état de la pompe,

vitesse de rotation de la pompe, puits sec, réservoir plein, intensité, puissance, tension et température ;

- facilité d'entretien et de remplacement du groupe par une personne peu qualifiée formée à cet effet ;
- protections contre : surintensité, sous-tension, surrégime, surchauffe, inversion de polarité et marche à sec ;
- protection contre les surcharges, par exemple lorsque la pompe (ou le tuyau) est obstruée par des impuretés, ce qui provoque une augmentation du courant consommé et peut entraîner une panne du moteur ;
- raccordement standard direct au système solaire et possibilité d'ajouter une source d'alimentation de secours en option ;
- convient à l'installation à l'extérieur (IP54 et supérieur – hermétique, étanche et résistant aux insectes et aux rongeurs) ;
- durée de vie >10 ans dans des conditions environnementales difficiles et rendement élevé, généralement >97 %.

D'autres fonctions en option comprennent l'enregistrement des paramètres de fonctionnement, qui peuvent être récupérés à des fins de référence et de résolution de problèmes.

3.3.3 Modules solaires

Pour produire une puissance exploitable, les cellules PV sont connectées en série et en parallèle pour produire des modules solaires ayant une intensité, une tension et une puissance de sortie variables. Les cellules sont connectées en série, regroupées, laminées et montées entre des couches de plastique et de verre pour former un module PV, comme le montre la figure 3.5. Le nombre de cellules d'un module dépend de l'application à laquelle il est destiné. Les modules peuvent être formés de 12, 24, 36, 60 ou 72 cellules, la puissance nominale du module augmentant avec le nombre de cellules. Le module est monté sur un châssis (généralement en aluminium) qui assure sa rigidité et facilite sa manipulation et son installation. Des boîtiers de jonction, où les connexions des conducteurs sont effectuées pour transférer l'énergie des modules aux charges, sont placés à l'arrière des modules PV.

Le rendement des modules a augmenté au fil du temps, les modules disponibles dans le commerce ayant un rendement de 15 à 22 % tandis que certaines cellules mises au point par des laboratoires de recherche atteignent un rendement supérieur à 40 %.

Types de module solaire. Il existe quatre types principaux de module photovoltaïque : silicium monocristallin (mono-Si), silicium polycristallin (poly-Si), silicium amorphe (a-Si) et couche mince (figure 3.6).

Le silicium monocristallin (également appelé monosilicium ou mono-Si) est un silicium de pureté supérieure (avec une structure cristalline unique et continue) affichant le plus haut rendement (15–20 %). Il offre donc le rapport coût-surface le plus élevé, produisant davantage de puissance pour une surface

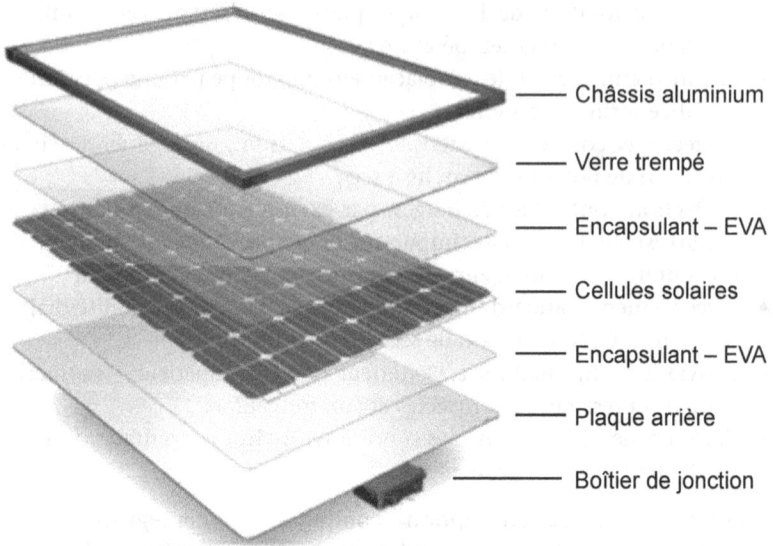

— Châssis aluminium

— Verre trempé

— Encapsulant – EVA

— Cellules solaires

— Encapsulant – EVA

— Plaque arrière

— Boîtier de jonction

Figure 3.5 Illustration de la fabrication d'un module solaire
Source : Trina Solar

équivalente, mais il est également le plus cher. Les cellules mono-Si sont faciles à reconnaître par leur couleur et leur aspect uniformes et leurs coins arrondis. Elles sont garanties jusqu'à 25 ans.

Le silicium polycristallin (également appelé polysilicium ou poly-Si) se compose de plusieurs cristaux de silicium formés à partir d'un lingot. Il est plus simple à fabriquer et donc légèrement moins cher que le mono-Si, mais son rendement est généralement inférieur (13–18 %). Les cellules poly-Si ont une apparence parfaitement rectangulaire, sans coins arrondis. Elles sont garanties jusqu'à 20 ans.

Le silicium amorphe (a-Si) n'a pas de structure cellulaire géométrique. Les modules résultants n'ont pas l'aspect des cristaux ordonnés caractéristique du silicium cristallin. Les modules disponibles dans le commerce ont généralement un rendement de conversion de 5 à 10 %. La garantie est normalement de dix ans mais peut varier selon le fabricant.

Les cellules photovoltaïques en couche mince (TFPV) font appel à un semi-conducteur comme le tellurure de cadmium (CdTe) ou de cuivre, d'indium, de gallium et de sélénium (CIGS ou CIS), qui est appliqué en couche mince sur un substrat (en verre, plastique, métal ou céramique). Les modules ont un aspect noir uniforme. La couche mince permet d'obtenir des modules souples, plus légers et portables. Ils sont moins chers à fabriquer mais affichent un rapport surface-efficacité nettement inférieur, nécessitant donc une plus grande structure de fixation et un câblage plus long. Un module monocristallin d'une surface équivalente peut produire généralement quatre fois plus d'électricité qu'un module en couche mince.

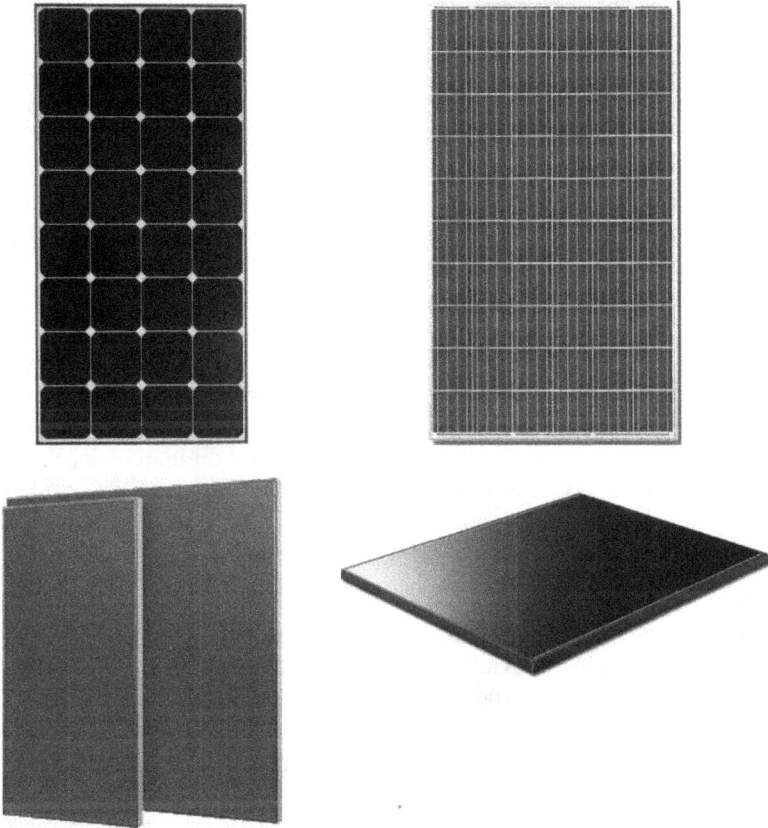

Figure 3.6 Différents types de module solaire (dans le sens des aiguilles d'une montre, à partir d'en haut à gauche : mono-Si, poly-Si, a-Si et TFPV)

Tableau 3.2 Exemple de caractéristiques d'un module

Caractéristique	Terme	Unité	Valeur
Puissance de crête	P_{max}	W_c	250
Tolérance de puissance		%	0 à +5
Intensité au point de puissance maximale	I_{mp}	A	8,23
Tension au point de puissance maximale	V_{mp}	V	30,4
Courant de court-circuit	I_{sc}	A	8,81
Tension de circuit ouvert	V_{oc}	V	37,6
Coefficient de température pour P_{max}		%/°C	−0,42
Coefficient de température pour V_{oc}		%/°C	−0,34
Coefficient de température pour I_{sc}		%/°C	0,06
Tension maximale du système		VCC	1 000
Rendement du module		%	17,12
Toutes valeurs en STC (AM = 1,5, E = 1 000 W/m², température de cellule = 25 °C)			

Le processus de production est moins gourmand en énergie pour les modules a-Si et TFPV que pour les modules c-Si (mono-Si et poly-Si). Par ailleurs, le TFPV est la technologie PV qui subit le moins d'influence de la température sur la puissance de sortie. Depuis 2010, certaines technologies de couche mince (CIS, CIGS et CdTe) ont été utilisées dans de grands systèmes PV couplés au réseau avec les mêmes garanties que les modules c-Si. Leur rendement inférieur (10–18 %) est compensé par leur prix moindre. Les principaux inconvénients de ce faible rendement sont les dimensions plus grandes de la centrale PV, le coût de la structure et le temps de montage.

Les technologies de couche mince évoluent et ont un énorme potentiel à l'avenir, à mesure que le rendement augmentera et que les coûts diminueront. Il convient de souligner que certains modules en couche mince, notamment au tellurure de cadmium, emploient du cadmium toxique qui pose des problèmes environnementaux s'il n'est pas recyclé.

Le choix du module à utiliser dépend de l'offre du marché local (compte tenu de tous les aspects de qualité), du coût et de la surface occupée. Les modules recommandés pour les applications de pompage d'eau sont le mono-Si et le poly-Si en raison de leurs performances supérieures et de leurs rapports coût/espace et coût/rendement.

Caractéristiques des modules. Après avoir été testés en conditions STC (section 2.7), les modules PV sont calibrés et étiquetés par les fabricants. Il est important de sélectionner des modules clairement étiquetés et disposant d'une plaque signalétique permanente. Cette plaque contient les informations suivantes : nom et adresse physique du fabricant, type/numéro de modèle, puissance nominale en watts-crête, tension de circuit ouvert, courant de court-circuit, tension et intensité au point de puissance maximale, tolérance, coefficient de température, pays de fabrication et certification (p. ex., marque de sécurité UL, CEI 61215, certification ISO). Le tableau 3.2 contient les caractéristiques d'un module type de 250 W.

Ces caractéristiques sont importantes pour dimensionner le générateur solaire requis et déterminer la configuration des modules (en série ou en parallèle) en fonction des limites de tension, d'intensité et de puissance de la pompe et du contrôleur (voir section 5.3.5 et annexe B).

Les bornes de câble à l'arrière du module doivent aussi être clairement identifiées par des marques indiquant le positif et le négatif. Les bornes sont dotées de connecteurs rapides mâles (positif) et femelles (négatif) pour un raccordement facile et sans risque d'erreur.

Le nombre de modules nécessaires pour alimenter un système de pompage ainsi que leur configuration en série/parallèle est basé sur la puissance requise de la pompe et conditionné par les caractéristiques du contrôleur (expliquées à l'annexe B). Les modules doivent être configurés de manière à fournir suffisamment de courant, de tension et de puissance à la pompe, compte tenu des pertes envisagées décrites dans le chapitre 4 (nuages, saleté, dégradation, température, etc.).

Il est essentiel que le câblage série/parallèle soit correct. Il s'agit d'un problème courant qui peut entraîner un fonctionnement non optimal de la pompe ou endommager l'équipement. Le générateur PV entièrement câblé doit toujours être vérifié par rapport aux spécifications de conception avant d'être connecté au contrôleur/onduleur et à la pompe.

Aspects relatifs à la qualité et aux performances. Le critère essentiel pour vérifier la qualité des modules solaires est la certification. Les modules PV cristallins doivent être conformes aux normes CEI/EN 61215 et 61730, tandis que les modules en couche mince doivent être conformes à la norme CEI/EN 61646, ou bien tous les types de module doivent être certifiés UL 1703 afin d'attester la qualité et le respect des normes de sécurité.

Des normes facultatives s'appliquent en fonction des conditions réelles dans lesquelles les modules seront installés. Par exemple, la norme CEI/EN 61701 est requise pour les modules utilisés sur le littoral, attestant que le module pourra résister aux conditions de brume saline dans les installations côtières.

La norme CEI/EN 61215 exige l'examen de tous les paramètres occasionnant le vieillissement des modules PV et décrit les différents essais de qualification basés sur la charge artificielle. Du fait que les modules ne peuvent pas être testés sur une période de 25 ans, ils sont soumis à un stress accéléré comprenant des essais de radiation, des essais thermiques et des essais mécaniques. La norme CEI 61730, parties I et II, définit un essai de qualification en matière de sécurité.

Il existe de nombreuses marques de modules PV dans le monde, certains des principaux fabricants étant Canadian Solar, Trina Solar, First Solar, Jinko Solar, JA Solar, Sunpower, Yingli Green Energy, Sharp Solar, Renesola, Hanwha SolarOne, Kyocera et SolarWorld. Bien que les modules de tous ces fabricants soient dûment homologués selon les certifications de fabrication susmentionnées, le secteur est concurrentiel et dynamique. Le plus grand fabricant n'assure pas nécessairement un module de la plus haute qualité, certains fabricants plus modestes pouvant également offrir des produits de qualité supérieure. Cependant, la capacité éprouvée d'un fabricant à produire et à vendre un grand nombre de modules solaires témoigne de la fiabilité de la marque

Une bonne marque se distingue généralement par un processus de fabrication de qualité, une bonne réputation, l'absence de défauts dans le processus de production et une garantie de remplacement (voir la section 10.6 pour plus de détails sur la qualité des modules solaires).

3.4 Composants du reste du système SPS

Les composants du reste du système (RDS) d'un SPS comprennent tous les éléments nécessaires à l'installation et au fonctionnement corrects d'un système PV, en dehors des modules photovoltaïques, de la pompe et du contrôleur solaire. Dans un système de pompage PV, les composants RDS comprennent les interrupteurs de déconnexion, les coffrets de raccordement PV, les structures de fixation, les clôtures, le câblage pour la connexion des différents éléments matériels, les capteurs destinés à automatiser ou protéger le système, les appareils de mesure pour le suivi du fonctionnement et de l'état du système, les débitmètres, etc.

3.4.1 Structure de fixation des modules

La structure de fixation des modules est un élément essentiel de toute installation solaire. Elle permet de supporter les modules solaires et d'assurer leur sécurité. Il existe différentes configurations de structure, à savoir le montage au sol, sur mât, sur toiture et sur pieux vissés, comme indiqué dans la section 6.2.5.

La structure peut être fabriquée en acier inoxydable, en acier doux galvanisé (avec des crochets/boulons en acier inoxydable) ou en aluminium. La configuration et le matériau à utiliser sont déterminés par des facteurs tels que les conditions environnementales, la dimension du système, la topographie de la zone, le terrain disponible et les questions de sécurité.

La structure de fixation doit être conçue pour supporter le poids du panneau solaire et pour résister au vent, à la neige, aux tempêtes et/ou aux séismes, en fonction des conditions locales. La structure doit reposer sur une semelle en béton armé conçue en fonction du type de sol, avec un contreventement adéquat pour éviter les oscillations. La structure peut être conçue à l'aide d'un logiciel afin de déterminer les dimensions appropriées des renforts, des mâts, des entretoises et des attaches, conformément aux normes de conception structurelle et aux codes de construction locaux.

3.4.2 Interrupteurs de déconnexion/isolement CC

Le courant continu est produit par l'effet photovoltaïque des modules solaires PV. Lorsque ceux-ci sont exposés au soleil, ils produisent de l'électricité. Une quantité d'électricité considérable (en termes de tension et d'intensité) circule dans un groupe PV durant les heures d'ensoleillement, la manipulation du groupe PV devra donc s'effectuer avec précaution. L'électricité qui circule dans le groupe PV doit être isolée avant toute opération à réaliser dans le système de pompage PV. Un interrupteur de déconnexion CC (également appelé interrupteur d'isolement) assure cet isolement durant le fonctionnement et lors des interventions de maintenance futures. Certains interrupteurs de déconnexion CC permettent également la mise en parallèle sécurisée de plusieurs branches venant du générateur PV par des techniciens qualifiés. L'interrupteur d'isolement CC est installé entre le groupe PV et le contrôleur solaire.

L'interrupteur d'isolement/déconnexion CC doit être dimensionné pour l'intensité maximale possible en CC (courant de court-circuit) dans le système et pour la tension CC maximale possible (tension de circuit ouvert). Il doit également être à double polarité afin d'isoler efficacement aussi bien les entrées négative que positive du groupe PV.

3.4.3 Parasurtenseur

Un parasurtenseur (ou limiteur de surtension) assure une protection renforcée du contrôleur contre les surtensions électriques provenant par exemple d'un coup de foudre indirect, d'une surintensité ou d'une pointe de tension. Il est installé sur la ligne d'entrée CC, entre le générateur et le contrôleur PV et près du contrôleur de la pompe.

Des parasurtenseurs peuvent également être installés aux endroits sensibles à la foudre afin d'empêcher les surtensions dues à ce phénomène. Le parasurtenseur nécessite une mise à la terre fiable pour fonctionner, comme indiqué dans la section 6.3.

3.4.4 Câbles

Les câbles électriques transportent l'électricité jusqu'à la pompe. Ils doivent donc être capables de fournir une puissance suffisante à la pompe pour assurer le bon fonctionnement et la sécurité du système de pompage. Le choix des câbles doit être étudié pour les parties CC et CA.

Deux types de câbles multiconducteurs isolés sont utilisés dans les applications de pompage : le câble de pompe submersible et le câble souterrain (communément appelé câble UG). Le câble de pompe submersible va de la pompe jusqu'à la surface du forage (tête de puits) dans les applications immergées. Il est conçu pour le transport sécurisé de charges électriques sous l'eau, à condition qu'il soit correctement dimensionné. Le câble UG, quant à lui, est utilisé entre la tête de puits et le contrôleur de la pompe. Le câble UG est généralement blindé et peut être enterré. S'il n'est pas blindé, il doit être placé dans un conduit électrique. Le câble de pompe submersible peut toujours être utilisé entre la tête de puits et le contrôleur, à condition qu'il soit placé dans un conduit électrique.

Un câble électrique se compose généralement des éléments suivants, comme indiqué sur la figure 3.7 :

- Conducteurs – fils de cuivre qui conduisent l'électricité.
- Isolant – élément en plastique ou en caoutchouc qui recouvre les conducteurs de cuivre pour empêcher un court-circuit entre eux-mêmes ou avec la terre.
- Gaine – élément en caoutchouc ou en PVC qui recouvre les conducteurs isolés et les protège de l'abrasion.

Le dimensionnement correct de la section (ou de l'épaisseur) du câble est essentiel au bon fonctionnement et à la longévité du système de pompage. Une chute ou perte de tension se produit lorsqu'un courant trop élevé passe dans un conducteur très petit (sous-dimensionné). Il est possible de réduire les pertes de tension en utilisant des fils plus épais (conducteurs à plus faible résistance), en réduisant la longueur des câbles et/ou augmentant la tension (ce qui n'est pas toujours faisable) (voir également la section 2.9).

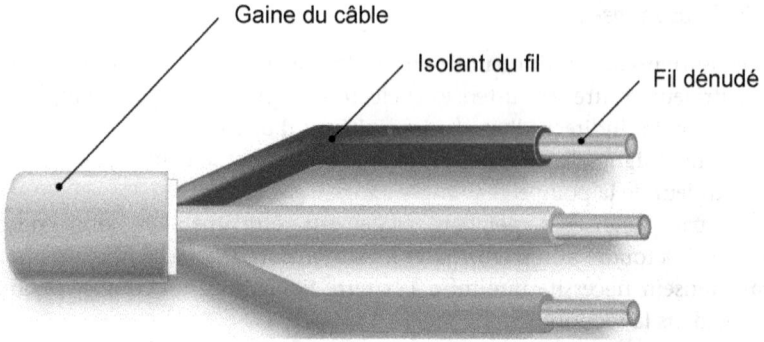

Figure 3.7 Parties d'un câble
Source : Wikipedia <https://creativecommons.org/licenses/by-sa/3.0/deed.fr>

La chute de tension maximale admissible entre la source et la charge doit se situer entre 1 et 3 % de la tension de la source. Pour le courant continu, il s'agit du point de puissance maximale (MPP) de la branche. Il convient de choisir une section de câble appropriée pour s'assurer que la perte de tension ne dépasse pas la chute admissible. Un câble de section insuffisante convertira le flux de courant en chaleur, entraînant une surchauffe qui pourrait provoquer un incendie ou une défaillance progressive du système.

En résumé, les éléments à prendre en compte pour le choix d'un câble électrique sont les suivants :

- l'adéquation du câble aux conditions ambiantes (p. ex., intensité des UV, température ambiante, température de l'eau). Tous les câbles exposés doivent être homologués pour une utilisation à l'extérieur ou installés dans un conduit électrique ;
- l'adéquation du câble à l'application (câbles résistants à l'eau pour les installations immergées, câbles blindés pour les installations en surface) ;
- la capacité de transport de courant du câble. Celle-ci est déterminée par la taille ou la section transversale du câble ;
- les chutes de tension admissibles dans le câble. Plus le câble est fin et long, plus les chutes de tension sont probables. Les câbles excessivement longs doivent être évités dans la mesure du possible pour minimiser le risque de chute de tension ;
- les caractéristiques de la charge (tension et intensité).

Un guide sur la sélection de la taille de câble adéquate figure à l'annexe D.

3.4.5 Filtre sinusoïdal

Lorsque le contrôleur/onduleur externe ajuste la tension d'entrée des moteurs CA, leur onde sinusoïdale est modifiée, ce qui diminue la durée de vie du moteur et augmente le bruit. Les filtres sinusoïdaux ont une haute capacité de filtrage et sont utilisés pour réduire les contraintes de tension sur les enroulements du moteur et les contraintes sur le système d'isolement du moteur, ainsi que pour diminuer le bruit acoustique d'un moteur à fréquence contrôlée. Les pertes du moteur sont réduites parce que le filtre sinusoïdal transforme les impulsions de sortie du convertisseur de fréquence en une onde sinusoïdale. Le résultat est un courant en forme d'onde sinusoïdale et une réduction du bruit du moteur. Le filtre sinusoïdal est installé entre l'onduleur et la pompe.

Outre les effets des pointes de tension, la longueur totale du câble du moteur doit être considérée dans le contexte des pointes d'intensité instantanées, qui peuvent exercer des contraintes sur le moteur. Des filtres peuvent être utilisés pour augmenter la longueur maximale du câble en fonction des spécifications techniques du type d'onduleur. Par exemple, les filtres sinusoïdaux Grundfos permettent d'augmenter la longueur maximale du câble jusqu'à 300 m.

3.4.6 Autres éléments

Coffret de raccordement. Il peut être utilisé pour câbler les branches en parallèle ou pour coupler deux ou plusieurs interrupteurs de déconnexion PV en parallèle.

Capteur de marche à sec. La protection contre la marche à sec est obligatoire dans toute installation de pompage. Pour les pompes immergées, elle est fournie sous la forme d'une sonde de puits connectée à l'entrée du capteur de niveau bas du contrôleur. Pour les pompes de surface, elle se présente sous la forme d'une sonde de niveau bas à flotteur ou d'un capteur d'eau. L'objectif de la protection contre la marche à sec est d'arrêter la pompe en cas d'épuisement du point d'eau ou de niveau insuffisant. Elle empêche le fonctionnement à sec qui peut entraîner une panne de la pompe.

Sonde à flotteur. Il s'agit d'un dispositif mécanique utilisé pour l'automatisation du système de pompage vers un réservoir. Il arrête la pompe lorsque le réservoir est plein et la redémarre lorsque le niveau d'eau du réservoir descend à un niveau prédéfini (voir la section 7.2 pour plus de détails).

Sonde de mesure de pression. Elle est installée sur le tuyau de refoulement pour automatiser le refoulement vers le réservoir lorsque les tuyaux de refoulement sont longs et qu'une sonde à flotteur ne peut pas être utilisée. Elle détecte l'augmentation de la pression de l'eau dans le tuyau et démarre ou arrête la pompe en fonction de la pression d'enclenchement et de déclenchement prédéfinie du système. Elle est installée avec une vanne à bille au niveau du réservoir (voir la section 7.2 pour plus de détails).

Capteur de lumière. Certains fabricants d'équipements, comme Lorentz, fournissent ce capteur pour arrêter la pompe lorsque le rayonnement solaire tombe en dessous d'un niveau prédéfini. Il joue un rôle important en évitant que la pompe ne tourne sans puiser d'eau, ce qui entraînerait son usure par manque de lubrification interne et finirait par provoquer une panne.

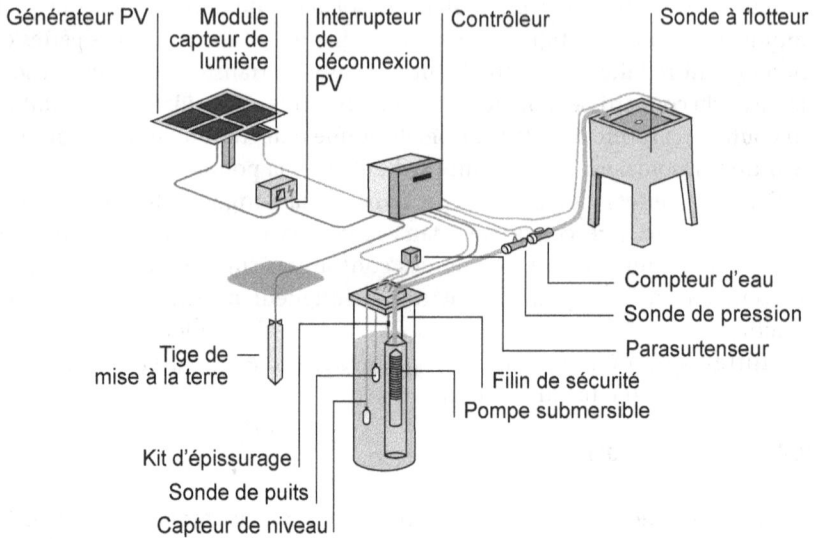

Figure 3.8 Éléments d'un pompage d'eau solaire

Compteur d'eau. Installé sur le tuyau de refoulement pour mesurer et afficher le volume d'eau fourni par la pompe, le compteur d'eau est dimensionné en fonction du débit de la pompe et de la taille du tuyau de refoulement.

Kit d'épissurage. La connexion entre le câble de sortie du moteur et le câble de descente submersible doit être étanchéifiée car elle peut être le point le plus faible du système de pompage. Le kit d'épissurage doit être adapté à la taille du câble et la connexion doit être réalisée par un technicien expérimenté.

Doseur de chlore. Cet appareil permet d'injecter une quantité appropriée de chlore dans la ligne de distribution afin d'assainir l'eau (voir la section 7.1 pour plus de détails).

Dispositifs de contrôle avancés. Certaines marques d'onduleur (p. ex., Lorentz) proposent des dispositifs de contrôle avancés pour le suivi à distance numérique/sans contact de certains paramètres qui peuvent être recueillis pour un suivi à long terme, tels que :

- le débit/volume d'eau, par la connexion d'un câble d'impulsion entre le compteur d'eau et l'entrée numérique du contrôleur ;
- le niveau d'eau, par l'installation d'un capteur de niveau de liquide dans le puits pour déterminer le niveau réel de l'eau dans le puits à un moment déterminé ;
- la pression du liquide, par l'installation d'un capteur de pression du liquide dans le tuyau pour mesurer la pression par rapport à l'atmosphère.

La figure 3.8 présente un exemple de système de pompage d'eau solaire montrant les composants du reste du système.

3.5 Fabricants d'équipements SPS

Divers fournisseurs proposent des pompes solaires, des contrôleurs, des onduleurs et des accessoires dans le monde. Comme indiqué dans le chapitre 10, il convient de privilégier les produits de haute qualité fournis par des fournisseurs/fabricants agréés. Il convient de demander aux fournisseurs/ fabricants de fournir des certifications qui attestent la qualité et la sécurité de l'équipement. Parmi les fabricants d'équipement de pompage solaire, citons notamment :

- Lorentz – Technologie allemande et fabrication en Chine. Gamme fiable et de haute qualité de pompes solaires et d'onduleurs d'une puissance de 0,15 kW à 75 kW (www.lorentz.com) ;
- Grundfos – Groupe danois possédant de nombreux sites de production dans le monde entier. Offre une gamme de pompes solaires fiables d'une puissance allant jusqu'à 37 kW (www.grundfos.com) ;
- Well Pumps – Entreprise belge produisant une gamme de pompes solaires allant jusqu'à 110 kW (https://wellpumps.eu/fr/homepage) ;
- Solartech – Onduleurs allant jusqu'à 150 kW, fabriqués en Chine et distribués par des fournisseurs régionaux tels que Davis & Shirtliff Ltd (https://www.davisandshirtliff.com) et Solargen Technologies (https://solargentechnologies.com) en Afrique ;
- ABB – Variateurs de fréquence pour pompes solaires de 0,37 kW à 45 kW (https://new.abb.com/drives/low-voltage-ac/machinery/ABB-solar-pump-drives) ;
- Franklin – Pompes solaires et variateurs de fréquence de 0,55 kW à 37 kW (https://solar.franklin-electric.com/products/high-efficiency/6-inch-high-efficiency-solar-system/) ;
- Fuji – Variateurs de fréquence pour pompes solaires (https://www.fujielectric-europe.com/en/drives_automation/products/solutions/frenic_ace_for_solar_pumping).

3.6 L'importance des aspects qualitatifs dans les SPS

Le pompage solaire est une technologie éprouvée et fiable qui peut assurer de nombreuses années d'approvisionnement en eau. Les données factuelles (UNICEF, 2016 ; GLOSWI, 2018a) montrent que lorsqu'une défaillance (disfonctionnement ou panne) des SPS se produit, elle est due principalement à des problèmes liés aux tuyaux et aux pompes, tels qu'une panne de moteur, une rupture ou un éclatement de tuyau, ou bien à des problèmes de câblage – qui se posent également dans les systèmes de pompage traditionnels sur réseau ou diesel et qui peuvent être évités au stade de la conception et de l'achat. Mais cela n'est possible que si les conditions suivantes sont réunies. Tout d'abord, la conception doit être basée sur des données précises et fiables, ce qui permet d'adapter correctement l'équipement au point d'eau à exploiter.

Deuxièmement, il convient de sélectionner des composants de haute qualité dûment certifiés. Au cours de la phase de conception, l'équipement proposé doit être entièrement spécifié en termes de matériaux de fabrication, d'indice de protection et de calibre d'isolation des câbles, afin qu'il soit adapté aux conditions d'exploitation. La qualité des SPS est traitée dans le chapitre 10.

Troisièmement, il convient d'accorder une attention particulière à l'ensemble du processus de mise en œuvre, y compris la sélection du point de prélèvement d'eau dans la rivière, l'emplacement du forage, le développement complet du forage, le tubage du forage, les dimensions des équipements et ses conditions de fonctionnement, telles que la température de l'eau, la température ambiante et la neige.

Figure 3.9 Conduits endommagés par les hautes températures en Irak

Le choix de composants RDS appropriés est aussi important que le choix de la pompe, du contrôleur et des modules PV. Des composants RDS de mauvaise qualité sont souvent à l'origine de nombreux problèmes de maintenance qui peuvent être évités dans les SPS installés dans des camps et des villages isolés, ce qui peut entraîner la défaillance et la panne prématurées de l'ensemble du système. L'objectif de la conception de tout SPS est d'assurer une période d'exploitation égale à la durée de vie des modules PV, à savoir un minimum de 25 ans. Les composants RDS doivent donc être choisis en gardant à l'esprit l'impératif d'une longue durée d'exploitation.

La figure 3.9 illustre une conséquence possible d'un élément d'équipement mal adapté à son environnement d'exploitation. La moindre pièce (telle qu'un presse-étoupe ou un conduit de câble) peut être endommagée si elle n'est pas correctement dimensionnée, si elle est de mauvaise qualité ou non adaptée aux conditions d'exploitation, provoquant la défaillance prématurée du système, qui devient inutilisable.

CHAPITRE 4

Les pertes d'énergie dans la production d'énergie solaire photovoltaïque

La quantité d'électricité produite par les panneaux solaires, et donc le volume d'eau pompé, varient durant la journée et au cours de l'année en fonction d'une série de facteurs. Certains facteurs occasionnant des pertes d'énergie dans le système peuvent parfois être minimisés par les concepteurs (p. ex., les ombres projetées sur les modules solaires), tandis que d'autres sont dus au contexte et aux composants utilisés (p. ex., les pertes dans le câblage) et peuvent uniquement être pris en compte dans le dimensionnement d'un système de pompage solaire. L'origine et l'effet de chacun de ces facteurs sont expliqués dans ce chapitre, ainsi que le calcul du coefficient de performance d'un système de pompage solaire comme indicateur global du rendement du système.

Mots clés : pertes de température des cellules, encrassement, ombrage du module, désadaptation, réflectance angulaire et spectrale, coefficient de performance solaire

4.1 Calcul des pertes d'énergie

Dans des conditions normales d'essai (STC), l'énergie produite par un module PV peut être déterminée par le produit de sa puissance nominale multipliée par le temps d'exposition à la lumière du soleil. Cependant, en conditions réelles, les modules PV et l'ensemble du système de pompage solaire PV subiront toujours des pertes d'énergie qui devront être prises en compte. Il est essentiel de comprendre ces pertes et de savoir comment les minimiser pour s'assurer que les systèmes de pompage solaire fournissent le volume d'eau escompté.

Pour tout type de système PV, l'énergie générée ($E_{générée}$), c'est-à-dire l'énergie disponible à la consommation (p. ex., pour alimenter des pompes à eau), peut être estimée au moyen de l'équation suivante :

$$E_{générée} = P_c \cdot PSH \cdot CP$$

où

- P_c est la puissance de crête du champ PV, obtenue en multipliant la puissance nominale du module PV par le nombre de modules formant le champ PV (p. ex., 10 modules d'une puissance nominale de 300 W_c fourniront une puissance de crête de 300 × 10 = 3 000 W_c) ;
- *PSH* (ou heures de soleil maximum) est égal au nombre équivalent d'heures par jour durant lesquelles l'éclairement solaire moyen est de 1 000 W/m² ;

- *CP* (ou coefficient de performance) désigne le coefficient entre l'énergie produite et l'énergie théorique qui serait générée par le champ PV si les modules convertissaient le rayonnement reçu en énergie utile conformément à leur puissance de crête nominale.

En d'autres termes, CP exprime la réduction de la production d'énergie solaire due à diverses pertes dans le système, notamment dans les modules PV en raison d'une température élevée des cellules PV, d'une baisse de rendement due à un éclairement réduit, du rendement du convertisseur de puissance ou de l'immobilisation de celui-ci, du câblage, de l'encrassement et de l'ombrage, entre autres. Les facteurs de perte d'énergie d'un système PV sont variés et parfois assez difficiles à quantifier.

Les pertes peuvent être classées en fonction de leur origine :

- éclairement solaire : encrassement (poussière et saleté sur les modules PV), ombrage, angle d'incidence de la lumière, pollution atmosphérique, orientation et inclinaison, neige et autres ;
- module PV : température des cellules, tolérance de puissance, rendement sous éclairement réduit, désadaptation, qualité du module, dégradation induite par la lumière, vieillissement et autres facteurs de dégradation et conditions de montage des modules, principalement ;
- conversion de puissance et reste du système : chutes de tension dans le câblage, rendement du convertisseur de puissance, erreurs de poursuite du point de puissance maximale, protections, périodes d'immobilisation pour maintenance, pannes ou disfonctionnements et réduction de la puissance, principalement.

Tableau 4.1 Tableau des pertes estimées en pourcentage de l'énergie totale produite

Cause des pertes	Pertes estimées (en % de l'énergie totale produite)	Cause des pertes	Pertes estimées (en % de l'énergie totale produite)
Température du module	8–15 %	Tolérance	0–5 %
Câblage	1–3 %	Désadaptation[1]	1–2 %
Encrassement[2] (poussière, saleté sur les modules)	2–15 %	Éclairement réduit	1–4 %
Ombrage[3]	0–2 %	Dégradation induite par la lumière	3–20 %
Réflectance	2–6 %	Convertisseur de puissance	1–5 %
Orientation des modules	0–2 %	Disponibilité	1–3 %

[1] Peut être beaucoup plus élevée si des modules PV ayant différentes puissances nominales sont raccordés
[2] Peut être beaucoup plus élevée dans des environnements poussiéreux si les modules ne sont pas nettoyés régulièrement
[3] Peut être plus élevée si les modules sont souvent à l'ombre

La plupart de ces facteurs de perte sont estimés pour les conditions habituelles de fonctionnement des systèmes PV et sont corrigés et affinés à mesure que des nouveautés apparaissent sur le marché et que des résultats de recherches sont publiés à travers le monde. D'autres, tels que les pertes dans le câblage ou les pertes dues à la température du module PV, sont estimés au moyen de formules, compte tenu des caractéristiques techniques des composants et des conditions spécifiques du lieu d'implantation de la centrale PV.

Plus le CP du système PV est proche de 1, plus le système PV est efficace et, par conséquent, moins on aura besoin de modules PV pour satisfaire les besoins en eau. Afin de déterminer le CP du système, les estimations des pertes dues à chacun des facteurs mentionnés ci-dessus sont nécessaires. Le tableau 4.1 présente des estimations des pertes habituelles dans un système PV correctement conçu et monté.

Bien que divers progiciels de conception solaire tiennent compte de certaines ou de la plupart des pertes décrites dans ce chapitre, il est essentiel que les concepteurs et les agents de terrain comprennent les différents facteurs ayant des effets sur le rendement d'un système de pompage solaire PV afin de pouvoir les corriger.

Les sections suivantes décrivent les facteurs de perte les plus courants, à commencer par les pertes qui peuvent être calculées avec précision au moyen de formules mathématiques, c'est-à-dire les pertes dues à la température et les pertes dans le câblage. Des recommandations sur la façon de minimiser les pertes chaque fois que cela est possible sont fournies à la fin de chaque section.

4.2 Pertes d'énergie dues à la température des cellules

La puissance de crête des modules PV est déterminée en STC, avec une température des cellules PV de 25 °C. Cependant, en conditions réelles, les cellules (ou modules) PV atteignent facilement des températures supérieures à 25 °C lorsqu'elles sont exposées au soleil. Plus un module PV chauffe, moins la tension produite est élevée et par conséquent, plus la puissance de sortie est réduite. Plus la température du module PV dépasse 25 °C, plus il y a de pertes dues à la température.

Comme le montre la figure 4.1, l'écart entre le module PV et la température ambiante peut atteindre 20 °C au milieu de la journée, voire plus selon les caractéristiques et l'emplacement du module PV.

La figure 4.2 montre l'éclairement (en W/m^2, sur l'axe de droite) et le rendement de la cellule PV (en pourcentage, sur l'axe de gauche). On peut observer une légère baisse de rendement de la cellule à midi en raison du haut niveau d'éclairement, ce qui produit une hausse de température de la cellule et donc davantage de pertes.

Le faible rendement en début et en fin de journée est dû aux pertes optiques et aux pertes dues à un éclairement réduit, décrites dans la section 4.5.4.

Les pertes de puissances dues à une température de module différente des conditions normales d'essai (25 °C en STC) dépendent du type de cellule et de l'encapsulation, du vent et du type d'installation réalisée. Elles sont quantifiées

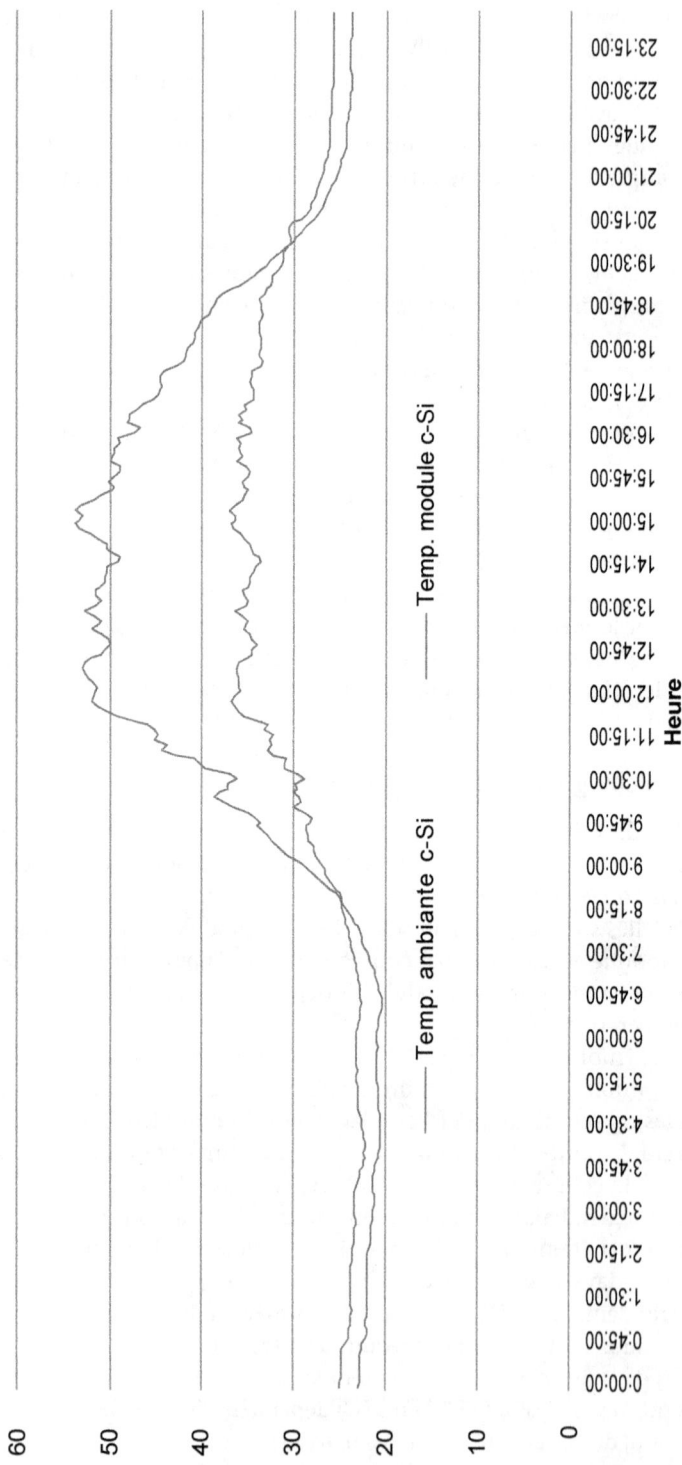

Figure 4.1 Écart de température pour une centrale c-Si avec un angle d'inclinaison fixe de 30° à Valence, Espagne
Source : Université polytechnique de Valence, Espagne

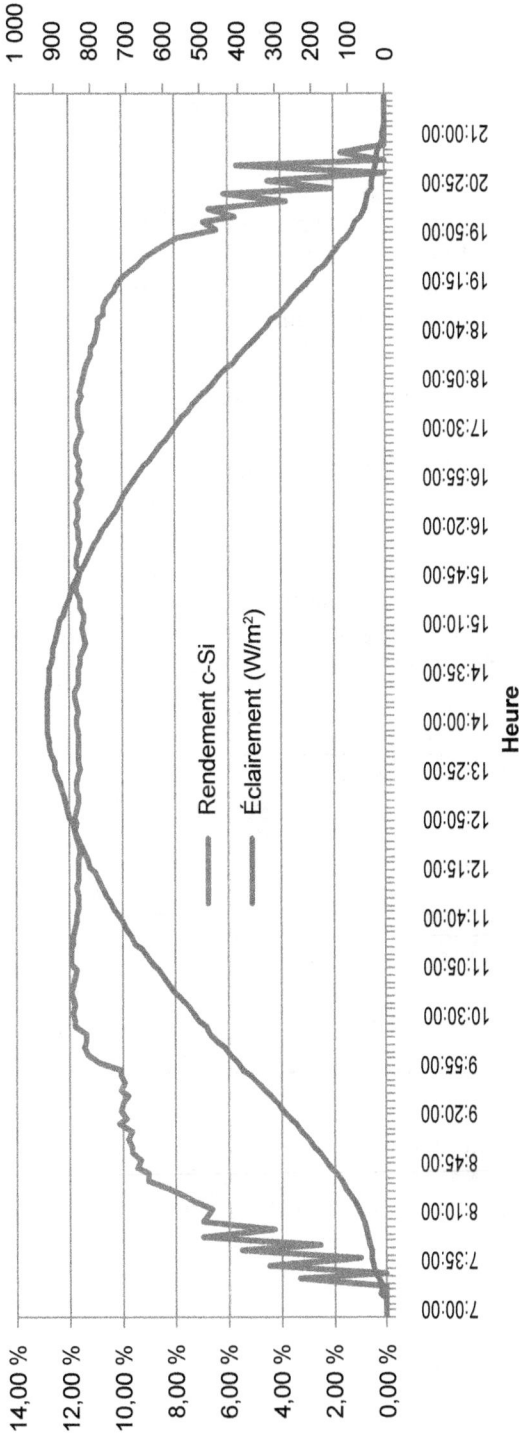

Figure 4.2 Effet de l'éclairement solaire sur le rendement des modules PV c-Si
Source : Université polytechnique de Valence, Espagne

par le terme (L_{temp}). En utilisant le coefficient de température (g en 1/ °C ou 1/K) fourni par le fabricant pour chaque module PV et la température de la cellule PV (T_{cell}), la valeur L_{temp} peut être déterminée approximativement au moyen de l'équation suivante :

$$L_{temp} = g(T_{cell} - 25)$$

La valeur g détermine la dépendance de la puissance de sortie PV à T_{cell}. En raison du signe négatif de g, la puissance de sortie du module PV diminue lorsque T_{cell} augmente. La température de la cellule peut être estimée pour une température ambiante connue (T_{amb}) et pour un éclairement solaire connu (E, mesuré en W/m² à l'aide d'un solarimètre) au moyen de l'équation suivante :

$$T_{cell} = T_{amb} + (NOCT - 2) \cdot \frac{E}{800}$$

Les fabricants de modules PV indiquent dans leurs fiches techniques la température nominale de fonctionnement des cellules (NOCT), qui désigne la température atteinte par les cellules photovoltaïques lorsque le module est soumis à un éclairement de 800 W/m² avec une distribution spectrale d'AM1.5 G, une température ambiante de 20 °C et un vent de 1 m/s. Les valeurs types des paramètres NOCT et g sont détaillées dans le tableau 4.2 pour des modules PV disponibles dans le commerce, basés sur différentes technologies.

Tableau 4.2 NOCT, g et facteurs de rendement pour différentes technologies de module PV

Technologie	c-Si (modules au silicium)		Technologie couche mince			CISG	HIT
	s-Si (silicium monocristallin)	p-Si (silicium polycristallin)	a-Si/µc-Si (silicium amorphe)	CdTe (tellurure de cadmium)	CIS (cuivre indium et sélénium)		
NOTC (°C)	41 (±3)	41 (±3)	45	45	47	42	44
g (%/K)	−0,37	−0,38	−0,35	−0,32	−0,33	−0,3	−0,26
Rendement du module (%)	20,4	17,6	9,8	10,6	15,1	16	20,3

En raison des variations de température et d'éclairement pendant la journée et au cours de l'année à l'emplacement précis du système PV, la valeur L_{temp} est généralement calculée en fonction de la température moyenne de jour sur la période considérée. La plupart des logiciels de conception solaire des principaux fabricants de pompes estiment cette perte en analysant les données de température ambiante pour chaque mois de l'année, ce qui permet d'obtenir une estimation plus proche de la réalité. Les modules monocristallins c-Si affichent normalement des pertes L_{temp} annuelles de 8 à 15 %, en fonction des paramètres de température du site du système PV.

Note d'application

Considérant un module monocristallin c-Si avec g = –0,45 %/K et NOCT = 45 °C un jour d'été, une température ambiante maximum de 20 °C et E = 1 000 W/m^2, la valeur T_{cell} estimée est la suivante :

$$T_{cell} = 23 + (45 - 20) \cdot \frac{1\,000}{800} = 54,25\ °C$$

Et la valeur L_{temp} correspondante est la suivante :

$$L_{temp} = g(T_{cell} - 25) = -0,45\ \%_k \cdot (54,25 - 25) = 13,16\ \%$$

La température ambiante doit être mesurée avec un thermomètre, à l'ombre, à un endroit proche des modules photovoltaïques.

Encadré 4.1 Minimiser les pertes dues à la température

Les systèmes installés sur des sites ventés peuvent afficher des pertes L_{temp} inférieures grâce à un meilleur refroidissement des modules PV. De même, l'installation d'écarteurs permettant d'espacer les modules PV de 15–20 mm (voir photo ci-dessous) favorise la circulation d'air et donc le refroidissement de la centrale PV. Pour les modules PV montés en toiture, une séparation de 10 cm entre les modules PV et le toit permet à l'air de circuler et diminue les pertes thermiques.

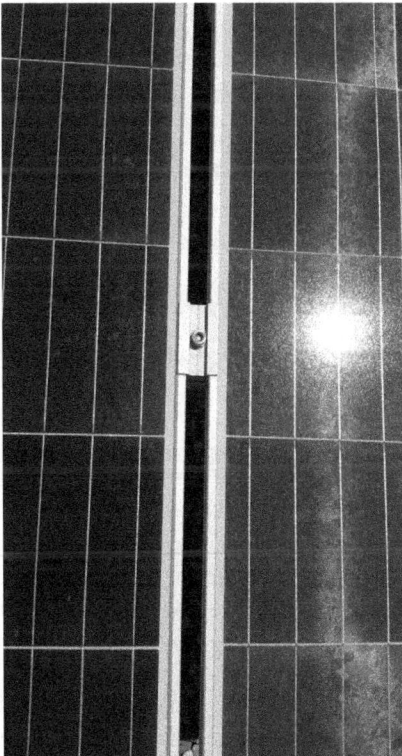

Figure 4.3 Écarteurs placés entre les modules pour améliorer le refroidissement

4.3 Pertes d'énergie dans le câblage

Les systèmes PV transforment la lumière du soleil en énergie électrique sous la forme d'un courant électrique qui circule dans des câbles ayant un potentiel électrique entre les bornes. Comme expliqué dans la section 2.9, l'intensité du courant (I) qui circule dans un câble produit une chute de tension ($\Delta P_{câble}$) entre les bornes du câble en raison de la résistance du câble ($R_{câble}$).

Une chute de tension est une réduction de l'intensité du courant électrique qui se produit lorsque l'électricité circule dans les câbles. Il est recommandé dans les normes internationales que la chute de tension dans les câbles raccordant les groupes solaires aux pompes ne dépasse pas 3 %, mais cette limite peut être légèrement dépassée afin d'installer le groupe à un endroit sécurisé.

Cette chute de tension entraîne une perte de puissance ($\Delta P_{câble}$) dans l'ensemble du câble, provoquant une surchauffe du conducteur. Les pertes dues au câblage sont représentées par le terme $L_{câbles}$, où

$$L_{câbles} = \Delta P_{câble} \div P_c$$

P_c étant la puissance de crête du champ PV.

La perte de puissance dans un câble est calculée en multipliant l'intensité par la chute de tension :

$$\Delta P_{câble} = \Delta V_{câble}\, I$$

Les pertes dans le câblage des systèmes PV sont classées comme suit :

- Pertes dans le câblage CC, dues aux câbles utilisés pour raccorder les composants CC du système – modules, coffrets de raccordement, protections CC, dispositifs de contrôle, pompes CC, etc. ;
- Pertes dans le câblage CA, dues aux câbles utilisés pour raccorder les composants CA du système – circuit de sortie des onduleurs, pompes CA, protections, etc.

Les pertes dues au câblage (pour des câbles en cuivre) sont calculées au moyen de l'équation suivante :

$$\Delta P_{câble} = R_{câble} \cdot I^2 = \rho \cdot \frac{l_{câble}}{S_{câble}} \cdot I^2 = \frac{1}{\gamma} \cdot \frac{l_{câble}}{S_{câble}} \cdot I^2$$

Où $l_{câble}$ est la longueur totale du câble en mètres (égale à deux fois la longueur du câble pour les câbles CC), $S_{câble}$ est la section de câble en mm², ρ est la résistivité du conducteur en Ω mm²/m et γ est la conductivité du cuivre en m/Ω mm². La valeur de ρ (ou γ) doit être calculée pour la température de fonctionnement du câble. Il est conseillé dans un premier temps de prendre en compte une température de câble de 40 °C pour tout conducteur dans un système PV en raison de la surchauffe produite par la perte de puissance dans le câble. Les câbles exposés au soleil atteindront des températures plus élevées, pouvant approcher les 90 °C dans certains cas (la température maximum supportée par certains types de câbles peut atteindre 102 °C). Les valeurs de résistivité et de conductivité du cuivre selon plusieurs températures du câble sont indiquées dans le tableau 4.3.

Tableau 4.3 Variation de la résistivité et de la conductivité en fonction de la température

Température	20 °C	40 °C	50 °C	60 °C	70 °C	80 °C	90 °C
Résistivité (Ω mm²/m)	0,01786	0,01926	0,01996	0,02066	0,02136	0,02206	0,02276
Conductivité (m/Ω mm²)	55,9910	51,9205	50,0994	48,4017	46,8153	45,3295	43,9352

La valeur moyenne type $L_{câbles}$ est de 1 à 3 %, en fonction des codes et règlements applicables dans chaque pays. La plupart des logiciels de conception solaire des principaux fabricants de pompe tiennent compte de cette perte dans la conception proposée.

4.4 Pertes d'énergie dues à l'éclairement solaire

L'éclairement solaire désigne l'énergie solaire incidente sur un plan. Il existe plusieurs sources de pertes liées à l'éclairement solaire qui parvient à la surface photovoltaïque : saleté et poussière sur les modules (également appelées encrassement) ; ombres lointaines ou proches ; orientation et inclinaison de la surface du module PV ; niveau de pollution atmosphérique dans les environs de l'installation PV ; angle d'incidence de la lumière ; et caractéristiques météorologiques du site (neige, humidité ambiante, pluie).

Encadré 4.2 Minimiser les pertes dans le câblage

Pour minimiser $L_{câbles}$, il est important, dans la mesure du possible, que les câbles supportant le courant le plus fort soient le plus court possible ; pour cela, il convient d'installer les modules PV le plus près possible de la pompe à eau. En raison des variations considérables des conditions techniques de chaque installation de pompage, il n'est pas possible de déterminer s'il vaut mieux minimiser la longueur du câble du côté CC (entre les modules PV et le contrôleur) ou du côté CA (de l'onduleur à la pompe, s'il s'agit d'une pompe CA). L'utilisation d'un tableur pour évaluer les différentes options permettra de choisir dans chaque cas la meilleure solution pour minimiser les pertes totales dans le câblage. Toutefois, on pourra diminuer les pertes de puissance dues au câblage en installant l'onduleur et les modules PV le plus près possible de la pompe à eau, de façon à minimiser la longueur des câbles des deux côtés de l'onduleur. En outre, la protection des câbles contre l'exposition directe au soleil réduit leur résistivité et diminue donc les pertes dans le câblage.

Les conditions météorologiques spécifiques à la région où la centrale PV est installée peuvent donner lieu à une réduction de l'éclairement parvenant à la surface PV. Ces facteurs peuvent parfois suivre une tendance saisonnière et leurs effets peuvent donc varier au cours de l'année :

- En cas de chutes de neige en hiver, le système PV se déconnecte jusqu'à ce que les modules soient dégagés ou que la neige disparaisse. Les chutes de neige se produisant lors de journées peu ensoleillées, l'impact sur la production d'énergie est minime. Ces pertes sont comprises dans les pertes de disponibilité (L_{disp}) avec d'autres termes décrits plus loin.
- La pluie qui tombe sur les installations PV peut nettoyer naturellement les modules PV, réduisant ainsi les pertes dues à l'encrassement. De même, elle permet de diminuer la pollution atmosphérique dans les villes et dans les régions industrielles, ce qui augmente le rayonnement direct parvenant aux modules PV. Dans les régions proches de déserts, la pluie est rare et peut s'accompagner de poussière, ce qui accentuera les pertes dues à l'encrassement.
- Un niveau d'humidité élevé dans l'atmosphère peut entraîner l'apparition de brouillard et de nuages réduisant l'éclairement qui parvient au panneau PV. Le rayonnement solaire comprendra une plus grande part diffuse et le rendement de la centrale solaire sera inférieur. La condensation de l'humidité lors des premières heures du jour peut avoir des effets sur la poussière déposée sur le module et accroître les pertes dues à l'encrassement.

Figure 4.4 Sable sur les modules PV limitant la puissance de sortie

4.4.1 Encrassement (poussière et saleté)

Les pertes dues à l'accumulation de saleté, de déjections d'oiseaux, de poussière ou de sable sur les modules (voir figure 4.4) sont englobées dans le facteur de perte par encrassement (L_{encr}). Les valeurs types de L_{encr} varient entre 2 et 15 % mais peuvent atteindre 80 % ou plus dans le désert ou dans des zones poussiéreuses si les modules PV ne sont pas nettoyés assez souvent.

Encadré 4.3 Minimiser les pertes dues à l'encrassement

Il est important de s'assurer que l'entretien régulier des modules PV (avec de l'eau propre et un chiffon, sans savon) est effectué par la communauté d'usagers ou un agent externe (entre plusieurs fois par semaine et une fois par mois, selon le niveau de poussière et la fréquence des pluies). Dans le cas contraire, l'excès de poussière/saleté sur les modules peut diminuer substantiellement, voire empêcher la production d'eau.

Les dernières innovations réalisées sur la vitre des modules PV visent à réduire l'accumulation de poussière. On obtient un effet similaire en augmentant l'angle d'inclinaison, ce qui permet de réduire l'accumulation de sable sur les modules PV, l'amélioration de L_{encr} compensant alors les pertes dues à une inclinaison non optimale (voir la section 5.3 pour plus de détails sur l'angle d'inclinaison).

4.4.2 Ombrage

Les pertes dues à l'ombrage sont représentées par le terme $L_{ombrage}$ (figure 4.5). Plusieurs zones d'ombre peuvent être présentes dans les installations PV :

- ombres entre les rangées de modules ;
- ombres projetées par des obstacles proches tels que la végétation, des buissons, des arbres, des bâtiments, des poteaux, des rampes, des antennes, des panneaux, des lignes électriques ou des câbles aériens ;
- les ombres projetées par des obstacles à l'horizon, tels que des montagnes ou des bâtiments.

Si l'on dispose de suffisamment d'espace, il convient de calculer l'espacement entre les rangées de façon à éviter que des modules PV ne fassent de l'ombre aux autres à tout moment de l'année. Si l'espace ne le permet pas, les spécifications détailleront le nombre d'heures d'ensoleillement de la centrale PV sans ombre au solstice d'hiver à midi.

L'ombrage de proximité doit être évité dans la mesure du possible du fait que la production des modules PV n'est pas linéaire, une petite ombre pouvant produire une perte de puissance considérable dans le système.

Les obstacles situés à l'horizon peuvent produire des ombres au lever et au coucher du soleil, lorsque les niveaux d'éclairement sont faibles. Les pertes peuvent être élevées dans des vallées profondes entre de hautes montagnes.

L'analyse des effets de l'ombrage sur les modules PV est complexe en raison du comportement non linéaire des modules PV. L'impact de l'ombrage sur un groupe PV peut être évalué en représentant les obstacles sur un graphique de positionnement du soleil à la latitude du site de l'installation PV. La diminution du nombre d'heures de soleil maximum due à l'ombrage est calculée en comparant la zone ombragée à la zone d'ensoleillement complet. Certains logiciels et dispositifs associés peuvent permettre d'obtenir le facteur de détarage dû à l'ombrage en simplifiant l'évaluation des pertes associées à celui-ci. On considérera à titre indicatif $L_{ombrage} = 0$ %, à moins qu'une étude de l'ombrage ne soit réalisée pour les conditions spécifiques à l'installation.

Figure 4.5 Ombre sur les modules PV limitant la puissance de sortie

---

Encadré 4.4 Minimiser les pertes dues à l'ombrage

Le support de fixation des modules PV doit être surélevé par rapport au terrain dans les installations PV fixées au sol si la végétation et les buissons poussent rapidement. Les autres éléments de construction habituels (poteaux, câbles, antennes, etc.) doivent être installés du côté nord de l'ouvrage, de façon que les modules PV puissent être orientés au sud (dans l'hémisphère nord) sans recevoir d'ombre. L'absence d'ombres entre les rangées peut même être une condition ajoutée au contrat avec l'installateur, afin de contribuer à minimiser ces problèmes. La probabilité des pertes dues à l'ombrage peut être réduite en engageant la communauté d'usagers (ou des tierces parties) dans l'entretien régulier des environs de la centrale PV (p. ex., élagage des arbres proches) et en s'assurant qu'aucune construction future ne fera de l'ombre aux modules PV.

4.4.3 Réflectance angulaire et spectrale

Les caractéristiques électriques des modules PV sont déterminées par le fabricant au moyen d'un test d'exposition sous une lumière perpendiculaire au plan du module PV. Cependant, le soleil se déplace d'est en ouest en raison de la rotation de la Terre et l'angle d'incidence de la lumière sur le module PV varie donc au cours de la journée dans les systèmes PV à inclinaison fixe. La différence entre la réflectance d'un module PV en conditions de fonctionnement réelles et la réflectance résultant du test d'exposition est quantifiée par le terme $L_{réf}$ qui représente les pertes dues à la réflectance angulaire et spectrale (également appelées pertes optiques).

Les améliorations apportées à la façade vitrée des panneaux visent à augmenter la transmission de lumière en utilisant un verre plus fin, en améliorant les surfaces pour réduire l'accumulation de poussière et en diminuant le réfléchissement de la lumière grâce à un revêtement antireflet. Des innovations similaires sont appliquées aux cellules PV, avec de nouvelles surfaces et de nouveaux revêtements antireflets destinés à réduire les pertes optiques en optimisant le captage du rayonnement solaire.

Les valeurs types de $L_{réf}$ varient entre 2 et 6 % pour les modules PV cristallins à inclinaison fixe, en fonction de la qualité des matériaux employés dans la fabrication du module.

L'éclairement frappant une surface PV diminue lorsque l'air est pollué. La pollution atmosphérique est principalement due à l'activité humaine et peut atteindre des niveaux significatifs à proximité des zones urbaines et des sites industriels. L'air pollué peut contenir des particules solides fines, des gouttes de liquide et des gaz. Ces substances réduisent le rayonnement solaire total qui parvient aux modules PV parce qu'une partie des rayons est diffusée ou réfléchie. Ces pertes sont étroitement liées aux caractéristiques spécifiques à chaque site et il n'existe pas de valeurs types permettant de les quantifier.

4.4.4 Orientation azimutale et angles d'inclinaison incorrects des modules PV

Les pertes dues à une orientation (L_{ori}) ou à un angle d'inclinaison (L_{incl}) incorrects des panneaux PV sont en rapport avec le rendement énergétique maximum pouvant être obtenu avec une orientation azimutale et un angle d'inclinaison optimaux des panneaux (voir la section 5.3 pour plus de détails sur l'orientation azimutale et l'angle d'inclinaison)

Ces deux facteurs de perte sont généralement calculés conjointement au moyen de l'expression suivante :

$$L_{ori+incl} = \left(1 - \frac{PSH_{ori+incl}}{PSH_{optimal}}\right)$$

Le terme $PSH_{optimal}$ correspond au rayonnement pour l'orientation et l'angle d'inclinaison qui maximisent l'énergie produite durant une période et $PSH_{ori+incl}$ représente le rayonnement pour l'orientation et l'angle d'inclinaison du groupe PV. $L_{ori+incl}$ est habituellement calculé sur une base annuelle et dépend dans une mesure des spécificités de chaque installation PV (voir un exemple à l'annexe C). Les pertes dues à un angle d'inclinaison incorrect ou à une orientation azimutale non optimale (déviée par rapport au sud) sont généralement inexistantes dans la plupart des installations car il est facile de déterminer les meilleurs angles sur un site déterminé. À titre indicatif, pour chaque degré de déviation par rapport à l'angle d'inclinaison optimal, les pertes

---

Encadré 4.5 Minimiser les pertes dues à une orientation azimutale et à un angle d'inclinaison incorrects

Il convient de définir clairement l'orientation azimutale et l'angle d'inclinaison souhaités dans les documents d'appel d'offres, de soumission et/ou de spécification de l'installation. Ils devront être vérifiés sur le terrain à l'aide d'une boussole lors de l'installation des modules PV, car c'est généralement à ce stade que la plupart des erreurs sont commises.

seront d'environ 0,1 %. La plupart des logiciels de conception des principaux fabricants tiennent compte des pertes dues à une orientation azimutale et à un angle d'inclinaison non optimaux.

4.5 Pertes d'énergie dans les modules PV

Les modules PV sont soumis à plusieurs facteurs de perte d'énergie, dont le plus important est la température de la cellule durant le fonctionnement normal de la centrale PV, comme expliqué dans la section 4.2. Les autres facteurs sont les suivants : tolérance de puissance, désadaptation, vieillissement et dégradation induite par la lumière et rendement sous éclairement réduit.

4.5.1 Tolérance de puissance

Les fabricants de modules PV garantissent la puissance de crête du module en STC avec une marge de tolérance déterminée. Une tolérance de puissance (c'est-à-dire une puissance de crête non optimale) est indiquée sur la fiche technique du module PV et dépend de la qualité du module (et du processus de fabrication). La tolérance de puissance des modules PV disponibles dans le commerce varie considérablement selon le fabricant : de 0 % à +3 % ; de −3 % à +5 % ; ±3 % ; ±5 %, etc. La perte de puissance due à la tolérance de puissance ($L_{tolérance}$) correspond à la tolérance minimum indiquée sur la fiche technique et détermine la perte de rendement énergétique possible de l'installation PV dans le scénario le moins favorable.

4.5.2 Désadaptation

Les valeurs I_{MPP} et V_{MPP} (section 2.10) peuvent varier légèrement d'un module PV à l'autre, même s'il s'agit du même modèle de module. La connexion de modules ayant un I_{MPP} inférieur réduit la puissance de crête du champ PV du fait que l'I_{MPP} dans une branche de modules raccordés en série sera égal au plus bas I_{MPP} d'un module individuel de cette branche.

Les pertes dues à la désadaptation ($L_{désadapt}$) se produisent en raison des écarts entre les paramètres des modules utilisés dans l'installation. Pour les pertes dues à la désadaptation, une valeur de 2 % est utilisée dans la conception des installations PV composées de modules cristallins. Les fabricants de modules photovoltaïques en couche mince affirment que leurs technologies permettent de réduire les pertes dues à la désadaptation, obtenant ainsi des valeurs proches de zéro. Ces valeurs pouvant varier considérablement selon la qualité des modules utilisés dans l'installation PV, il est important que les modules connectés en série aient des caractéristiques très similaires.

Un problème plus sérieux se pose lorsque des modules PV de différents fabricants ou d'une puissance nominale différente sont installés dans la même centrale PV (par exemple, lorsque le maître d'œuvre a épuisé son stock de modules PV au cours d'une installation et a recours à d'autres modèles, ou bien lorsqu'un module PV est cassé dans une installation existante et qu'il n'est pas possible de trouver le même modèle sur le marché). Ces situations, en particulier lorsqu'un nouveau module PV ayant un I_{MPP} et une V_{MPP} inférieurs est installé dans une centrale PV où les modules ont des valeurs I_{MPP} et V_{MPP} supérieures, doivent être évitées à tout prix dans la mesure où cela diminue la puissance de la centrale PV, réduisant considérablement la production d'énergie et le débit d'eau.

Finalement, des différences de longueur ou de section des câbles entre des branches parallèles peuvent produire des écarts de chute de tension et favoriser ainsi une augmentation des pertes dues à la désadaptation.

Encadré 4.6 Minimiser les pertes dues à la désadaptation

Tous les modules PV formant un champ PV doivent être fournis par le même fabricant et être du même type et modèle. Lorsque certains modules tombent en panne et doivent être remplacés par de nouveaux modules, il convient de réorganiser les branches en utilisant le même modèle de module dans le plus de branches possible, en ajoutant les nouveaux modules pour reconstituer les branches incomplètes.

Les nouveaux modules doivent être basés sur la même technologie PV (mono-Si ou poly-Si), avec le même nombre de cellules et des valeurs I_{MPP} et V_{MPP} identiques ou supérieures à celles des modules remplacés.

En outre, des câbles de longueur et de section équivalentes doivent être utilisés dans la mesure du possible pour relier les branches en parallèle.

4.5.3 Vieillissement et dégradation induite par la lumière

Le vieillissement est l'un des termes couramment employés pour désigner les pertes à long terme occasionnées par l'exposition des modules PV à la lumière, également appelées dégradation induite par la lumière (DIL). Il convient de distinguer la dégradation à long terme des modules PV et la stabilisation initiale qui se produit après la première exposition à la lumière. La stabilisation initiale diminue le rendement du module PV de 2 à 4 % au cours de la première semaine de fonctionnement. Les pertes maximales dues à la dégradation induite par la lumière, désignées par le terme L_{DIL}, sont limitées par la garantie de puissance du fabricant, qui peut être considérée comme une estimation prudente de L_{DIL}.

Sur la figure 4.6, la stabilisation initiale de la cellule PV occasionne une diminution de 3 % et le taux de dégradation annuel maximum est de 0,68 % au cours des 25 ans de durée de vie. À noter que les logiciels de conception de pompage solaire les plus courants ne tiennent pas compte des pertes dues à la dégradation et au vieillissement progressifs des modules PV.

Encadré 4.7 Minimiser les pertes dues au vieillissement

Lors de la conception d'une installation PV, la puissance de sortie de la centrale PV à la fin de l'horizon de projet peut être estimée en tenant compte du vieillissement (p. ex., d'après le graphique de puissance de sortie PV garantie par le fabricant). Le champ PV peut ensuite être surdimensionné afin que la puissance de sortie requise soit disponible à la fin de l'horizon de projet malgré le vieillissement. Il convient toutefois de veiller à ne pas dépasser la tension de sortie maximale de l'onduleur lors du surdimensionnement du champ PV.

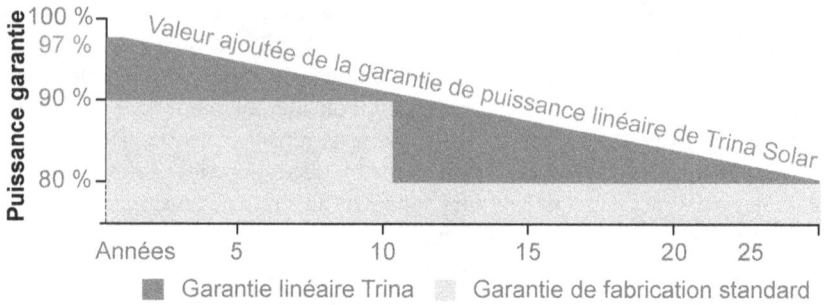

Figure 4.6 Exemple de garantie fournie par Trina Solar pour les modules polycristallins Tallmax

4.5.4 Rendement sous éclairement réduit

La *perte de rendement sous éclairement réduit* dépend de la technologie et des caractéristiques du module PV ainsi que du niveau d'éclairement. Certains fabricants de modules en couche mince affirment que leur technologie assure une performance supérieure à celle des modules cristallins sous une lumière faible, produisant une puissance nominale plus élevée en STC. Dans les régions où le brouillard et les ciels couverts sont fréquents, une proportion supérieure de lumière diffuse parvient à la surface des modules PV. Certains fabricants de modules cristallins indiquent dans leurs fiches techniques une réduction de 4,5 % du rendement du module pour un éclairement de 200 W/m^2.

4.6 Pertes d'énergies dues au montage des modules

Outre les pertes décrites ci-dessus, le montage des modules PV, que ce soit en position verticale ou horizontale, a une incidence sur les pertes d'énergie.

En plus de l'ombrage entre les rangées expliqué dans la section 4.4.2, lorsqu'une ombre est projetée sur un module PV, les cellules ombragées commencent à dissiper la puissance produite par les cellules non ombragées, ce qui entraîne une surchauffe qui peut finir par altérer le fonctionnement de l'ensemble du module PV. Afin d'éviter l'apparition de ces points chauds lorsqu'un module PV est à l'ombre, les diodes de dérivation des boîtiers de jonction situés à l'arrière de chaque module PV font office d'interrupteur, déconnectant les cellules ombragées du reste du module PV.

Une diode de dérivation protège généralement un groupe de 18, 20 ou 24 cellules PV, qui sont court-circuitées et ne produisent plus d'énergie. Les modules PV montés en position horizontale subissent normalement moins de pertes dues à l'ombrage entre les rangées que ceux installés en position verticale grâce à la connexion interne des diodes de dérivation, ce qui signifie qu'une seule diode se déclenchera au lieu de deux, comme indiqué sur la figure 4.7.

Les modules en couche mince réagissent différemment à l'ombrage. Du fait de la technique de fabrication distincte des cellules PV, les pertes dues à l'ombrage sont proportionnelles à la surface ombragée, que ce soit en position verticale ou horizontale.

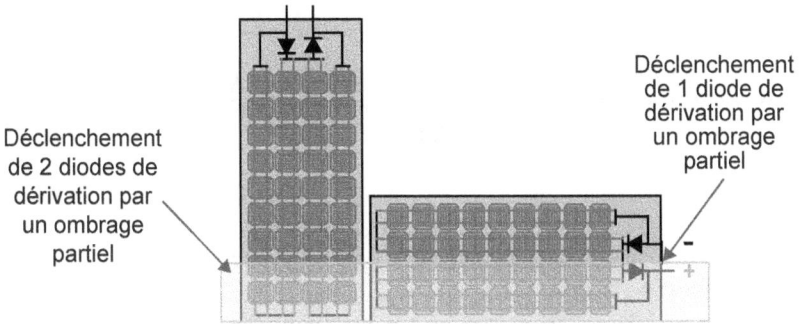

Figure 4.7 Déclenchement des diodes de dérivation sur les modules PV ombragés

4.7 Pertes d'énergie dans les convertisseurs de puissance et le reste du système

Le reste du système (RDS) désigne tous les composants du système autres que les modules PV, les convertisseurs de puissance (boîtiers de commande CC/CC ou onduleurs CC/CA) et les pompes à eau. Le RDS comprend le câblage, les éléments de sécurité électrique, les équipements auxiliaires et les capteurs, les supports de fixation et le matériel de montage. Les principaux facteurs de pertes liés à la conversion de puissance et aux éléments RDS sont les suivants :

- câblage (expliqué dans la section 4.3) ;
- rendement énergétique des convertisseurs de puissance électroniques ;
- erreurs de poursuite du MPP ;
- immobilisation de la centrale PV pour maintenance, panne ou disfonctionnement ;
- transformateurs (pour les systèmes couplés au réseau) ;
- autres pertes telles que celles dues aux éléments de sécurité et aux équipements auxiliaires.

Divers convertisseurs de puissance peuvent être utilisés dans un système PV : onduleurs couplés au réseau, onduleurs hors réseau, convertisseurs CC/CC ou CC/CA, etc. Les principales pertes liées aux convertisseurs de puissance sont les pertes dues à la poursuite du MPP, représentées par L_{MPPT}, et les pertes dues à la conversion, représentées par L_{conv}.

Certains convertisseurs de puissance sont nécessaires pour établir le point de fonctionnement photovoltaïque au niveau du MPP du champ PV. L'algorithme de poursuite du MPP permet d'obtenir la puissance (et l'énergie) maximale du champ PV, optimisant la performance globale du système. De nos jours, les pertes dues à la poursuite du MPP (L_{MPPT}) sont minimes, ne dépassant pas 0,1 %.

Lors du fonctionnement des convertisseurs de puissance, des pertes se produisent dans les semi-conducteurs qui assurent la commutation de tensions et de courants élevés. L'efficacité de la conversion (η_{conv}) varie selon les caractéristiques de la pompe raccordée en sortie et la source d'alimentation entrante. En fonction du type de convertisseur de puissance, les fabricants peuvent fournir le profil de rendement du convertisseur.

Les pertes dues à la conversion, représentées par L_{conv}, sont calculées comme suit :

$$L_{conv} = (1 - \eta_{conv})$$

La valeur type L_{conv} se situe dans une fourchette de 1 à 5 %.

De plus, la centrale PV peut parfois être à l'arrêt en raison d'une panne d'un élément du système : déconnexion de l'onduleur, opérations et maintenance (O&M) dans la centrale PV, problèmes de connexion au réseau (disponibilité du réseau et perturbations dans les systèmes couplés au réseau), panne d'onduleur ou de pompe, etc.

Les pertes types dues à la disponibilité (L_{disp}) en rapport avec le fonctionnement du réseau dans les systèmes couplés au réseau se situent dans une fourchette de 1 à 3 % dans les pays développés. Elles peuvent être beaucoup plus élevées dans les régions où le réseau est instable ou lorsqu'une assistance technique spécialisée est nécessaire mais n'est pas immédiatement disponible.

Encadré 4.8 Minimiser les pertes dues à la disponibilité

L'opérabilité du système de pompage PV et les périodes maximales d'immobilisation et de réparation prévues doivent être spécifiées dans un contrat d'O&M. Les services d'O&M peuvent faire partie intégrante du contrat d'installation conclu avec le maître d'œuvre privé chargé des travaux, auquel cas ils préciseront le délai de résolution des différents problèmes qui se posent dans un système PV. Davantage de détails sur les services d'O&M sont fournis dans la section 11.2.

Dans certains systèmes hybrides PV-réseau, un transformateur est nécessaire pour ajuster les niveaux de tension CA entre l'onduleur et le réseau électrique. Les pertes qui se produisent dans le transformateur (L_{transf}) varient selon la qualité des matériaux employés dans la fabrication du transformateur. Les valeurs types s'établissent entre 1 et 5 %, voire plus de 7 % dans les transformateurs de mauvaise qualité.

Actuellement, en raison de la baisse des prix des modules PV et de la nécessité de pomper de l'eau aux heures de faible éclairement, les centrales PV sont souvent surdimensionnées. Dans de tels cas, lorsque les niveaux d'éclairement sont élevés, la centrale PV peut produire plus d'énergie que ce dont la pompe a besoin pour fonctionner à 100 % de sa capacité. Le convertisseur de puissance « prendra » uniquement l'énergie nécessaire à la pompe, le reste n'étant pas utilisé et donc « gaspillé ». Cette limitation de la génération de puissance diminue le coefficient de performance de l'installation, puisque le CP est calculé en fonction de la puissance de crête du champ PV.

Différents appareils électriques sont habituellement utilisés dans les installations PV pour la protection de l'installation (éléments de sécurité) ou pour la connexion électrique : fusibles de branche, dispositif de protection contre la surintensité dans le groupe, disjoncteurs automatiques, interrupteurs et autres. Les pertes dues à ces éléments sont difficiles à calculer et ne sont généralement pas prises en compte dans l'estimation de l'énergie produite par un système photovoltaïque.

4.8 Estimation de la performance énergétique

La production d'un système PV est estimée d'après le coefficient de performance de l'installation, au moyen de l'équation suivante :

$$E_{générée} = P_c \cdot PSH \cdot CP$$

La valeur estimée des PSH peut être obtenue à l'aide des outils de calcul PVGIS disponibles dans le système d'information géographique photovoltaïque de la Commission européenne[1] ou sur d'autres sites web. Le CP d'une installation tient compte de toutes les pertes de puissance pouvant être déterminées pour le système PV, telles que les facteurs décrits dans les sections précédentes, calculées comme suit :

$$CP = \begin{bmatrix} (1 - L_{temp}) \times (1 - L_{câbles}) \times (1 - L_{encr}) \times (1 - L_{ombrage}) \times (1 - L_{réf}) \\ \times (1 - L_{ori}) \times (1 - L_{incl}) \times (1 - L_{tolérance}) \times (1 - L_{désadapt}) \\ \times (1 - L_{DIL}) \times (1 - L_{MPPT}) \times (1 - L_{conv}) \times (1 - L_{disp}) \times (1 - L_{transf}) \end{bmatrix}$$

Une centrale dotée d'un CP élevé transforme plus efficacement le rayonnement solaire en énergie électrique. Le CP est généralement exprimé en pourcentage et présente des variations saisonnières en fonction des conditions environnementales au cours de l'année. De plus, un facteur de dégradation d'environ –0,5 %/an doit être pris en compte sur la durée de vie de l'installation. Le CP des systèmes PV dépend dans une large mesure du type d'installation et des composants employés dans celle-ci.

Le CP d'un système hors réseau bien conçu varie entre 0,5 et 0,75 mais une valeur plus proche de 1 est préférable (sans compter les pertes d'énergie dans la pompe à eau).

La mise en équation de l'$E_{générée}$ avec l'$E_{requise}$ par la pompe pour fonctionner pendant un nombre d'heures déterminé (P_1 du moteur de la pompe x nombre d'heures de fonctionnement de la pompe, voir exemple à l'annexe B) permet d'obtenir la P_c requise du système solaire PV.

Inversement, le CP peut être calculé dans des installations PV réelles si l'on connaît les autres termes de l'expression :

$$CP = \frac{E_{générée}}{P_c \cdot PSH}$$

Les systèmes de contrôle installés dans les centrales PV permettent de mesurer et d'enregistrer l'énergie générée et l'éclairement. Les PSH sont calculées à partir des valeurs d'éclairement. Le CP permet de comparer des centrales PV sur une période déterminée indépendamment de la puissance de crête de la centrale PV ou de la ressource solaire. Un CP élevé indique que l'installation est bien construite et fonctionne correctement.

Note

1.   https://re.jrc.ec.europa.eu/pvg_tools/fr/tools.html

CHAPITRE 5

Conception d'un système de pompage solaire

Du fait des multiples facteurs conditionnant le débit d'eau dans les systèmes à énergie solaire, il est difficile d'optimiser le dimensionnement sans avoir recours à un logiciel de conception solaire. Les logiciels solaires développés par les fabricants sont de plus en plus nombreux et appréciés. Cependant, il est essentiel de disposer de données précises et d'établir des critères de conception pertinents pour concevoir un système efficace. Ces conditions préalables sont décrites en détail dans ce chapitre, ainsi que d'autres solutions d'énergie secondaires lorsque la conception aboutit à une configuration hybride.

Mots clés : logiciel de conception solaire, orientation des modules, configuration du pompage solaire, configuration en parallèle et en série, mois solaire de référence, suivi solaire

5.1 Conception de la pompe solaire

Comme indiqué dans les chapitres précédents, de nombreux facteurs influencent la production d'électricité au moyen de modules solaires, et donc le débit d'eau d'un système de pompage solaire. La plupart de ces facteurs varient selon l'heure de la journée et la saison, ce qui rend la conception d'un système de pompage solaire à l'aide de calculs manuels complexe et imprécise.

Il existe de nombreux progiciels (p. ex., Grundfos, Lorentz, WellPumps) qui facilitent cet exercice en calculant tous les facteurs relatifs aux composants choisis et à la zone géographique et en proposant plusieurs configurations sur la base de la disposition et de la puissance des modules solaires, de la taille des câbles, des modèles d'onduleur et de boîtier de commande, des pompes et des composants du reste du système. Les solutions logicielles permettent également d'adapter les caractéristiques électriques des composants aux performances requises afin d'optimiser la puissance électrique et le débit d'eau.

Que l'ingénieur du site décide de procéder lui-même à la conception ou qu'il choisisse de la confier à un consultant privé, les auteurs de cet ouvrage estiment que la conception doit toujours être effectuée à l'aide d'un progiciel de conception éprouvé.

Cependant, pour autant qu'un logiciel soit efficace et convivial, il est toujours crucial de déterminer les données nécessaires à la conception et de comprendre les effets des différents choix sur les performances du système.

La plupart des étapes de la conception d'un système de pompage solaire et des données requises à cet effet sont les mêmes que pour la conception d'un système de pompage alimenté par un générateur. Un résumé des données requises est fourni dans le tableau 5.1.

Tableau 5.1 Données requises pour la conception d'un système de pompage solaire

Données	Commentaires
Localisation GPS (degrés) du point d'eau	Il n'est pas nécessaire de préciser les secondes ou de donner plus d'une décimale
Besoins en eau journaliers maximum (m^3/jour)	La demande peut augmenter jusqu'à l'horizon de projet et les besoins en eau peuvent varier selon la saison
Débit critique du point d'eau (m^3/heure)	À déterminer d'après un essai de débit (ou selon le débit à atteindre en cas de conversion au solaire d'un système existant)
Rabattement maximum prévu (m)	Déterminé d'après les points d'eau proches (rabattement saisonnier) et/ou des rapports hydrologiques
Niveau d'eau statique et dynamique (m)	Déterminé par un essai de pompage
Diamètre intérieur du puits de forage (pouces)	D'après le rapport de forage
Profondeur d'installation de la pompe (m)	Nécessaire pour calculer les pertes dans le câble allant de la pompe à l'onduleur
Distance entre le point d'eau et les modules solaires (m)	Ne doit généralement pas dépasser quelques mètres
Distance entre le point d'eau et le réservoir (m)	D'après l'analyse topographique
Écart d'élévation entre la sortie du point d'eau et l'entrée du réservoir (m)	D'après l'analyse topographique
Espace disponible pour les modules solaires (m^2)	Inspection sur site
Type de tuyau de la pompe au réservoir (métal, plastique)	Plus la dimension des éventuels tuyaux existants
Liste de caractéristiques des équipements (autres que ci-dessus) en cas de solarisation d'un système de pompage existant	Taille du générateur, rendement de pompage, type et modèle de pompe, puissance nominale du moteur, taille des câbles, profondeur d'installation de la pompe, matériaux et dimensions des tuyaux, taille du réservoir

5.2 Concepts et aspects importants pour la conception

Plusieurs concepts importants doivent être pris en compte dans la conception d'un système de pompage solaire.

- *La conception est établie en fonction du volume d'eau pompé par jour et non par heure.* Contrairement au pompage conventionnel, qui peut fonctionner 24 h/24, le pompage solaire est limité à un certain nombre d'heures par jour, cette période étant généralement désignée par le terme de journée solaire. Selon ce principe, il convient de tenir compte des besoins totaux en eau durant toute la journée et de choisir un système de pompage qui permettra d'atteindre ce volume durant la journée solaire.
- *Les batteries de stockage d'énergie sont à éviter.* Les batteries entraînent des pertes d'efficacité (c.-à-d. de puissance), sont chères (hausse des coûts du

système) et lourdes (livraison difficile), ont une durée de vie relativement courte (coûts de remplacement) et posent des problèmes complexes, par exemple en ce qui concerne leur élimination à la fin de leur cycle de vie. Au lieu de stocker de l'énergie dans des batteries, il est conseillé de stocker de l'eau dans des réservoirs surélevés (ce qui est une autre façon de stocker de l'énergie), afin que l'eau soit disponible selon les besoins et d'assurer la simplicité et l'efficacité du système.

- *La capacité de stockage du réservoir doit être prise en compte.* La taille du réservoir de stockage doit être déterminée en fonction de la demande journalière et doit être assez grande pour stocker le plus d'eau possible durant les heures d'ensoleillement. Dans les régions où le rayonnement solaire affiche des variations significatives (en raison de la météorologie), le réservoir doit être plus grand que dans les zones moins sujettes aux variations (voir la section 5.3.8 pour plus de détails).

- *Le suivi solaire est déconseillé.* En raison du coût des systèmes de suivi, de leurs exigences en termes d'exploitation et de maintenance et de la forte baisse des prix des modules PV, le suivi solaire n'est pas jugé particulièrement utile. Il est plus courant et plus facile de surdimensionner un générateur PV fixe pour compenser les pertes dues à l'orientation du groupe PV par rapport au soleil que de supporter le coût d'un suivi PV plus complexe (le suivi est traité plus en détail dans les sections 5.3.5 et 7.3).

5.3 Étapes de la conception d'un système de pompage solaire

Afin d'obtenir les données requises, un certain nombre d'étapes doit être suivi pour déterminer si un système solaire autonome peut satisfaire la demande en eau à partir du point d'eau sélectionné ou si un système hybride (solaire + une ou plusieurs autres sources d'énergie) est nécessaire. Ces étapes sont les suivantes :

1. Évaluation de la demande en eau et horizon de projet.
2. Évaluation du point d'eau, construction du forage et essai de débit.
3. Mois et débit de référence.
4. Calcul de la hauteur manométrique totale et sélection de la pompe.
5. Dimensionnement du groupe solaire PV, configuration, sélection de l'onduleur et des modules et orientation des panneaux solaires.
6. Emplacement des principaux composants.
7. Dimensions et emplacement du réservoir de stockage d'eau.
8. Configuration du système : solaire autonome ou hybride.
9. Exigences minimales du reste du système.

5.3.1 Évaluation de la demande en eau et horizon de projet

Comme dans tout autre processus de conception d'un système de pompage d'eau (pas nécessairement solaire), il convient d'estimer la demande en eau de la population cible. Pour cela, l'horizon de projet doit être établi. Il s'agit de la période durant laquelle le système solaire devra fournir le volume d'eau fixé comme objectif. La demande en eau augmente généralement au fil du temps avec l'accroissement de la population et d'autres besoins (p. ex., irrigation, bétail).

Dans l'idéal, le système doit être conçu pour satisfaire la demande en eau durant tous les mois de l'horizon de projet. Plus l'horizon de projet sélectionné est long, plus des besoins en eau à satisfaire seront normalement élevés et, par conséquent, plus l'ensemble du système de pompage devra être surdimensionné (par rapport à la situation actuelle) et plus il sera coûteux. Dans la pratique, la longueur de l'horizon de projet dépendra principalement du budget disponible et sera soumise aux priorités d'investissement.

La durée de vie type de composants de qualité, indiquée dans le tableau 5.2, peut servir de référence supplémentaire :

Tableau 5.2 Durée de vie prévue des composants solaires

Composant	Durée de vie prévue (années)
Forage	20–25
Pompe	5–10
Onduleur/boîtier de commande	5–7
Module solaire	25
Infrastructure civile (château d'eau, supports des modules)	20–25
Réservoir d'eau – ciment	15–20
Réservoir d'eau – plastique	5–10

Sachant qu'il est difficile de savoir comment la demande en eau, la population et d'autres facteurs vont évoluer et influencer le système, les horizons de projet très longs (plus de 20 ans) ne sont généralement pas jugés viables. Cela peut être particulièrement vrai pour les opérations humanitaires, compte tenu des périodes de financement courtes des donateurs, des restrictions fréquentes de financement et de la volatilité des contextes, qui peuvent changer radicalement au fil du temps. Il faut également savoir qu'un horizon de projet de 10 ou 15 ans ne signifie pas que le système cessera de fonctionner au-delà de ce délai.

Compte tenu de la durée de vie prévue des composants, il peut être possible de redimensionner le système tous les 5 à 10 ans, lorsque la pompe et l'onduleur devront normalement être remplacés et pourront faire place à des modèles plus puissants si nécessaire (sachant qu'il sera normalement possible d'ajouter des modules et d'augmenter la capacité de stockage d'eau). Par conséquent, un horizon de projet de plus de 5–10 ans peut être difficilement justifiable dans un contexte humanitaire.

5.3.2 Évaluation du point d'eau, construction du forage et essai de débit

Bien qu'il soit possible de solariser aussi bien des pompes de surface que des pompes immergées, ce chapitre sera consacré dans une large mesure aux points d'eau souterrains, qui sont plus couramment exploités en raison de la disponibilité et de la qualité supérieures de l'eau. Toutefois, les points d'eau de surface (rivières, étangs, lacs) peuvent également être exploités au moyen de la technologie solaire et les principes d'application décrits dans ce chapitre restent les mêmes.

Avant l'installation d'un système de pompage d'eau, il convient d'étudier soigneusement la ressource hydrique. Pour les nappes aquifères, un hydrogéologue devra évaluer précisément la disponibilité des eaux souterraines, la capacité de stockage et de recharge de l'aquifère ainsi que la qualité de l'eau. Cela s'avère particulièrement important dans les régions où le nombre de forages est en augmentation, afin de garantir une utilisation durable des ressources.

Après la localisation et le perçage du forage – ou sa réhabilitation s'il existait déjà – (voir CICR, 2010 pour plus de détails), un essai de débit sera effectué pour déterminer les spécificités du point d'eau, en particulier le rendement estimé et le niveau d'eau dynamique, qui sont essentiels afin de concevoir correctement la pompe adaptée au forage. Un essai de débit se compose d'un essai par paliers de quatre heures, suivi d'un essai à débit constant de 24–72 heures. Le point auquel le débit pompé dans le forage reste constant même sous un pompage continu est consigné comme le rendement estimé. C'est également le point auquel le niveau d'eau dans le forage ne change pas, consigné comme le niveau d'eau dynamique (également appelé niveau d'eau de pompage).

Le débit critique est le volume d'eau maximal qui peut être puisé dans le forage sans compromettre son intégrité. C'est un pourcentage du rendement estimé du forage, dont la valeur s'établit entre 60 et 70 % du rendement estimé.

De nombreux aspects conditionnent le rendement estimé d'un forage, notamment :

- la localisation du forage et l'exploration des eaux souterraines (les conditions géologiques/hydrogéologiques « naturelles ») ;
- la construction et le développement du forage (les conditions « humaines » agissant sur le comportement hydraulique du puits) ;
- la supervision et la documentation du perçage et de l'essai de débit (voir plus de détails dans MOAIWD, 2012) (qui déterminent l'interprétation du « débit critique » résultant).

La conception et l'équipement d'un système de pompage ne doivent pas être effectués si l'on ne dispose pas d'une documentation claire et détaillée sur les caractéristiques du forage et les résultats des essais de débit, car il y aurait de fortes chances de surestimer ou de sous-estimer le débit, ce qui entraînerait un mauvais fonctionnement, un surpompage, l'assèchement du forage et de nombreux autres problèmes. Cette erreur critique est fréquemment commise sur le terrain dans les projets humanitaires.

> Une évaluation du point d'eau, y compris les résultats de l'essai de débit, doit être effectuée avant toute conception.

Dans de tels cas, des mesures doivent être prises pour déterminer les principales caractéristiques du forage, notamment un essai de débit qui pourra être réalisé par une entreprise engagée à cet effet.

Dans le cas de la conversion au solaire d'un système de pompage existant, une évaluation du forage, de ses caractéristiques et du débit critique (suivant les études et essais mentionnés ci-dessus, en particulier les essais de débit en cas de doute) doit être effectuée avant de procéder à toute conception ou installation.

Finalement, il convient de tenir compte de la date de réalisation des études et des essais ainsi que des effets potentiels de la saisonnalité sur le niveau du point d'eau (p. ex., en surveillant le niveau d'eau d'autres forages percés dans le même aquifère). Ainsi, dans certaines zones du Moyen-Orient, le rabattement peut dépasser 100 mètres en saison sèche ; si l'on néglige ce paramètre durant la conception du système de pompage, l'équipement risque d'être sous-dimensionné et d'autres problèmes pourront se poser, ce qui empêcherait de satisfaire les besoins en eau pendant une partie de l'année.

5.3.3 Mois et débit de référence

Dans les systèmes de pompage solaire, comme le rayonnement solaire varie au cours de l'année, il est nécessaire de définir un mois qui servira de référence pour dimensionner le système).

En général, dans les projets destinés à la consommation humaine, le mois de référence sera celui où le rapport entre le rayonnement solaire à un angle d'inclinaison prédéterminé (voir la section 5.3.5 pour plus de détails sur les angles d'inclinaison) et les besoins en eau est le plus faible, c'est-à-dire le pire mois de l'année. Le principe sur lequel repose la prise en compte du pire mois de l'année comme niveau de référence pour la conception du système est que, s'il est possible de fournir l'eau nécessaire durant ce mois, cela garantit que le système solaire pourra satisfaire les besoins en eau lors de tout autre mois de l'année.

Afin d'identifier le pire mois de l'année pour un site et un système de pompage déterminés, deux situations peuvent se présenter : 1) les besoins quotidiens en eau sont constants durant l'année ; ou 2) les besoins en eau changent d'un mois à l'autre.

Lorsque les besoins en eau sont constants durant toute l'année, le mois affichant le rapport PSH/besoins en eau le plus bas correspondra toujours au rayonnement solaire le plus faible (le moins d'heures de soleil maximum). Dans l'exemple donné dans le tableau 5.3, il s'agit du mois de juillet.

Dans l'exemple des besoins variables donné dans le tableau 5.4, les besoins en eau augmentent en saison sèche (la consommation d'eau par personne est généralement plus élevée, par exemple en raison du fonctionnement des systèmes d'irrigation). De ce fait, le pire mois de l'année (où le rapport entre le rayonnement solaire et les besoins en eau est le plus faible) est le mois de février.

Tableau 5.3 Exemple de calcul du pire mois de l'année pour des besoins en eau constants : Yumbe, Ouganda (3N, 31E)

	Jan	Fév	Mar	Avr	Mai	Juin	Juil	Août	Sep	Oct	Nov	Déc
Heures de soleil maximum (PSH)	6,8	6,8	6,0	5,4	5,0	4,5	4,2	4,6	5,4	5,5	5,9	6,5
Besoins en eau (m³/jour)	120	120	120	120	120	120	120	120	120	120	120	120
PSH/besoins en eau	,057	,057	,050	,045	,042	,038	,035	,038	,045	,046	,049	,054

Tableau 5.4 Exemple de calcul du pire mois de l'année pour des besoins en eau variables : Yumbe, Ouganda (3N, 31E)

	Jan	Fév	Mar	Avr	Mai	Juin	Juil	Août	Sep	Oct	Nov	Déc
Heures de soleil maximum	6,8	6,8	6,0	5,4	5,0	4,5	4,2	4,6	5,4	5,5	5,9	6,5
Besoins en eau (m³/jour)	154	165	140	120	110	105	98	110	120	120	130	155
PSH/besoins en eau	,044	,041	,043	,045	,045	,043	,043	,042	,045	,046	,045	,042

La plupart des logiciels de conception disponibles permettent de définir le mois de référence ou offrent la possibilité de procéder à la conception en prenant le pire mois de l'année comme mois de référence.

Une fois le mois de référence déterminé, le débit de pompage nécessaire peut-être estimé approximativement en divisant les besoins en eau par les PSH.

Par exemple, dans le cas présenté dans le tableau 5.3, cela donne $120/4,2 = 28,5$ m³/h. Si le débit critique de notre puits est supérieur à 28,5 m3/h, il sera possible de fournir toute l'eau nécessaire pendant l'année au moyen d'un système de pompage solaire autonome, ce qui pourra donc être la configuration retenue.

Outre les questions techniques, d'autres aspects peuvent entrer en ligne de compte dans la sélection d'une configuration autonome ou hybride, comme expliqué dans la section 5.3.8.

Même si le débit critique est inférieur à 28,5 m³/h, il sera possible de pomper de l'eau pendant six à neuf heures par jour dans la plupart des régions situées dans la ceinture solaire (à une latitude de 40 °N à 40 °S) en surdimensionnant le groupe solaire PV (les informations précises peuvent être obtenues au moyen du logiciel de conception). Cela signifie, dans notre exemple des besoins constants, que si le débit critique se situe entre 13 m³/h (120/9) et 20 m³/h (120/6), il reste possible de fournir l'eau nécessaire pendant le pire mois de l'année (en fonction du rayonnement solaire dans cette zone géographique) et donc durant tous les autres mois de l'année. Par conséquent, la configuration retenue pourrait toujours être un système solaire autonome. Pour un débit critique inférieur à 13 m³/h, une autre source d'énergie (réseau, générateur) serait nécessaire (ou un deuxième forage) afin de satisfaire les besoins en eau.

5.3.4 Calcul de la hauteur manométrique totale et sélection de la pompe

Le calcul de la hauteur manométrique totale (HMT) et la sélection résultante de la pompe peuvent constituer une étape indépendante du choix de la source d'énergie, dans la mesure où le procédé est pratiquement identique à celui suivi dans le cas d'une pompe alimentée par un générateur diesel.

Une fois le débit de pompage horaire défini et la HMT du système calculée, les courbes H-Q de différentes pompes seront analysées afin de déterminer le modèle approprié (de nombreux catalogues de fabricants de pompes sont disponibles en ligne, avec les courbes H-Q de toutes leurs pompes). Il convient de veiller à sélectionner une pompe dont le débit nominal pour la HMT donnée est proche du débit souhaité. Un exemple pas-à-pas de ce processus est fourni à l'annexe A.

Lorsque les conditions de terrain et les besoins à satisfaire le permettent, le choix d'une pompe CC par rapport à une pompe CA est recommandé pour les systèmes de pompage solaire autonomes. Bien que les pompes CC soient généralement un peu plus chères que les pompes CA équivalentes, leur durée de vie est plus longue, leur rendement est supérieur (nécessitant donc moins de modules PV) et elles n'ont pas besoin d'une conversion d'électricité CC/CA, leur simple boîtier de commande étant donc moins cher qu'un onduleur CC/CA.

Lors de la sélection d'une pompe, il convient de s'assurer que le débit nominal de la pompe est proche du débit de référence requis. Si l'on choisit une pompe largement surdimensionnée, elle fournira l'eau nécessaire mais elle aura besoin d'un générateur PV et d'un onduleur plus puissants, ce qui augmentera le coût total du système. De plus, les pompes fonctionnant en sous-régime ont une durée de vie plus courte et réduisent également la durée de vie du forage, ce qui augmente les coûts d'investissement et de remplacement du système.

La plupart des logiciels de conception de pompage solaire permettent de dimensionner la pompe et proposent différentes solutions même si la HMT n'a pas été calculée, en fournissant d'autres données de terrain (p. ex., niveau d'eau dynamique, hauteur du réservoir et matériaux des tuyaux utilisés).

5.3.5 Dimensionnement du groupe solaire PV, configuration, sélection de l'onduleur et des modules et orientation des panneaux solaires

Dimensionnement du groupe solaire PV. Une fois la pompe sélectionnée, il est possible d'estimer l'énergie nécessaire pour l'alimenter.

Comme indiqué dans la section 4.1, l'énergie fournie par le générateur PV pour tout type de système de pompage peut être estimée au moyen de l'expression suivante :

$$E_{générée} = P_c \times PSH \times CP$$

Il est expliqué dans la section 4.8 que l'énergie nécessaire à la pompe ($E_{pompe} = P_1 \times$ heures de fonctionnement de la pompe) peut être mise en équation avec $E_{générée}$ pour obtenir la P_c requise du système solaire PV

$$E_{pompe} = E_{générée} = P_c \times PSH \times CP = P_1 \times \text{heures de fonctionnement de la pompe}$$

Après avoir déterminé la puissance de la pompe (et donc les besoins en énergie), les PSH du site et le CP estimé, on pourra calculer la P_c (puissance de crête du groupe solaire) et donc le nombre minimum de modules PV nécessaire (compte tenu des modèles disponibles sur le marché local). Un exemple est donné à l'annexe B.

Plus la puissance nominale des modules est élevée, moins on aura besoin de modules. Des modules au silicium cristallin jusqu'à 500 W_c sont disponibles sur le marché et la puissance de crête ne cesse de progresser.

Configuration du groupe solaire PV et sélection de l'onduleur. Une fois le nombre de modules déterminé, il est important d'établir la configuration, c'est-à-dire de décider du nombre de modules montés en série et en parallèle, afin d'adapter non seulement la puissance mais aussi la tension et l'intensité du groupe solaire à l'onduleur et à la pompe.

Lorsque des modules PV du même modèle et de puissance équivalente sont montés en série, la tension augmente et l'intensité reste la même, et vice-versa lorsqu'ils sont montés en parallèle.

Les modules PV sont raccordés en série (en connectant la borne positive du premier module à la borne négative du deuxième, et ainsi de suite, comme indiqué sur la figure 5.1) afin d'augmenter la tension. Une connexion en série augmente la tension mais l'intensité ne change pas. En d'autres termes, la tension de sortie V_{mp} d'une connexion en série est la somme de la tension de chaque module connecté, tandis que l'intensité de sortie est celle d'un seul module.

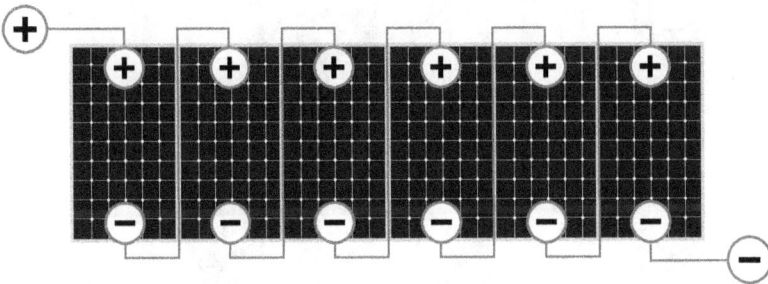

Figure 5.1 Connexion en série

Compte tenu des caractéristiques du module indiquées dans le tableau 3.2, où

$$P_{max} = 250W, V_{mp} = 30{,}4V \text{ et } I_{mp} = 8{,}23A$$

Puissance = 250 x 6 modules = 1 500 W, Tension = 30,4 x 6 modules
= 182,4V et Intensité = 8,23A

Les modules PV sont branchés *en parallèle* pour augmenter l'intensité. Une connexion en parallèle signifie que toutes les bornes positives sont raccordées entre elles et que toutes les bornes négatives sont reliées entre elles, comme indiqué sur la figure 5.2. La connexion en parallèle augmente l'intensité mais la tension ne change pas. En d'autres termes, l'intensité de sortie d'une connexion en parallèle est la somme de l'intensité de chaque module connecté, tandis que la tension de sortie est celle d'un seul module.

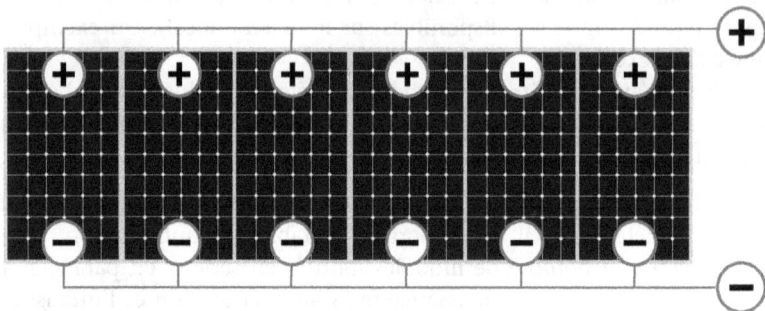

Figure 5.2 Connexion en parallèle

Puissance = 250 × 6 modules = 1 500W, Tension = 30,4V,
Intensité = 8,23 × 6 modules = 49,38A

Il est possible de combiner des connexions en série et en parallèle pour augmenter à la fois la tension et l'intensité selon les besoins du système de pompage.

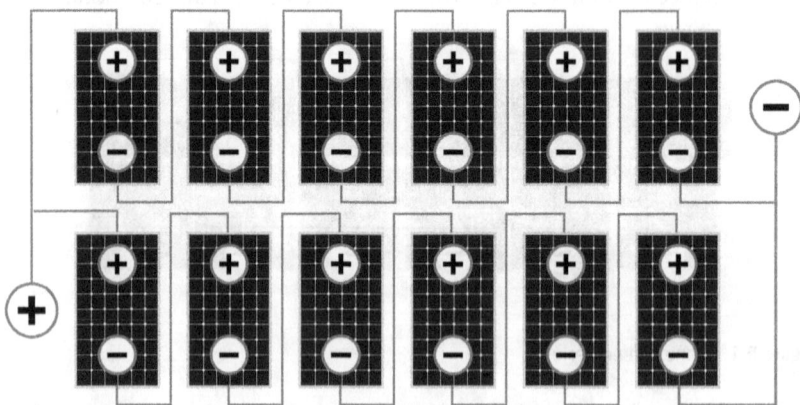

Figure 5.3 Combinaison de connexions en série et en parallèle

Puissance = 250 × 12 modules = 3 000W, Tension = 30,4 × 6 modules = 182,4V,
Intensité = 8,23 × 2 branches = 16,46A

À noter que la puissance de sortie de la connexion est la somme de la puissance de chaque module connecté, aussi bien pour une connexion en série qu'en parallèle.

Ces calculs ne sont valables que si tous les modules ont la même tension et la même intensité. Si les panneaux raccordés en série n'ont pas la même intensité, l'intensité du groupe ne dépassera pas celle du module ayant la plus basse intensité. De même, si les modules raccordés en parallèle n'ont pas la même tension, la tension du groupe ne dépassera pas celle du panneau ayant la plus basse tension.

Les connexions en parallèle augmentent l'intensité du courant dans le système, des câbles plus gros étant donc nécessaires pour transporter ce courant (voir les sections 2.9 et 3.4.4).

Exemple 5.1

Dix-huit modules PV dont les caractéristiques sont indiquées dans le tableau 3.2 ont été interconnectés pour alimenter un système de pompage d'eau. Le groupe se compose de six modules en série et de trois branches en parallèle (6s × 3p). Les paramètres du groupe PV seront les suivants :

$$I_{mp} = 8,23 \times 3 = 24,69 \text{ A}, \ V_{mp} = 30,4 \times 6 = 182,4 \text{ V}, \ P_{crête} = 250 \times 18 = 4,500 \text{ W}_c$$

Intensité maximale du groupe $(I_{sc}) = 8,81 \times 3 = 26,43$ A
Tension maximale du groupe $(V_{oc}) = 37,6 \times 6 = 225,6$ V

Ces valeurs correspondent aux caractéristiques électriques en conditions normales d'essai – AM 1,5, éclairement = 1,0 kW/m^2 – et la température de fonctionnement (T) de chaque module est de 25 °C. En conditions réelles, la puissance du groupe diminuera probablement, comme indiqué dans la section 2.7 et dans le chapitre 4.

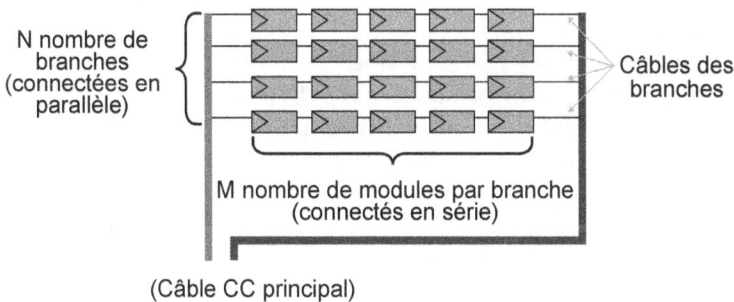

Figure 5.4 Configuration du groupe de modules

Il est essentiel de décider du nombre de modules montés en série et en parallèle, sachant que l'important n'est pas seulement la puissance totale du groupe PV mais aussi la tension et l'intensité du courant fourni à la pompe par les modules PV. Si la configuration est inappropriée, la pompe fournira moins d'eau (ou pas du tout dans les cas extrêmes).

Le contrôleur/onduleur utilisé conditionne la configuration en série/parallèle. Le choix du contrôleur/onduleur approprié est fondé sur la pompe sélectionnée et la taille du générateur PV. Le contrôleur/onduleur doit être capable de traiter la puissance CC entrante du générateur PV et de l'adapter à celle requise par la pompe.

Un exemple calculé manuellement est donné à l'annexe B. Pour éviter cet exercice, la configuration recommandée du générateur PV (nombre de modules à connecter en série et en parallèle) pour un module PV prédéfini et la taille appropriée de l'onduleur sont fournies par la plupart des logiciels de conception solaire éprouvés disponibles sur le marché (y compris Lorentz et Grundfos), assurant la configuration optimale et l'adaptation des caractéristiques électriques du module PV à la pompe et aux besoins en eau.

Sélection des modules solaires PV. Plusieurs types de module solaire peuvent être utilisés dans un système de pompage solaire (davantage de détails sont fournis dans la section 3.3.3). À condition que la marque du module soit conforme aux certifications de qualité requises (voir la section 10.6), le module peut être jugé adapté à l'usage requis. Les certifications de qualité de fabrication des modules PV doivent toujours être le premier aspect à considérer, les modules qui n'ont pas de certification ne devant pas être retenus dans le processus d'achat.

Dans la grande majorité des cas, des modules monocristallins ou polycristallins seront utilisés pour le générateur solaire, sachant qu'ils représentent environ 95 % du marché et qu'ils sont disponibles dans presque tous les pays du monde. Le choix de l'un ou l'autre sera fonction de l'espace d'installation, du prix et de la disponibilité des stocks. Dans les cas où les températures ambiantes sont élevées, les modules ayant un coefficient de température plus faible auront moins de pertes et seront préférables (voir les sections 4.2 et 7.8.1 pour plus de détails). De ce fait, les modules monocristallins se comporteront légèrement mieux dans les climats chauds.

Pour une température moyenne supérieure à 40 °C, des modules en silicium amorphe peuvent également être envisagés. Ils prennent jusqu'à trois fois plus de place car leur rendement est nettement plus bas, mais les pertes dues à la chaleur sont considérablement inférieures à celles des modules monocristallins ou polycristallins.

Certains logiciels de conception (p. ex., WellPumps, Grundfos, Lorentz) permettent à l'utilisateur de saisir manuellement les caractéristiques de n'importe quel module et d'obtenir un système fondé sur ce module particulier.

Un autre aspect à prendre en compte au stade de la conception concerne le montage des modules solaires (au sol, sur des mâts ou en toiture). Les avantages et les inconvénients, ainsi que la prise en compte de l'orientation et de l'inclinaison des modules, sont décrits dans la sous-section suivante et dans la section 6.2.5.

Si l'orientation et l'inclinaison optimales des modules ne peuvent être garanties pour une raison quelconque (p. ex., les modules sont montés sur le toit d'un bâtiment existant et les angles de montage sont donc prédéterminés par le toit), il peut être nécessaire de surdimensionner le groupe solaire. Certains logiciels de conception (p. ex., Lorentz) permettent de définir différents angles d'inclinaison et d'orientation et proposeront différents générateurs solaires en fonction de ceux-ci.

Les modules peuvent être orientés différemment si le concepteur le juge préférable sur un site particulier. Par exemple, si les besoins en eau sont plus élevés le matin, le concepteur peut choisir d'orienter les modules davantage à l'est, sachant que la production d'eau diminuera l'après-midi. Plus il y aura de modules orientés à l'est, plus le volume d'eau pompé le matin sera élevé.

Orientation des panneaux solaires. Les PSH disponibles seront plus ou moins élevées en fonction de l'orientation des modules PV par rapport au soleil. La trajectoire du soleil dans le ciel change au cours de l'année : comme illustré sur la figure 5.5, la trajectoire du soleil est plus haute dans le ciel en été, lorsque les jours sont plus longs, tandis qu'elle est plus basse en hiver, quand les jours sont plus courts.

La position du soleil dans le ciel par rapport à la surface de la terre est définie par trois angles : l'azimut, l'angle zénithal et l'angle d'élévation.

L'azimut, qui définit le déplacement quotidien du soleil d'est en ouest, est l'angle sur le plan horizontal entre la projection du rayonnement du faisceau et la ligne de direction nord-sud. L'angle d'élévation définit la trajectoire nord-sud du soleil au fil des saisons et est mesuré en degrés depuis l'horizon de la projection du faisceau de rayonnement jusqu'à la position du soleil.

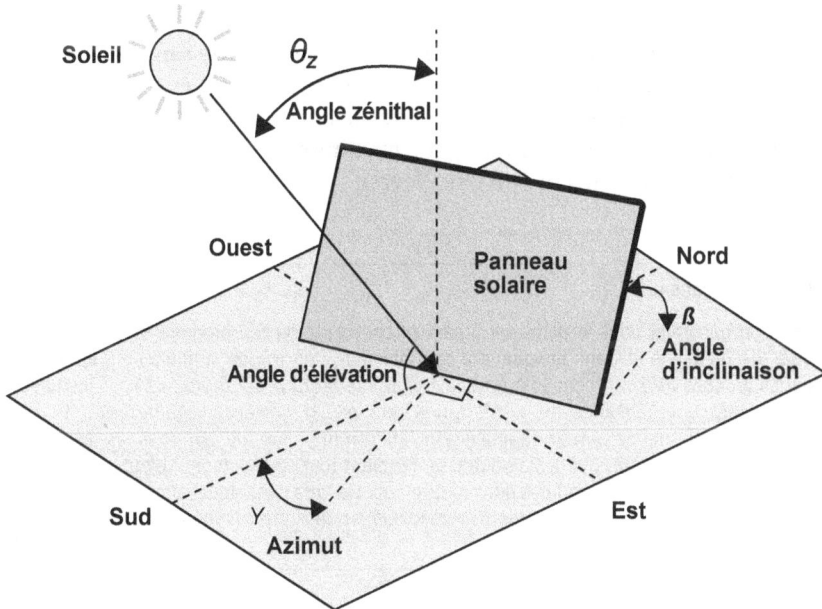

Figure 5.5 Position du soleil dans le ciel par rapport à la surface de la Terre

L'angle zénithal est l'angle du soleil par rapport à une ligne perpendiculaire à la surface de la Terre. Ces angles sont représentés sur la figure 5.5.

L'énergie maximale du soleil sera obtenue par un module PV orienté à l'angle optimal par rapport au soleil (voir figure 5.6). Cela n'est possible que si la structure de fixation du module suit le mouvement du soleil, c'est-à-dire si elle poursuit le soleil. Les suiveurs solaires suivent la trajectoire quotidienne et saisonnière du soleil pour maximiser le rendement énergétique. Les suiveurs peuvent pivoter sur un seul axe (changements saisonniers) ou sur deux axes/ un axe double (journalier et saisonnier). Les suiveurs sont rarement employés pour le pompage solaire car leur absence est facilement compensée par un surdimensionnement du groupe solaire PV afin de compenser les pertes dues à une inclinaison non optimale (voir l'exemple à l'annexe C). Leur utilisation est déconseillée car ils augmentent la complexité, impliquent des coûts supplémentaires et nécessitent une maintenance spécialisée régulière (dispositif de suivi mécanique).

Quand on n'utilise pas de suiveur, le générateur PV est monté sur une structure fixe, à un azimut et un angle d'inclinaison fixes, alignés de façon que le générateur PV se trouve à l'angle optimal par rapport au soleil. L'angle d'inclinaison du groupe PV représente l'angle entre la surface du groupe et le plan horizontal/la Terre. L'azimut du groupe PV représente l'angle entre le nord géographique et la direction dans laquelle se trouve le groupe. Avec des structures fixes, l'énergie maximale – en moyenne annuelle – est générée lorsque l'inclinaison du groupe PV est égale à la latitude du site où se trouve le groupe PV et que l'azimut est orienté de façon que le groupe PV est face à l'équateur.

Comme la hauteur du soleil dans le ciel varie au cours de l'année (il est plus bas en hiver et plus haut en été), l'angle d'inclinaison peut être déterminé de façon à garantir une production d'énergie maximale lors de la saison critique (par exemple, un angle plus plat pour maximiser le pompage d'eau en été, lorsque les besoins peuvent être plus élevés).

Note d'application

En règle générale, pour le pompage d'eau, la configuration qui produira la plus grande quantité d'énergie et donc le volume d'eau maximal – en moyenne annuelle – est celle où les groupes PV sont inclinés à un angle égal à la latitude du site où ils sont installés (moyennant une tolérance de +/-5°, qui n'aura pas d'incidence significative). Il est également habituel de prévoir un angle d'inclinaison minimum de 15° dans les régions à plus faible latitude afin que les modules se nettoient tout seuls lorsqu'il pleut.

Quant à l'azimut, les modules doivent être orientés vers l'équateur ; dans l'hémisphère nord, les modules doivent être orientés vers le sud, et dans l'hémisphère sud, les modules doivent être orientés vers le nord.

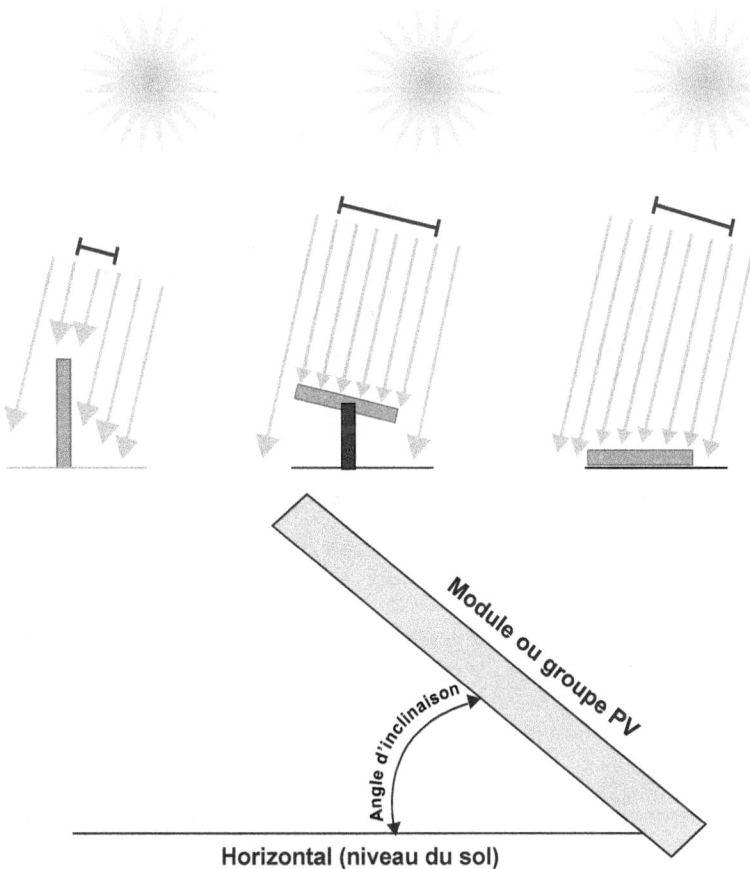

Figure 5.6 Effet de l'inclinaison sur le captage de l'énergie solaire

5.3.6 Emplacement des principaux composants

Tandis que l'emplacement de la pompe suivra les mêmes principes que pour les systèmes alimentés par un générateur (voir section 6.2.2) et que l'emplacement de certains composants du RDS sera déterminé par leur fonction (p. ex., les capteurs anti-marche à sec seront placés dans le forage, juste au-dessus de la pompe), l'emplacement d'autres éléments du système est souvent au choix du concepteur.

Emplacement des modules solaires PV. Les modules PV doivent être situés le plus près possible de la pompe à eau (généralement à quelques mètres du forage dans un système immergé) afin de minimiser les pertes dans le câblage. Dans tous les cas, ils doivent être facilement accessibles pour être nettoyés (voir figure 5.7). Les modules doivent normalement être situés à un endroit sûr, car il s'agit généralement de l'élément le plus sujet au vol ou au vandalisme.

Figure 5.7 Modules PV à Sheikhan, Irak, orientés au sud avec une inclinaison de 36°

Emplacement de l'onduleur/boîtier de commande. Pour la même raison que précédemment, le contrôleur doit être situé le plus près possible des modules et de la pompe, mais pas au soleil car une température élevée diminue son efficacité. Il est généralement placé sous les modules ou dans un local situé à quelques mètres afin qu'il soit à l'ombre.

Figure 5.8 Boîtier d'onduleur placé sous les modules dans la région de Somali, Éthiopie

Emplacement du réservoir d'eau. L'installation du réservoir de stockage près du point d'eau permet de minimiser le nombre de modules PV nécessaires pour alimenter la pompe du fait que la hauteur manométrique totale dans la partie pompage du système sera inférieure. Cependant, cela peut exiger la construction d'un château d'eau plus haut si les bornes-fontaines sont situées loin du point d'eau, et vice- versa si le château d'eau est loin du point d'eau mais près des bornes-fontaines. Pour apprécier la différence, un logiciel de conception solaire permet de concevoir, pour le même point d'eau, un système où le réservoir d'eau est situé près ou loin du point d'eau. Le concepteur doit tenir compte des coûts impliqués et de la facilité d'exploitation et de maintenance du système pour déterminer l'emplacement du réservoir.

5.3.7 Dimensions du réservoir de stockage d'eau

La capacité de stockage d'eau d'un système de pompage solaire dépend de la consommation d'eau journalière, de la demande et des variations journalières et saisonnières du rayonnement solaire. La capacité de stockage doit être conçue de façon à assurer l'adéquation du système de pompage, sa fiabilité et sa capacité à satisfaire la demande actuelle et future.

Les dimensions du réservoir d'eau sont habituellement calculées en fonction de la différence maximale entre l'approvisionnement et la demande horaires accumulés au cours du mois où cette différence est la plus élevée. Pour les systèmes fonctionnant sur générateur ou sur réseau, du fait que l'eau peut être pompée à n'importe quel moment (en supposant que le réseau et/ ou l'approvisionnement en carburant est fiable), le volume du réservoir d'eau est normalement minimisé, représentant généralement 0,5 à 1 fois l'approvisionnement journalier en eau.

Cependant, dans les systèmes à énergie solaire, du fait que la durée de pompage est limitée à certaines heures de la journée, il faut généralement prévoir des réservoirs d'eau plus grands. Le volume d'eau maximal est normalement pompé aux heures centrales de la journée solaire, lorsque le rayonnement est le plus élevé, mais la demande en eau est généralement plus basse à ce moment-là.

Un réservoir d'eau plus grand permet de stocker toute l'eau pompée durant les heures centrales de la journée afin qu'elle soit disponible lorsque la demande en eau est plus élevée que le volume pompé, généralement en début de matinée et en fin d'après-midi. Un réservoir encore plus grand permet de compenser un rayonnement solaire inférieur aux valeurs prévues (p. ex., lors des périodes nuageuses plus longues que prévu), renforçant ainsi la sécurité du système.

Les informations issues d'études sur le terrain montrent que les réservoirs de stockage des SPS sont souvent trop petits, ce qui entraîne le débordement des réservoirs, un gaspillage d'eau pendant la journée et des pénuries le soir.

Un réservoir trop petit peut également obliger l'opérateur à arrêter le système de pompage solaire l'après-midi, lorsque le volume d'eau maximal pourrait être pompé.

Dans un système hybride (solaire + générateur), le fait de pouvoir stocker davantage d'eau pompée à l'énergie solaire permettra d'avoir moins recours au

Tableau 5.5 Orientations indicatives sur la capacité du réservoir d'eau

Type de système de pompage	Capacité du réservoir d'eau
Générateur/réseau	0,5–1 x besoins journaliers en eau
Hybride (solaire + générateur/réseau)	0,5–3 x besoins journaliers en eau
Solaire autonome	1–3 x besoins journaliers en eau

générateur. Dans la pratique, il est jugé rentable d'investir dans des réservoirs plus grands pour les systèmes hybrides car les coûts d'investissements sont rapidement compensés par la durée d'utilisation réduite du générateur et donc par une consommation de carburant inférieure.

Il n'existe pas de formule précise permettant de déterminer le volume du réservoir d'eau pour un système de pompage solaire. L'ingénieur devra prendre sa décision sur la base d'un compromis entre les besoins et l'approvisionnement en eau présents et futurs, de l'espace et du budget disponibles, ainsi que d'aspects pratiques relatifs à l'exploitation du système de pompage (p. ex., absence d'autres points d'eau dans la zone, importance critique du système et schémas de prélèvement de l'eau).

À titre indicatif et en l'absence d'expériences préalables ou de données issues de projets similaires, les valeurs indiquées dans le tableau 5.5 peuvent être prises en compte.

D'après l'expérience sur le terrain, un réservoir d'un volume plus de trois fois supérieur aux besoins journaliers en eau n'est généralement pas considéré comme viable, essentiellement pour des raisons de budget, d'espace physique et/ou des effets délétères d'un stockage de l'eau chlorée pendant plus de trois jours.

Le nombre de jours consécutifs sans soleil sur un site déterminé, que l'on peut trouver dans des bases de données solaires comme celle de la NASA, peut servir de référence pour le dimensionnement des réservoirs d'eau. Le nombre maximum de jours consécutifs sans soleil dans l'année est alors pris en compte et le volume du réservoir d'eau doit être adapté au pire scénario. Sachant que dans la plupart des cas, même dans les pays et les régions bénéficiant d'un rayonnement solaire élevé, le nombre de jours consécutifs sans soleil est supérieur à trois (et se situe souvent entre 4 et 6), les auteurs jugent cela peu réaliste et difficile à justifier, en particulier dans le contexte des opérations humanitaires.

5.3.8 Configuration du système : solaire autonome ou hybride

Comme expliqué dans la section 5.3.3, quand le débit critique du point d'eau est supérieur au débit requis pour satisfaire les besoins en eau journaliers lors du mois le moins favorable de l'année en pompant uniquement pendant la journée solaire, un système solaire autonome peut être installé. Cette configuration présente le meilleur rapport coût-efficacité et la plus grande simplicité d'exploitation et de maintenance.

En revanche, si le débit de pompage sélectionné pour satisfaire les besoins en eau en pompant uniquement pendant la journée solaire est supérieur au débit critique du point d'eau, un système solaire autonome ne suffira pas à satisfaire la demande. Dans ce cas, trois solutions se présentent :

1. Réévaluer les besoins en eau et l'horizon de projet, envisager la possibilité d'adopter des mesures d'économie d'eau (p. ex., irrigation au goutte-à-goutte) et déterminer avec la communauté d'usagers dans quelle mesure il est rédhibitoire de ne pas fournir le volume d'eau requis.
2. Mettre en place un système hybride en ajoutant une deuxième source d'énergie au système de pompage (p. ex., générateur diesel ou réseau, s'il existe) afin d'assurer le pompage en dehors de la journée solaire, lors des mois les plus nuageux ou bien les jours où le pompage solaire ne peut satisfaire les besoins (voir le processus de sélection du générateur à l'annexe A). Cela peut être également pertinent si une sécurité accrue est requise pour assurer l'approvisionnement journalier en eau, une source d'énergie de secours étant alors ajoutée.
3. Évaluer l'exploitation d'un deuxième point d'eau (p. ex., perçage d'un autre forage) susceptible de compléter l'approvisionnement en eau. Cette solution est notamment conseillée s'il est impossible de coupler une deuxième source d'énergie ou si celle-ci est trop complexe ou coûteuse (p. ex., l'installation d'un générateur diesel peut ne pas être viable sur certains sites si la communauté ne peut payer le gazole ou si celui-ci doit être transporté sur de longues distances).

Les différentes technologies de pompage pouvant être utilisées avec l'énergie solaire dans un système hybride sont résumées ci-dessous.

Solaire et générateur diesel. Il s'agit d'une configuration courante dans les opérations humanitaires (voir la figure 5.9), en particulier pour les forages à haut débit ou critiques. L'installation d'un générateur diesel permet d'augmenter le pompage selon les besoins tout en renforçant la fiabilité du système en cas de problèmes techniques dans les parties solaires du générateur.

Dans les zones où la saisonnalité est très prononcée, le groupe solaire PV nécessaire pour satisfaire la demande en eau durant les mois de l'année les plus nuageux devra être largement surdimensionné. Dans ces régions, l'installation d'un générateur est parfois préférée. Cependant, il est possible d'optimiser la rentabilité d'un système hybride solaire-générateur en minimisant la durée de fonctionnement du générateur, ce qui réduit la consommation de carburant. Cela permet de diminuer à la fois les dépenses en carburant et le coût de maintenance du générateur.

De plus, sachant que le coût des modules solaires a considérablement diminué depuis quelques années, il est pertinent, d'un point de vue technique et économique, de concevoir un système fonctionnant à 100 % à l'énergie photovoltaïque, en utilisant le générateur seulement quelques semaines par an, lorsque les périodes nuageuses et le mauvais temps sont plus fréquents.

Figure 5.9 Système hybride solaire-générateur dans le camp de réfugiés d'Adjumani, Ouganda
Source : Oxfam, 2016

La recommandation finale doit être formulée en fonction de l'optimisation du système et d'une analyse économique détaillée, ainsi que des préférences des usagers.

Solaire et réseau. Les systèmes solaires couplés au réseau sont une solution optimale en matière de configuration hybride. En outre, sur certains sites, cette configuration peut permettre de revendre l'excédent d'énergie solaire générée, le groupe solaire fournissant ainsi une source de revenus qui peut accroître la durabilité financière de l'ensemble du système.

Cependant, le réseau est souvent inexistant ou instable dans les régions où les projets de secours sont mis en œuvre, ce qui provoque de fortes variations de tension qui peuvent endommager les équipements ou des coupures de courant susceptibles d'empêcher brusquement l'accès des usagers à l'eau. À moins qu'il n'existe d'autres solutions d'approvisionnement en eau des communautés lorsque le réseau ne fonctionne pas ou est instable, la solution hybride solaire-réseau doit être envisagée avec prudence.

Solaire et énergie éolienne. Outre le caractère hautement imprévisible du vent, la technologie éolienne exige une expertise et des pièces détachées spécifiques, qui nécessitent un entretien régulier et qui sont souvent difficiles à trouver et à maintenir dans les régions où les opérations de secours sont menées. Bien que cette technologie ait connu un engouement notable à une certaine époque, elle est aujourd'hui de moins en moins utilisée pour le pompage et son emploi dans les opérations de secours est négligeable.

Solaire et pompe manuelle. Lorsque les dimensions du forage le permettent, de petites pompes solaires peuvent être installées avec des pompes manuelles (les deux dans le même forage, l'une en dessous de l'autre). Cette solution évite aux usagers les tâches laborieuses de pompage manuel tout en permettant de continuer à puiser de l'eau si la technologie solaire rencontre des problèmes ou si la demande en eau se prolonge au-delà de la journée solaire.

Il convient de connaître avec précision le débit critique du forage dans la mesure où les pompes solaires finissent généralement par extraire davantage d'eau que les pompes manuelles.

5.3.9 Exigences minimales du reste du système

Le reste du système est expliqué dans la section 3.4, qui décrit les composants indispensables à tout système de pompage solaire. D'autres composants RDS sont facultatifs et dépendront de l'ampleur des fonctions de sécurité, de surveillance et de contrôle du système que le concepteur souhaite confier à l'usager.

CHAPITRE 6

Installation électrique et mécanique des systèmes de pompage solaires

Il est essentiel d'utiliser des composants de qualité pour obtenir le débit d'eau souhaité. Ce chapitre décrit les différents éléments électriques et mécaniques d'un système de pompage solaire et leur procédure d'installation correcte. Les mesures élémentaires de protection électrique requises pour assurer la sécurité du système et des opérateurs y sont également expliquées. La dernière partie présente un ensemble de mesures de contrôle de qualité et analyse les différentes solutions de fixation des modules solaires.

Mots clés : liste de contrôle de l'installation solaire, fixation des modules, fixation sur mât, protection contre la foudre, protection contre les surtensions, épissurage des câbles, protection contre la marche à sec

6.1 Installation du système de pompage

Le matériel de qualité est livré dans les emballages d'origine du fabricant. La marque et le modèle des équipements sont clairement indiqués sur des étiquettes apposées sur les cartons. Il convient de vérifier les emballages pour s'assurer qu'ils ne sont pas endommagés et qu'ils contiennent tout le matériel commandé.

En règle générale, les équipements doivent porter une plaque signalétique qui permet de vérifier qu'ils correspondent aux commandes (voir la figure 6.1). Cette plaque comprend toutes les informations importantes telles que le modèle de l'équipement et sa puissance nominale. Une liste de colisage est utile pour vérifier la livraison de tout le matériel commandé.

Comme indiqué dans le chapitre 10, il est important de vérifier les fournisseurs des équipements. Les plaques signalétiques et les codes barres peuvent être falsifiés et il convient de s'assurer que les fournisseurs sont agréés par les fabricants et fournissent réellement leurs produits afin d'éviter le risque d'acheter des contrefaçons.

Il est indispensable d'inspecter tous les composants avant le début de l'installation pour s'assurer qu'ils ne présentent pas de dommages apparents (ayant pu se produire pendant le transport) et qu'ils correspondent aux paramètres de conception. Des erreurs peuvent être commises lors du chargement des produits dans les entrepôts des fournisseurs, entraînant par exemple la livraison d'un onduleur erroné. Une vérification initiale est donc nécessaire pour éviter des incidents tels que des pannes d'équipement, qui peuvent occasionner des pertes de temps et d'argent.

Figure 6.1 Exemples de plaques signalétiques d'un module PV (à gauche) et d'un contrôleur solaire (à droite)
Source : Davis & Shirtliff Ltd

Même les composants de qualité peuvent connaître des défaillances s'ils ne sont pas correctement installés et entretenus. L'installation doit toujours être effectuée par des techniciens qualifiés et formés à cet effet, qui adopteront toutes les précautions élémentaires en matière de sécurité afin d'assurer une installation sécurisée et professionnelle. Le manuel d'installation et d'utilisation correspondant de l'équipement doit être consulté. Ce manuel est généralement fourni par le fabricant avec l'équipement. Les instructions et les recommandations qui y figurent doivent être rigoureusement suivies pour éviter des erreurs inutiles qui pourraient provoquer une panne. Même les techniciens expérimentés qui ont déjà installé des systèmes similaires doivent consulter les instructions données par les fabricants, qui apportent souvent des changements à leurs produits, ajoutant ainsi au manuel de nouvelles instructions que les techniciens qualifiés ne connaissent pas.

> Une liste de contrôle élaborée par des techniciens d'exploitation de l'eau afin de superviser l'installation réalisée par le maître d'œuvre privé est fournie à l'annexe J.

Les fabricants réputés garantissent leurs produits mais cette garantie peut être annulée si le disfonctionnement est dû à des erreurs d'installation, c'est-à-dire si les instructions données par le fabricant n'ont pas été suivies. De plus, les erreurs d'installation compromettent la sécurité des opérateurs, entraînant des risques de décharge électrique qui peuvent être mortels ainsi que des dangers pour l'environnement.

Outre les instructions d'installation des équipements, il convient de respecter les règlements locaux/nationaux relatifs aux systèmes de pompage solaire, les règles de sécurité électrique, les codes de bonnes pratiques, l'évaluation des conditions locales (vol, inondation, foudre, etc.) et toute autre norme institutionnelle minimale de l'organisme de mise en œuvre. Toutes les installations de SPS doivent être conformes au minimum à la norme CEI 60364-7-712.

Un disfonctionnement d'équipement se produisant juste après l'installation est souvent dû à des erreurs courantes telles qu'un mauvais épissurage des câbles, des connexions de câble mal serrées ou le câblage incorrect d'un module PV produisant une tension élevée qui peut faire griller l'onduleur. Tout cela peut être facilement évité par l'adoption des précautions requises.

Pour faciliter la supervision de l'installation, une liste de contrôle est disponible à l'annexe J, dans la section « Resources » du site web de Global WASH Cluster (GLOSWI, 2018c) ou sur Energypedia (2020). Elle permet de contrôler la qualité de l'installation et d'assurer la conformité aux exigences et aux normes de conception.

Une fois l'installation terminée, le site doit être soigneusement déblayé afin de retirer tous les débris, outils et équipements pouvant entraîner des risques pour les opérateurs et diminuer les performances du système.

6.2 Séquence et procédure d'installation

D'après l'expérience sur le terrain, la procédure d'installation recommandée du système de pompage consiste à installer en premier lieu la pompe, puis toutes les commandes (interrupteur de déconnexion, boîtiers de raccordement, contrôleur) ainsi que le câblage, et finalement la structure de fixation et les modules solaires.

L'équipe d'installation doit disposer des outils appropriés afin de réaliser un travail professionnel. Ces outils comprennent une pince ampèremétrique CC et CA, un multimètre (minimum 1 000 VCC), un testeur photovoltaïque (minimum 1 000 VCC), une pince à dénuder, une pince à sertir et un compas. D'autres outils facultatifs sont notamment un inclinomètre et un solarimètre.

6.2.1 Épissurage des câbles et protection contre la marche à sec

Un kit d'épissurage homologué pour usage immergé et adapté à la taille du câble doit être utilisé pour raccorder le câble submersible au câble de sortie du moteur. Ce kit d'épissurage est également utilisé dans les systèmes de pompage conventionnels et n'est donc pas spécifique aux SPS. Le fabricant fournira un étiquetage ou un code couleur des câbles du moteur pour un séquençage correct du câblage.

> L'épissurage des câbles est l'une des tâches critiques de toute l'installation. Toute négligence au cours de cette opération peut entraîner un disfonctionnement immédiat ou futur.

Il convient de demander au fournisseur/installateur engagé de réaliser l'épissurage des câbles dans son atelier et de tester la pompe avant la livraison sur site. Comme des dommages peuvent se produire durant la manutention et le transport, les connexions et épissures de câbles doivent également être vérifiées sur site avant de descendre la pompe, en effectuant des essais de continuité et de résistance sur le moteur et le câblage. Il est également souvent possible de tester un petit groupe motopompe dans un bidon/seau d'eau en le raccordant à une branche de modules non montés, posés sur le sol. Cela permet de détecter des problèmes éventuels avant l'installation, évitant ainsi la perte de temps occasionnée par l'installation d'une pompe défectueuse.

Les pompes immergées doivent être entièrement plongées dans l'eau pour fonctionner. Pour les pompes de surface, le tuyau d'aspiration doit être rempli d'eau. Il est essentiel d'installer dans tout groupe motopompe un capteur anti-marche à sec, qui déconnecte l'alimentation électrique de la pompe lorsque le niveau du point d'eau tombe en dessous d'un seuil prédéfini. Différents types de dispositif anti-marche à sec sont disponibles, parmi lesquels des sondes de puits et des capteurs d'eau/électrodes. Ces capteurs sont reliés par un câble à l'entrée de capteur correspondante du contrôleur solaire. L'absence d'une protection contre la marche à sec peut entraîner une défaillance prématurée de la pompe.

6.2.2 Installation de la pompe

Pompes immergées. Il est particulièrement important de commencer par l'installation de la pompe pour les systèmes de pompage immergés convertis à l'énergie solaire, car il est nécessaire de retirer la pompe existante afin de l'équiper d'un capteur anti-marche à sec. Il n'est pas inhabituel de constater que les spécifications de la pompe existante sont différentes de celles indiquées lors de la phase de conception. Si la pompe est plus petite que prévu, par exemple, des modèles plus petits de générateur solaire PV et de contrôleur devront être installés et pourront être échangés par le maître d'œuvre.

On peut même avoir des surprises avec un nouveau système de pompage, par exemple un puits de forage plus petit que prévu, nécessitant donc une pompe, des modules PV et un onduleur de taille inférieure, ou un puits de forage qui n'est pas d'aplomb et qui empêche donc la pompe de descendre dans le forage, ou encore un forage sec qui oblige à abandonner le projet.

De telles différences peuvent être corrigées assez facilement si l'on a commencé par installer la pompe, mais ce ne sera pas possible si des travaux d'installation importants ont déjà été réalisés dans le système PV.

En ce qui concerne le choix d'un nouveau système ou la conversion d'un système existant, la décision pertinente peut être prise une fois que toutes les informations sur le système ont été recueillies et que les avantages potentiels ont été considérés. Dans certains cas, la pompe existante est neuve, ce qui évite d'avoir à la remplacer. S'il s'agit d'une vieille pompe dont l'état est douteux, l'achat d'une pompe neuve peut être nécessaire. Dans ce cas, il est

Figure 6.2 Installation d'une pompe à l'aide d'un treuil hydraulique
Source : Davis & Shirtliff Ltd

important de s'assurer que la pompe qui sera alimentée à l'énergie solaire peut fonctionner à une vitesse variable, est correctement dimensionnée par rapport à la demande prévue, assure une conception optimale par rapport au nombre de modules et à la taille de l'onduleur nécessaires, ne compromet pas la garantie des équipements (p. ex., il se peut que certains fournisseurs ne garantissent pas leurs onduleurs s'ils sont installés avec des pompes d'autres fournisseurs) et ne compromet pas la garantie de performance du système.

Les décisions de dernière minute concernant la taille de la pompe par rapport au diamètre du puits ont été une source de préoccupation (en raison des coûts de transports supplémentaires, du retard du projet, du mécontentement des usagers et de l'embarras occasionné) pour de nombreuses agences qui ne l'avaient pas prise en compte en amont. Il convient de vérifier les dimensions de la pompe avant tout achat pour s'assurer que la pompe (y compris le protège-câble) et le moteur peuvent entrer dans le puits. La distance minimum entre la pompe et le tubage du puits est généralement spécifiée par le fabricant.

L'installation d'une pompe immergée s'effectue normalement à l'aide d'un treuil hydraulique qui descend la pompe dans le puits (figure 6.2 supra). Les petites pompes peuvent être installées dans des puits peu profonds à la main ou à l'aide d'un simple système de poulie et de corde. Dans les forages profonds, l'opération d'installation est plus complexe et des problèmes tels que des chocs contre les parois du puits, l'abrasion du câble et, dans le pire des cas, le blocage ou le décrochage de la pompe dans le puits ont été rencontrés. Pour éviter ces problèmes, des installateurs professionnels ou des opérateurs maîtrisant bien le procédé doivent être engagés car ils connaissent les mesures à prendre pour installer la pompe de façon qu'elle soit bien alignée et ne subisse pas de dégâts.

La taille et le type de tuyau retenus durant la phase de conception pour calculer les pertes de charge doivent être utilisés dans l'installation. L'utilisation d'un tuyau plus petit ou plus rugueux diminuera les performances de la pompe. Le câble submersible doit être fixé sur la pompe au moyen de serre-câbles en plastique afin d'éviter qu'il ne bouge et soit trop tendu.

Il est important de savoir que la position de la pompe immergée dans le puits a des conséquences sur sa longévité. La pompe immergée doit être installée :

- suspendue dans le puits pour éviter tout contact avec le sable et la boue au fond du puits ;
- en dessous du niveau d'eau dynamique pour éviter l'arrêt de la pompe dû à un faible niveau d'eau lors d'un pompage prolongé ;
- au-dessus de l'aquifère principal pour favoriser un refroidissement suffisant grâce à la circulation d'eau autour du moteur ;
- dans un tubage plein pour assurer un refroidissement adéquat, éviter les turbulences dans l'orifice d'aspiration et empêcher la pénétration de sable dans la pompe.

Une bonne circulation d'eau autour du moteur pendant le fonctionnement est particulièrement importante pour les pompes immergées afin d'assurer le refroidissement nécessaire du moteur et prolonger sa durée de vie.

Les pompes immergées sont parfois installées avec un filin en acier inoxydable pour plus de sécurité. Cela évite que la pompe ne tombe dans le puits en cas de corrosion des tuyaux ou de fragilité imprévue de la tuyauterie. Les tuyaux de refoulement en plastique doivent toujours être installés avec un filin de sécurité. L'ensemble du forage doit être surmonté d'une tête de puits en acier suffisamment solide pour supporter toute l'installation.

> Un manchon de refroidissement peut être utilisé pour un refroidissement adéquat lorsque la pompe ne peut être installée au-dessus de l'aquifère principal et à l'intérieur d'un tubage plein.

De série, les pompes immergées sont équipées d'un clapet anti-retour dans l'orifice de refoulement afin d'éviter que l'eau qui se trouve dans le tuyau ne reparte dans le puits lorsque la pompe s'arrête.

Pompes de surface. Les pompes de surface sont montées/boulonnées sur une dalle (plateforme) en béton de taille adéquate et assez solide pour supporter le poids et les vibrations de la pompe pendant le fonctionnement (voir la figure 6.3). Les pompes de surface étant dotées d'un système de refroidissement à air, une ventilation suffisante doit être assurée pour une bonne circulation d'air. Le corps extérieur des pompes de surface ne doit pas être en contact avec l'eau. Les pompes installées en plein air doivent être protégées de la pluie et de la lumière directe du soleil afin de prolonger leur durée de vie et de réduire les opérations d'entretien.

Les pompes de surface doivent être installées près du point d'eau, dans la limite de la hauteur d'aspiration de la pompe (voir annexe A). Il convient de réduire au minimum les coudes, les clapets et les raccords dans la partie aspiration de la pompe car ils diminuent la capacité d'aspiration de la pompe. Les coudes prononcés et les rétrécissements (p. ex., des réductions de diamètre) doivent également être évités dans la partie aspiration. En règle générale, les pompes solaires de surface doivent être installées le plus près possible du point d'eau, même si elles sont capables de puiser de l'eau plus en profondeur. Une faible hauteur d'aspiration améliore considérablement le débit journalier et la fiabilité opérationnelle. Les pompes de surface doivent être amorcées avant d'être mises en service, c'est-à-dire que le tuyau d'aspiration doit être rempli d'eau pour que la pompe puisse fonctionner. Pour empêcher l'eau de retourner dans le puits quand on arrête la pompe, un clapet de pied ou un clapet anti-retour est placé à l'extrémité du tuyau d'aspiration, afin que

Figure 6.3 Pompes de surface horizontales installées sur une dalle en béton à la station de pompage d'Itang, Éthiopie

celui-ci soit toujours plein d'eau. En l'absence du clapet de pied/anti-retour, le tuyau d'aspiration devra être amorcé à la main (rempli d'eau) à chaque démarrage de la pompe.

Afin d'empêcher la cavitation dans une pompe de surface (voir section 3.3.1, « Pompes de surface ou immergées »), il convient de prendre les mesures suivantes dans la partie aspiration :

- La hauteur d'aspiration maximale de la pompe doit être respectée (annexe A) par rapport à la hauteur d'aspiration nette positive (NPSH) de la pompe spécifiée sur la fiche technique du fabricant. La NPSH disponible à l'emplacement de la pompe doit toujours être supérieure à celle spécifiée pour la pompe afin d'éviter la cavitation.
- Il convient de minimiser les frictions dans la partie aspiration. Les coudes prononcés doivent être évités (angle de 45° au lieu de 90°, coudes à rayon long plutôt que court) ; le tuyau d'aspiration ne doit pas être trop long (10–20 m maximum) ; le nombre de coudes doit être réduit au minimum (un seul de préférence ou aucun si possible) ; et le diamètre du tuyau d'aspiration doit être suffisant (jamais inférieur au diamètre de l'orifice d'aspiration de la pompe).
- L'étanchéité du tuyau d'aspiration doit être maintenue en permanence, c'est-à-dire qu'il ne doit pas y avoir de fuites d'eau.

Les questions liées à la cavitation et à la hauteur d'aspiration minimale ne sont pas décrites en détail ici car elles sont communes à toutes les pompes mécanisées, quelle que soit la source d'alimentation. Cependant, ces deux aspects sont très variables dans le pompage solaire parce que la puissance, la pression et le débit changent constamment. L'installation de pompes solaires de surface exige une conception assistée par ordinateur, qui permet au concepteur d'analyser le comportement du système dans toutes les conditions de fonctionnement.

6.2.3 Installation des dispositifs de commande

Il est également recommandé d'installer les dispositifs de commande avant les modules PV. Ces dispositifs, en particulier l'interrupteur de déconnexion/isolement CC (voir la section 3.4.2), permettent en effet de traiter la tension et l'intensité élevées produites par les modules, qui seraient autrement impossibles et dangereuses à contrôler (voir la figure 6.4).

Le contrôleur solaire doit être bien ventilé et, en fonction du type de boîtier et de la classe de protection, protégé d'éléments tels que la pluie, la poussière et le soleil. Certains fabricants fournissent des contrôleurs classés IP66, ce qui signifie qu'ils sont protégés contre les éclaboussures d'eau et la poussière. Toutefois, ils ne doivent jamais être immergés dans l'eau.

Les contrôleurs doivent être placés le plus près possible du générateur PV afin de réduire au minimum les pertes dans le câblage (chutes de tension) dans la partie CC. Une distance trop longue entre le contrôleur et le moteur provoque

Figure 6.4 Dispositifs de commande installés (de gauche à droite) : commutateur CA, onduleur, parasurtenseur, interrupteur de déconnexion PV

des harmoniques qui exigent d'installer un filtre pour éviter d'endommager la pompe et le contrôleur (voir le filtre sinusoïdal dans la section 3.4.5). Ces dispositifs sont généralement installés sous la structure du module solaire, ce qui permet de bien les protéger de la pluie et de la lumière directe du soleil, ou bien dans un petit poste de commande près des panneaux solaires, fixés à une hauteur minimum d'environ 1,5 m du sol. S'ils sont installés dans un local, la ventilation doit être suffisante pour permettre la circulation d'air et refroidir correctement l'onduleur.

Les contrôleurs ne doivent jamais être installés dans une armoire totalement fermée car cela pourrait provoquer une surchauffe et un fonctionnement non optimal. S'il existe des risques de vol ou de vandalisme, l'onduleur peut être placé dans une armoire grillagée verrouillable, comme le montre la figure 6.5. Cette armoire doit être perforée en haut et en bas pour que l'air circule correctement derrière l'onduleur et assure son refroidissement. En cas de doute, il convient de consulter les manuels du fabricant.

Le contrôleur de pompe solaire est conçu pour alimenter un seul et unique système de pompage. Aucune autre charge ne doit être raccordée au contrôleur solaire en dehors de la pompe. De même, le générateur PV décrit dans cet ouvrage est conçu pour alimenter uniquement la pompe, aucune autre charge ne devant donc y être branchée.

Figure 6.5 Onduleur installé dans une armoire grillagée verrouillable sous le groupe PV à Turkana, Kenya
Source : Oxfam

6.2.4 Câblage

Les câbles reliant la pompe, les dispositifs de commande et le générateur PV doivent être correctement dimensionnés, comme expliqué à l'annexe D. Pour une terminaison correcte des câbles du moteur et du contrôleur, il convient de consulter les manuels du moteur et de l'onduleur afin de respecter le séquençage requis. Les normes CEI 60364-7-712, 60947-1 et 62253 sont les principales références à cet effet.

Les terminaisons de câbles CC doivent être réalisées de façon que l'installateur n'ait jamais à travailler dans une enceinte ou dans une situation où la partie positive et la partie négative sous tension d'une branche PV sont simultanément accessibles.

Un câble submersible étanche doit être utilisé à l'intérieur du puits et doit être protégé contre les dommages matériels, tout particulièrement à l'endroit où il est en contact avec le puits de forage. Il doit être fixé au tuyau de refoulement à l'aide de serre-câbles afin d'éviter une tension excessive. Un kit d'épissurage de type et de taille appropriés doit être utilisé pour raccorder le câble submersible au câble de sortie du moteur. Cela doit être fait par un technicien expérimenté afin de garantir une connexion sécurisée. Les instructions d'épissurage des fabricants doivent être scrupuleusement respectées. Le poids de la pompe doit être supporté par un tube rigide (p. ex., un tube en acier) et non par le câble électrique de la pompe. Un filin de sécurité séparé, résistant à la corrosion, doit être utilisé pour supporter la pompe si l'on utilise des tuyaux en plastique. Le câble de la pompe ne doit jamais être utilisé pour sortir la pompe du puits car cela endommagerait le câble.

Les câbles de surface doivent être homologués pour un usage à l'extérieur (p. ex., câble blindé) ou une installation dans un conduit électrique. Pour des raisons de sécurité, les câbles de surface doivent toujours être enterrés à une profondeur minimum de 0,5 m à un endroit non inondable. Les presse-étoupes doivent être correctement dimensionnés pour bien sceller les câbles et empêcher la pénétration de poussière, d'insectes, de rongeurs et d'humidité pouvant occasionner des dégâts.

Toutes les connexions doivent être réalisées dans des boîtiers de jonction facilement accessibles afin qu'elles puissent être inspectées, réparées et sécurisées mécaniquement. Toutes les connexions électriques doivent être protégées contre la pénétration d'eau, de poussière et d'insectes.

Une bonne gestion du câblage est importante dans toute installation professionnelle. Cela contribue également à la prévention d'accidents physiques (p. ex., trébuchement sur un câble) et électriques (p. ex., courts-circuits dus à la superposition de câbles). Des exemples de bonne et de mauvaise gestion du câblage sont illustrés par les figures 6.6 et 6.7.

6.2.5 Structures de fixation des modules

Différents types de structure de fixation de module sont disponibles dans le commerce ou peuvent être fabriqués localement. Les fixations au sol et sur mât sont les plus courantes dans les systèmes hors réseau, notamment en milieu rural où se déroulent la plupart des opérations humanitaires et de développement.

Fixation au sol. La structure est directement ancrée au sol, soit coulée dans du béton, soit boulonnée sur un bloc de béton armé. Il s'agit de la configuration la plus solide car elle ne dépasse pas 1 m de hauteur et est donc moins sensible au vent. L'installation au sol a l'avantage d'être facilement accessible pour l'entretien, mais les modules sont exposés au vol et au vandalisme (voir des exemples de structures fixées au sol sur les figures 6.8 et 5.9.)

Fixation sur mât. Les modules sont montés sur des mâts ancrés au sol dans du béton armé et surélevés (normalement à plus de 1,5 m du côté le plus bas) (voir la figure 6.9). Il convient de tenir compte du fait que cette structure est davantage sensible au vent pour déterminer la taille des éléments structurels.

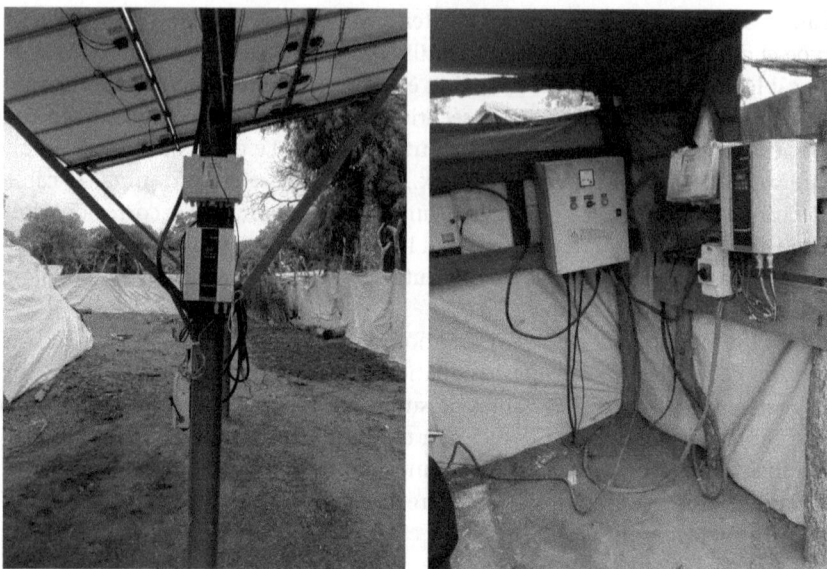

Figure 6.6 Exemples de mauvaise gestion du câblage au Soudan du Sud

Figure 6.7 Exemples de bonne gestion du câblage au Soudan du Sud et en Tanzanie respectivement

La fixation sur mât offre une sécurité contre le vol et le vandalisme mais elle est plus coûteuse et d'accès plus compliqué pour l'entretien. Cette configuration est adaptable du fait qu'elle peut être construite sur tout type terrain, l'orientation et l'inclinaison peuvent être optimisées et les modules peuvent être placés assez haut pour dissuader les voleurs. L'entretien peut être difficile car les modules sont généralement surélevés par rapport au sol. En raison du vent, cette structure peut connaître davantage de problèmes si elle n'est pas correctement conçue et installée. Un contreventement adéquat doit être prévu pour empêcher l'oscillation. Le béton des semelles doit être correctement mélangé et durci pour assurer la résistance du support au vent et à la pluie. La plupart des problèmes structurels observés sur le terrain concernent des fixations sur mât.

Figure 6.8 Structure fixée au sol dans le camp de réfugiés de Kawrgosk

Figure 6.9 Modules PV fixés sur des mâts dans le camp de réfugiés de Bidibidi, Ouganda

Fixation sur toiture. La structure est montée sur une toiture existante, plane ou inclinée, souvent dans la même direction et selon la même inclinaison que la toiture (voir la figure 6.10). Le montage sur toiture a l'avantage d'occuper moins de terrain (voire pas du tout si la toiture existante est suffisante) mais sa faisabilité dépend de la toiture du fait qu'il n'est pas toujours possible d'optimiser l'orientation/inclinaison, ce qui entraîne des pertes d'énergie qui doivent être prises en compte dans les calculs de puissance solaire. Les installations sur toiture sont difficiles d'accès pour l'entretien.

Figure 6.10 Modules fixés sur la toiture plane d'un réservoir à Gaza

Figure 6.11 Installation combinée sur toiture et sur mâts dans le système de pompage de l'OIM, extension du camp de réfugiés de Kutupalong Balukhali (photo de couverture)
Source : OIM Bangladesh

Pieux vissés. Cette méthode relativement récente ne nécessite pas d'excavation, de bétonnage ni de remplissage. Les mâts de fixation (pieux vissés) sont simplement enfoncés dans le sol, ce qui perturbe très peu le sol et la végétation (voir la figure 6.12). Ils ont l'avantage d'être réutilisables et d'être faciles à installer et à retirer. Cependant, ils ne peuvent être installés que sur des types de sol stables, dans des zones non rocheuses.

Fixation sur réservoir en hauteur. Les modules sont parfois installés sur un réservoir en hauteur afin de renforcer la sécurité, de réduire les coûts et de mieux utiliser l'espace (voir la figure 6.13).

Les systèmes de suivi solaire, abordés dans la section 7.3, sont installés uniquement sur des mâts afin de pouvoir modifier la position des modules selon la trajectoire journalière et saisonnière du soleil et de maximiser ainsi le rendement énergétique. Les suiveurs peuvent pivoter sur un seul axe (variations saisonnières) ou sur deux axes (variations journalières et saisonnières). Ils étaient auparavant plus courants sur les sites en altitude et moins utilisés sous les tropiques, où ils sont devenus de plus en plus rares en raison de la diminution du coût des modules PV, le surdimensionnement du générateur PV étant aujourd'hui plus rentable que l'installation de suiveurs. Les suiveurs sont en outre déconseillés en raison de leur prix élevé et de la maintenance requise, qui est difficile dans les régions isolées.

Les facteurs à prendre en compte pour l'installation de la structure sont les suivants :

- *Localisation.* L'angle d'inclinaison de la structure doit être égal à la latitude du site (l'angle d'inclinaison minimum étant de 15 degrés pour que la pluie nettoie les modules) et les panneaux doivent être orientés vers l'équateur. Lorsqu'il existe un risque élevé d'arrachage de modules par des vents violents, l'angle d'inclinaison doit privilégier la résistance des modules au vent.
- *Ombrage.* La structure doit être installée à l'écart des ombres projetées par des obstacles tels que des arbres, des bâtiments ou des câbles aériens.
- *Conditions du sol.* Le sol doit être assez ferme pour supporter le poids de l'ensemble du système. La profondeur des fondations et le coffrage en béton doivent être suffisants pour supporter la structure en fonction du type de sol.
- *Pluie.* Pour les structures fixées sur mât et au sol, les montants de fixation métalliques doivent être scellés dans du béton à une hauteur supérieure au niveau de crue afin d'empêcher la corrosion en cas d'inondation.
- *Température.* Les modules doivent être suffisamment espacés en prévision de l'expansion et du mouvement des modules dus aux variations de température (voir la section 6.2.6).
- *Corrosion.* Des mesures doivent être prises contre la corrosion, en particulier pour les structures en acier doux ; des crochets et des boulons en acier inoxydable doivent être utilisés pour empêcher la corrosion sur le point de contact. La structure doit être correctement traitée et protégée contre des facteurs environnementaux tels que la pluie, l'humidité et la salinité, qui pourraient compromettre son intégrité structurale.

Figure 6.12 Exemple de structure sur pieux vissés

Figure 6.13 Structure installée sur un réservoir dans un camp de PDIP près de Maiduguri, Nigéria

Les études effectuées dans plusieurs pays de régions équatoriales montrent que les structures de fixation mal conçues et installées sont sujettes à des problèmes. Ces problèmes (affaissement ou effondrement total) peuvent survenir dans des conditions de charge normales si les fondations ne sont pas assez profondes, en particulier pour les structures fixées sur des mâts (figure 6.14). Pour réduire ces risques de problèmes graves, les fondations doivent être conçues pour supporter les charges ponctuelles et les charges de vent déterminées suivant les normes et les codes de conception pertinents.

6.2.6 Installation des modules solaires

Le montage des modules solaires sur la structure de fixation est la dernière étape de l'installation mécanique du système PV. Tous les dispositifs de commande et l'ensemble du câblage doivent être installés avant cette phase. Cela permettra d'assurer l'isolation électrique du système CC (au moyen de l'interrupteur de déconnexion CC et des connecteurs de câbles des modules PV) pendant l'installation du groupe, ainsi que l'isolation électrique du groupe PV au cours de l'installation de l'onduleur.

Les modules solaires doivent être montés sur leurs rails et solidement fixés à l'aide de boulons, de crochets en J ou de vis unidirectionnelles à travers les orifices de fixation. Des étriers peuvent également être utilisés mais ils ne doivent pas entrer en contact avec le vitrage du module ou lui faire de l'ombre. Les modules doivent être installés à un endroit dégagé, sans ombrage. Un espace minimum d'environ 10 mm doit être laissé entre les modules pour permettre leur expansion et leur aération. Le module doit être fixé aux quatre coins pour empêcher qu'il soit arraché du support par le vent à cause d'un boulonnage incorrect (voir la figure 6.14).

Une fois tous les modules solidement fixés à la structure, les bornes négatives et positives du circuit autonome du groupe PV sont reliées à l'interrupteur de déconnexion CC et/ou au coffret de raccordement, sans procéder à l'interconnexion des modules. À noter que, contrairement à l'étape d'interconnexion ultérieure des modules, durant laquelle l'installateur devra manipuler des câbles sous tension, il n'y a pas de possibilité de décharge électrique en provenance de la branche PV partiellement installée, du fait que le circuit est coupé au niveau de l'interrupteur de déconnexion CC. La tension maximale d'une éventuelle décharge électrique est celle d'un module PV individuel.

L'interconnexion est effectuée au moyen des bornes de câble mâle/femelle à l'arrière des modules, qui doivent être bien enfoncées dans les deux sens afin d'assurer fermement la connexion (voir la figure 6.15). Un connecteur de type MC3 ou MC4 peut être utilisé, mais le premier n'est pratiquement plus employé. Avant de brancher les modules, il convient de s'assurer que les contacts ne présentent pas de signes de corrosion et qu'ils sont propres et secs. Les modules sont connectés en série afin d'augmenter la tension de fonctionnement en raccordant la prise mâle positive d'un module à la prise

Figure 6.14 Effondrement d'une structure sur mâts, Yida, Soudan du Sud (à gauche), modules arrachés par le vent à Fafen, Éthiopie (à droite)

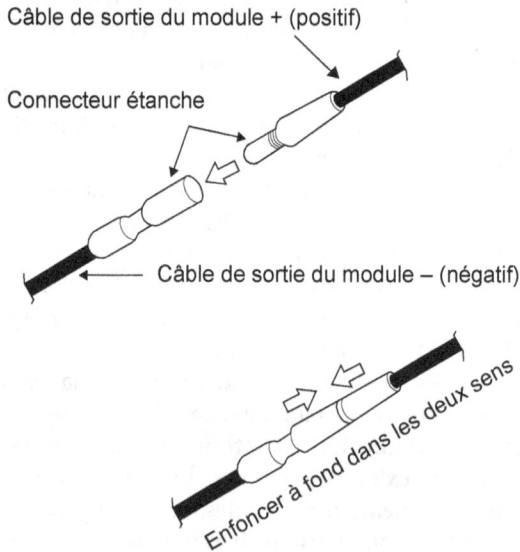

Câble de sortie du module + (positif)

Connecteur étanche

Câble de sortie du module − (négatif)

Enfoncer à fond dans les deux sens

Figure 6.15 Branchement correct des connecteurs rapides MC3 d'un module solaire

femelle négative du suivant (comme indiqué dans la section 5.3.5). La tension du système est déterminée par le contrôleur CC ou l'onduleur, comme indiqué à l'annexe B, mais doit être inférieure à la tension maximale du système admise par le module, qui est généralement de 1 000 V. Certains modules récents admettent une tension maximale de 1 500 V.

Il convient de vérifier la tension de chaque branche avant de procéder à une connexion en parallèle. Tout écart de plus de 10 V relevé entre des branches doit être corrigé avant de réaliser le raccordement.

L'interconnexion des modules se fait de façon alternée, de sorte qu'une borne du premier module est reliée à une borne du troisième module, tandis que l'autre borne du premier module est raccordée à une borne du deuxième module. L'autre borne du deuxième module est branchée sur la première borne du quatrième module, tandis que l'autre borne du troisième module est raccordée à une borne du cinquième module. Cette séquence est répétée jusqu'à la fin de la branche (voir la figure 6.16). L'objectif de cette connexion alternée est d'obtenir une borne positive et une borne négative libres (bornes du circuit autonome) du même côté de la branche au lieu d'avoir les deux bornes des côtés opposés, réduisant ainsi le câble CC et la distance à parcourir jusqu'au boîtier de déconnexion.

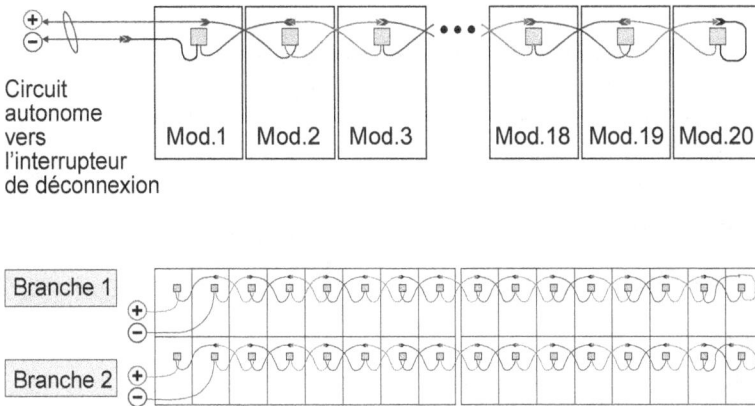

Figure 6.16 Connexion alternée des modules

Il convient d'adopter la séquence optimale en fonction de l'emplacement des dispositifs de commande. Par exemple, si l'onduleur est placé au milieu, sous les panneaux, les connexions seront réalisées de façon que la borne positive et la borne négative se rejoignent au milieu du groupe.

Les vérifications suivantes doivent être effectuées durant l'installation des modules :

- aucun module n'est endommagé, p. ex. la vitre recouvrant le module n'est pas cassée, les bornes des câbles ne présentent pas de coupures ou d'éraflures ;
- tous les modules ont les mêmes caractéristiques (modèle, intensité, tension et puissance identiques) ;
- chaque branche comprend le même nombre de modules ;
- la tension de chaque branche est la même. Cela permet de vérifier s'il y a des erreurs de câblage des modules et de s'assurer que la tension correcte parvient à l'onduleur ;
- les câbles ne pendent pas ou ne sont pas emmêlés dans des plantes, mais bien fixés à la structure métallique à l'aide de serre-câbles en plastique. Les câbles ne doivent pas être en contact avec le dos des modules car ils pourraient surchauffer et fondre (voir la figure 6.17) ;

- Les bornes positives et négatives du circuit autonome sont clairement étiquetées avec des marques positives et négatives ou au moyen de codes couleur ;
- les cornières qui maintiennent les modules doivent être installées de façon à ne pas entraîner d'obstruction ou projeter d'ombre sur les cellules solaires.

Un couloir d'entretien doit être aménagé pour le nettoyage et les autres opérations de maintenance, telles que le remplacement d'un module et l'inspection du câblage (voir des exemples sur les figures 6.18 et 6.19). C'est particulièrement important dans les endroits poussiéreux et sur les sites où les panneaux ne sont pas nettoyés par la pluie.

Figure 6.17 Exemple de câbles de modules mal et bien ordonnés

Figure 6.18 Couloir de maintenance entre des modules montés sur toiture à l'université de Strathmore, Kenya

Figure 6.19 Couloir de maintenance dans une installation au sol à Koboko, Ouganda

6.3 Mise à la terre et protection contre la foudre et les surtensions

Les fortes pointes de tension provoquées par la foudre sont l'une des causes les plus fréquentes de panne électronique dans les installations extérieures. De même, les surtensions dues à la foudre entraînent souvent des pannes de contrôleur dans les SPS.

La probabilité d'un coup de foudre sur une installation PV dépend de la taille et de l'emplacement du système ainsi que de la fréquence des orages dans la région. L'installation d'un système PV n'augmente pas la probabilité d'un coup de foudre.

Un système PV peut produire un courant et une tension élevés qui peuvent être dangereux s'ils ne sont pas correctement traités. Pour parer à ces risques et assurer la sécurité du système, tous les équipements et circuits PV exposés ou accessibles doivent être correctement mis à la terre (à la masse). Cela réduit le risque de décharge électrique pour le personnel et les effets de la foudre et des surtensions sur le matériel.

La mise à la terre ou à la masse doit être conforme aux normes CEI 60347-7-712 et 62548 et aux exigences du code électrique national. En résumé, les aspects généraux à prendre en compte pour la protection des systèmes PV contre les surtensions sont les suivants :

- *Parafoudre.* Un parafoudre doit être installé à l'endroit le plus élevé du site du SPS et relié à une tige de mise à la terre conductrice en cuivre de 16 mm et de 2,5 m de long, mise à la terre de façon sécurisée au moyen d'un câble en cuivre isolé. Les parafoudres ne doivent pas être en contact physique avec la structure des modules PV.
- *Jonction.* Tous les éléments métalliques exposés (y compris les châssis des modules PV, les structures de fixation métalliques et les enceintes métalliques), les bornes de terre de l'interrupteur de déconnexion et le contrôleur doivent être interconnectés à l'aide d'un conducteur de terre tel qu'un fil de cuivre d'une taille minimum de 6 mm² (AWG#8) et le conducteur doit être relié à une connexion de protection contre le défaut de terre.
- *Mise à la terre.* Une ou plusieurs tiges de mise à la terre conductrices en cuivre de 16 mm et de 2,5 m de long doivent être enfoncées dans la terre et reliées au groupe PV et au contrôleur à l'aide d'un câble de taille suffisante. La tige doit être enfoncée à une profondeur suffisante pour que la majeure partie de sa surface soit en contact avec le sol conducteur (sol humide), de façon qu'en cas de surtension dans la ligne, les électrons puissent être drainés dans le sol avec une résistance minime. Une faible résistance de contact de la terre peut être améliorée en appliquant du carbonate de sodium ou du charbon actif autour de la tige.

Une structure conductrice correctement mise à la terre acheminera la surtension due à la foudre ou la pointe de tension dans la terre (déviera la surtension) et réduira les dégâts potentiels.

La mise à la terre est une opération complexe qui doit toujours être effectuée conformément aux manuels d'installation des fabricants ainsi qu'à d'autres documents plus détaillés comme ceux de la Solar America Board for Codes and Standards (SABCS, 2015).

Les parasurtenseurs assurent une protection supplémentaire des équipements électroniques (voir la figure 6.20). Ils servent à réduire les risques

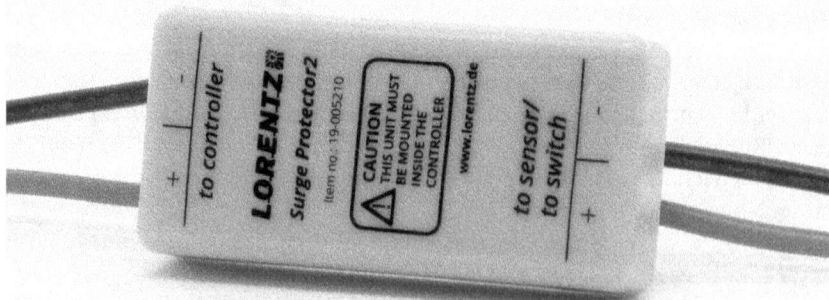

Figure 6.20 Parasurtenseur Lorentz
Source : Lorentz

de dégâts provoqués par la foudre dans les équipements à travers le câblage. Ces dispositifs diminuent considérablement les risques de dégâts mais ne les éliminent pas complètement. Il est conseillé d'installer un parasurtenseur à chaque entrée de capteur dans un système de pompage PV. Ces entrées sont destinées aux capteurs anti-marche à sec, aux interrupteurs de niveau bas/haut et aux pressostats.

Par ailleurs, la probabilité de dégâts provoqués par des coups de foudre de longue portée peut être minimisée en réduisant la distance du câblage entre le groupe PV et le contrôleur ainsi qu'en enterrant tous les câbles exposés au lieu de les acheminer en surface.

6.4 Sécurité électrique

Il convient d'accorder une attention particulière à la sécurité électrique lors de l'installation d'un système de pompage PV en minimisant les dangers et les risques potentiels. Ceci dit, la sécurité à long terme du système commence par une conception correcte, suivie d'une installation, d'une exploitation et d'une maintenance appropriées.

Du fait que l'alimentation PV ne peut pas être coupée, il faut prévoir un moyen d'isoler l'alimentation avant toute intervention sur le système de pompage PV (en installant au minimum un interrupteur CC de puissance appropriée entre les modules PV et l'onduleur). L'absence d'une telle précaution peut occasionner des blessures pour le personnel et des dégâts dans les équipements.

Le marquage des câbles CC est important afin de distinguer aisément les différentes paires de circuits positifs et négatifs. Des panneaux de danger doivent également être placés aux endroits à risque de haute tension. Tous les marquages doivent être clairs, bien visibles et élaborés et fixés de façon à durer et à rester lisibles pendant toute la durée de vie du système.

De plus, lorsque les modules solaires sont installés sur des mâts ou en toiture, le travail en hauteur comporte des risques pour les installateurs et les opérateurs du système. Des mesures pertinentes doivent être prises pour protéger la vie humaine, telles que la formation et la prévention des risques de chute.

La mesure de sécurité la plus importante dans toute installation PV est le facteur humain qui, s'il est négligé, peut provoquer des défaillances et des lésions qui pourraient être évitées. À cet effet, seul le personnel familiarisé avec les tensions de fonctionnement d'un système de pompage PV doit être autorisé à travailler sur les composants sous tension du système (voir la section 11.2.6 pour plus de détails).

CHAPITRE 7

Aspects et contraintes spécifiques au pompage solaire

Ce chapitre analyse un certain nombre de problèmes spécifiques au pompage solaire qui conduisent souvent à des idées fausses et à des erreurs de conception. Ils concernent la chloration variable, le pompage solaire d'eau chaude, le dimensionnement du réservoir, les mesures antivol et le surpompage découlant de l'utilisation de sources d'énergie solaire. Un exemple de kit solaire d'urgence et une sélection des questions les plus fréquemment posées au service d'assistance en ligne pour systèmes solaires géré par les auteurs figurent à la fin du chapitre.

Mots clés : suivi solaire, chloration de l'eau, vandalisme, vol, systèmes de pompage solaire, pompes de dosage, pompage d'eau chaude, surpompage des aquifères, kits solaires d'urgence

7.1 Chloration

Le traitement de l'eau au chlore ou aux composés de chlore est une mesure habituelle dans les opérations humanitaires afin d'assurer la sécurité bactériologique de l'eau potable. La chloration de l'eau s'effectue par ajout d'une quantité fixe de chlore par volume d'eau à traiter. La quantité de chlore à ajouter est déterminée par la qualité et le volume d'eau à traiter (voir Skinner, 2001 pour plus d'informations sur la chloration).

Lorsque l'eau est pompée à un débit fixe, par exemple quand la pompe est connectée à une source d'énergie constante et stable telle qu'un générateur diesel ou un réseau stable, la quantité de chlore à ajouter pour assurer la sécurité bactériologique peut être facilement calculée.

Dans les systèmes de pompage solaire, l'intensité du rayonnement solaire qui frappe les panneaux change plusieurs fois par seconde. En conséquence, le débit d'eau fourni (m^3/h) est fluctuant au cours de la journée. Dans les systèmes de pompage solaire, il convient de tenir compte de cette variabilité du débit d'eau durant la journée et du volume journalier pompé au cours de l'année.

Quatre solutions différentes sont habituellement employées sur le terrain pour résoudre ce problème : chloration du réservoir, doseur mécanique intégré, pompe de dosage à débit variable et doseur de chlore à vanne.

7.1.1 Chloration du réservoir

Le dosage du chlore s'effectue dans le réservoir d'eau. Comme le volume d'eau d'un réservoir plein est connu, il est facile de calculer la quantité de chlore à ajouter.

La chloration du réservoir est une méthode élémentaire qui requiert toutefois une surveillance plus régulière et davantage de ressources humaines.

7.1.2 Doseur mécanique intégré (énergie hydraulique)

Il s'agit d'un dispositif installé dans la conduite allant de la pompe au réservoir d'eau, qui consiste essentiellement en une vanne qui s'ouvre à intervalle régulier pour doser une quantité fixe de chlore qui peut être ajustée manuellement. Plus le débit d'eau est élevé, plus les intervalles d'ouverture de la vanne seront rapprochés et plus la quantité de chlore injectée sera élevée, et vice versa, de sorte que le chlorage est proportionnel au débit d'eau. Un opérateur devra remplir régulièrement le doseur de chlore.

Ce dispositif est facile à installer et à utiliser mais les observations sur le terrain montrent qu'il a tendance à se bloquer de temps à autre au niveau de la mer. Le mélange adéquat du chlore (dissolution complète des granulés) et le positionnement de l'écran du tuyau d'alimentation de façon qu'il ne soit pas en contact avec le fond du réservoir de chlore favorisent une utilisation prolongée et sans problème.

7.1.3 Pompe de dosage à débit variable (énergie électrique)

Il existe un large éventail de pompes de dosage chimique dans lesquelles le débit de dosage du produit (p. ex., du chlore) est ajusté de façon directement proportionnelle aux variations de débit, mesurées à l'aide d'un débitmètre. Cette méthode de commande assure un rapport chlore/eau constant (mg/l) et évite toute variation de la qualité de l'eau fournie (voir Brandt *et al.*, 2017 pour plus de détails).

Outre la présence nécessaire d'un opérateur pour démarrer et arrêter la pompe et remplir le réservoir de chlore – comme pour les chlorateurs intégrés à énergie hydraulique –, un autre inconvénient réside dans l'alimentation électrique requise pour que la pompe de dosage puisse fonctionner. Sachant que le pompage solaire est généralement utilisé quand il n'existe pas de réseau électrique fiable, une autre source d'énergie (normalement un petit panneau et une batterie car ces pompes consomment normalement peu d'énergie) devra être fournie pour un fonctionnement correct. À noter que dans le cas de systèmes hybrides et d'une pompe à eau fonctionnant au-delà de la journée solaire, une autre source d'alimentation sera nécessaire pour la pompe de dosage afin d'assurer le traitement approprié de l'eau.

7.1.4 Doseur de chlore à vanne (manuel)

D'autres solutions conventionnelles observées sur le terrain consistent à installer un tuyau parallèle pour faire passer une partie de l'eau dans un réservoir de chlore (voir la figure 7.1). Une vanne placée dans le tuyau qui passe dans le réservoir de chlore est actionnée manuellement pour limiter le débit d'eau et donc la quantité de chlore injectée dans la conduite principale. Avec un peu d'entraînement et une surveillance attentive du chlore résiduel,

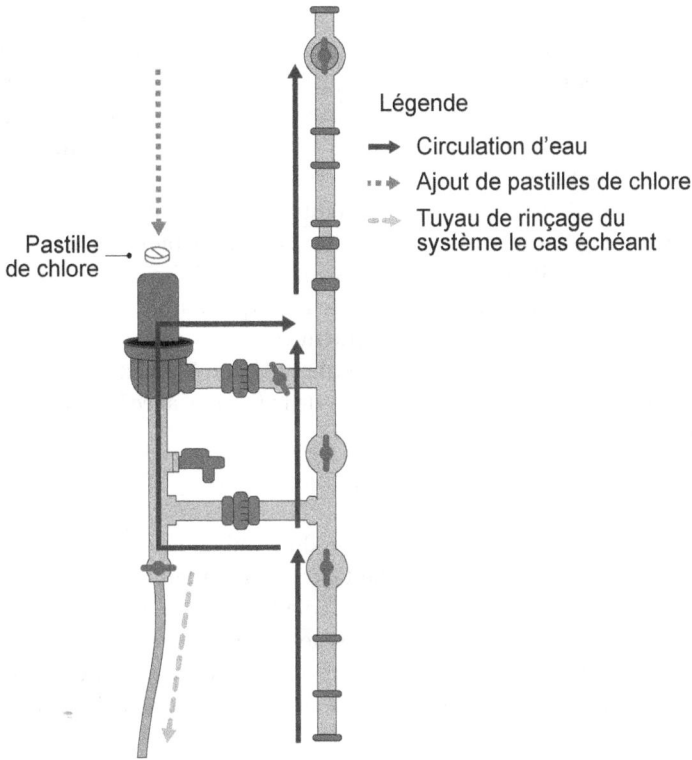

Figure 7.1 Chlorateur à vanne de dérivation

un opérateur expérimenté sera en mesure de savoir si la vanne doit être presque fermée (jours nuageux, avec un débit d'eau plus faible) ou plus ouverte (jours plus ensoleillés).

On peut également installer des systèmes à pastilles et/ou à retenue venturi (voir Skinner, 2001, p. 22–24 pour plus de détails) dans la conduite principale, ou encore une dérivation d'une partie du flux avec un petit flexible raccordé au venturi pour aspirer la solution dans le tuyau. Des vannes peuvent servir à réguler le débit dans le tuyau de dérivation et/ou dans le petit tuyau afin d'obtenir la dose appropriée.

7.2 Détection de réservoir plein éloigné du point d'eau

Les pressostats sont des dispositifs de commande qui ouvrent ou qui ferment des contacts électriques selon les changements de pression. Les sondes à flotteur sont des dispositifs de détection du niveau d'eau à actionnement manuel.

Sur les sites où les réservoirs d'eau sont à quelques mètres seulement du point d'eau, une sonde à flotteur peut être facilement installée dans le réservoir pour détecter le niveau d'eau. Quand le réservoir est plein, un signal électrique est envoyé par l'intermédiaire d'un câble au contrôleur de la pompe pour arrêter celle-ci, et vice versa.

Cependant, lorsque le réservoir d'eau est situé à plusieurs centaines de mètres du point d'eau, cette configuration n'est plus possible car un câble de cette longueur serait trop cher et pourrait attirer la foudre dans certains cas, ce qui entraînerait un danger pour l'ensemble du système de pompage.

Une solution plus pratique dans ce cas consiste à installer un pressostat dans la conduite avec une simple vanne à bille dans le réservoir. Lorsque le réservoir d'eau est rempli, la vanne à bille commence à se fermer et la pression augmente dans la conduite. Quand la pression atteint un certain seuil préétabli, le pressostat envoie un signal électrique au contrôleur de la pompe (situé à quelques mètres seulement) pour arrêter la pompe. Le système se remet en marche automatiquement quand la pression de déclenchement est atteinte. Cette configuration permet d'éviter l'installation d'un long câble entre la vanne à bille et le contrôleur de la pompe, avec les problèmes que cela pourrait occasionner.

7.3 Suivi solaire

Du fait des changements de position du soleil dans le ciel pendant la journée et d'une saison à l'autre, la seule façon de maintenir en permanence l'angle optimal des panneaux par rapport au soleil, et donc de maximiser la production d'électricité et le débit d'eau, consiste à déplacer les panneaux pour suivre la trajectoire du soleil (voir la figure 7.2). Cette fonction est assurée par un dispositif de suivi mécanique installé dans le groupe solaire. Ce dispositif peut augmenter la production d'électricité d'environ 30 %.

Comme indiqué dans la section 5.2, les dispositifs de suivi ont été largement utilisés par le passé mais ils sont rarement employés aujourd'hui dans les applications de pompage solaire, en raison de leur coût élevé et de leur complexité de maintenance et de réparation par rapport à la solution plus économique et plus simple consistant à ajouter des panneaux solaires au groupe. Un dispositif de suivi est donc déconseillé, en particulier dans les opérations humanitaires et sur les sites où l'exploitation et la maintenance des suiveurs ne peuvent être garanties.

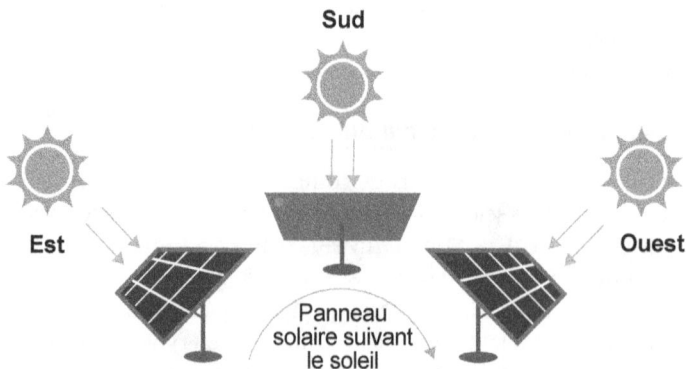

Figure 7.2 Suiveurs solaires : suivi sur deux axes (à gauche) et sur un seul axe (à droite)

7.4 Kits de pompage solaire d'urgence

Les kits de pompage solaire d'urgence sont modulaires, ce qui permet de les installer rapidement et facilement au moment voulu. Cela les rend particulièrement utiles dans les cas où la disponibilité du carburant est limitée ou irrégulière, quand le réseau est instable ou inexistant et lorsque des systèmes d'approvisionnement en eau d'urgence doivent être installés (dans un délai trop court pour une procédure d'achat normale).

Quelques agences du secteur WASH disposant d'une expertise technique interne ont élaboré leurs propres kits. Bien qu'il soit fortement conseillé d'employer un logiciel de conception éprouvé pour dimensionner correctement le système solaire requis dans chaque contexte spécifique, l'équipe de la Global Solar and Water Initiative [Initiative mondiale énergie solaire-eau] a élaboré des guides pour les petits, moyens et grands kits de pompage solaire d'urgence, avec des spécifications techniques (GLOSWI, 2018e).

Cela permet de disposer d'une référence rapide pour une mise en œuvre d'urgence. Les plages de performance de chaque kit sont données à titre indicatif et ne doivent pas être considérées comme les performances réelles du système installé. Ces plages de performance estimées sont résumées dans le tableau 7.1.

Les termes petit, moyen et grand ne se rapportent pas à la taille des systèmes de pompage solaires disponibles dans le commerce mais à la taille des différents kits d'urgence.

Ces tailles de kit sont établies en fonction des modèles les plus courants relevés dans des études sur le terrain de 160 systèmes de pompage dans 55 camps de réfugiés et communautés, situés pour la plupart en Afrique subsaharienne. Des solutions de pompage d'eau plus petites et plus grandes sont proposées par différents fabricants. Des solutions standard allant jusqu'à 75 kW (puissance du moteur) sont fournies par quelques fabricants réputés.

Les estimations de performances de chaque kit (indiquées dans le tableau 7.1) sont définies à l'aide des logiciels de dimensionnement de Lorentz et de Grundfos. Ces logiciels utilisent les estimations à long terme de données solaires et météorologiques provenant de sources officielles telles que la NASA.

Tableau 7.1 Résumé des spécifications de la Global Solar and Water Initiative pour les kits de pompage solaire de petite, moyenne et grande taille destinés à un déploiement rapide

Kit	Plage de débit (m³/h)	Plage de débit journalière (m³/jour)	Plage de HMT (m)	Modèle de pompe Lorentz	Modèle de pompe Grundfos	Panneaux solaires (W)
Petit	1,0–2,8	10–30	40–120	PS1800 HR-14H 1,7 kW	SQF 2.5-2 1,4 kW	615–4 100
Moyen	3,5–7,0	30–70	60–140	PS4000 C-SJ5-25 4 kW	SP5A-33 3 kW	2 460–9 840
Grand	6,0–12,0	50–100	80–180	PSk2-9 C-sj8-44 7,5 kW	SP9-32 7,5 kW	6 560–15 580

HMT = hauteur manométrique totale

7.5 Plage de puissance des groupes motopompes et des onduleurs

Il existe des idées fausses très répandues sur les limites des pompes à énergie solaire en termes de volume et de profondeur des forages (ou de hauteur manométrique totale – HMT).

Le terme « pompes solaires » était autrefois employé pour désigner des pompes à eau qui pouvaient être directement raccordées à des panneaux solaires. Ces pompes solaires étaient équipées de moteurs CC dont la puissance était limitée dans la plupart des cas à 4 kW, pour plusieurs raisons. Les « pompes solaires » étaient donc systématiquement associées à de petites pompes.

L'évolution technique de la technologie des onduleurs a permis d'augmenter la puissance nominale des pompes CA alimentées par des panneaux solaires, et de pomper ainsi davantage d'eau à une HMT supérieure. Plus la puissance d'entrée de l'onduleur est élevée, plus la pompe peut être équipée d'un gros moteur. Les fabricants d'onduleurs spécifiquement conçus pour le pompage d'eau ont augmenté la taille des onduleurs proposés ces dernières années.

Plusieurs fabricants réputés d'onduleurs pour pompage solaire offrent désormais des solutions permettant d'augmenter la puissance des groupes motopompes jusqu'à 37 kW. Dans cette gamme, les pompes centrifuges immergées peuvent fournir un débit d'eau maximal de 240 m³/h à une HMT atteignant 200 m.

Dans le cas des pompes à eau hélicoïdales, bien que le débit soit limité à quelques mètres cubes d'eau par jour, la HMT peut aller jusqu'à 450 m, ce qui permet de pomper de petits volumes d'eau à une haute profondeur. Les pompes de surface situées dans cette plage de puissance peuvent facilement atteindre un débit de 2 000 m³/jour.

Aujourd'hui, de puissants onduleurs spécialisés (onduleurs standard avec des logiciels intégrés conçus pour le pompage solaire) sont disponibles dans le commerce, permettant d'alimenter à l'énergie solaire des pompes d'une puissance allant de 75 kW (p. ex., SolarTech, Lorentz) à 280 kW (Fujielectric), avec un potentiel hydraulique (débit x HMT) de 15 000 m⁴/h à 50 000 m⁴/h.

En outre, certains fabricants de pompes solaires et maîtres d'œuvre privés offrent la possibilité d'utiliser dans les systèmes de pompage solaire les onduleurs disponibles sur le marché pour les compagnies électriques qui exploitent de grandes centrales solaires. Par exemple, le fabricant WellPumps utilise des onduleurs Schneider standard avec son propre logiciel de pompage solaire, atteignant ainsi une puissance de moteur de 220 kW.

Le plus gros système de pompage solaire de ce type observé par l'équipe de la Global Solar and Water Initiative se trouve au Liban, avec un groupe motopompe de 150 kW.

Bien que cette liste de marques et de fabricants des différents types et tailles d'onduleurs ne soit pas exhaustive, il est clair que l'utilisation d'onduleurs déjà disponibles sur le marché permet désormais de solariser n'importe quel système de pompage d'eau existant dans le cadre d'opérations humanitaires.

À l'autre extrémité de la gamme, des pompes dont le moteur ne dépasse pas 150 W et qui fonctionnent avec un seul panneau solaire sont aujourd'hui largement disponibles sur le marché.

7.6 Vandalisme et vol

Le vol de modules PV a diminué ces dernières années en raison de la baisse des prix. Toutefois, comme la plupart des systèmes de pompage PV installés dans le cadre d'opérations humanitaires et de projets de développement se situent dans des zones rurales isolées, les modules solaires sont des biens attrayants du fait qu'ils peuvent satisfaire les besoins en énergie des communautés. Le vol de modules et le vandalisme peuvent poser des problèmes dans les cas suivants :

- manque d'appropriation du projet ;
- installation des systèmes à des endroits éloignés et près de lieux publics ou de routes ;
- absence de consultation des usagers et installation d'un système d'énergie non adapté à leurs besoins ;

Figure 7.3 SPS grillagé avec un éclairage solaire de sécurité à Turkana, Kenya

Figure 7.4 Mesures extrêmes de sécurité des modules à Burao, Somalie

- disparités dans l'approvisionnement en eau conduisant certaines communautés à se sentir défavorisées et à saboter les systèmes de pompage d'autres communautés ;
- détérioration des systèmes (et interruption de la production d'énergie).

Certaines mesures peuvent être prises pour dissuader ou empêcher le vol et le vandalisme, parmi lesquelles :

- souder les boulons à la structure, ce qui rend difficile d'enlever les panneaux ;
- fixer les modules sur la structure avec des rivets pop qui ne peuvent être retirés qu'avec des outils spéciaux qui ne seront pas facilement disponibles aux voleurs potentiels ;
- surélever les structures sur des mâts afin qu'elles soient difficiles à atteindre ou fixer les modules sur un réservoir d'eau en hauteur (voir la figure 7.3) ;
- clôturer le périmètre de la zone d'installation des modules PV et sécuriser la clôture avec une serrure ; poser des fils de fer barbelés/à lame rasoir ; placer une clôture électrique ; installer une sirène à détecteur de mouvement ; et/ou éclairer la zone des modules PV (voir la figure 7.4) ;
- installer les modules PV près d'endroits habités, par exemple à proximité des usagers ;

Figure 7.5 Sensibilisation à l'importance du SPS pour éviter le vol et le vandalisme

- engager un gardien pour surveiller les modules PV, en particulier la nuit ; autoriser quelqu'un à habiter à proximité du point d'eau ; ou établir un programme de surveillance du système à tour de rôle par les membres de la communauté ;
- inscrire le nom du village/propriétaire au dos des modules solaires avec de la peinture indélébile ;
- sensibiliser les usagers à l'importance de protéger et de sécuriser le système (appropriation communautaire, voir la figure 7.5) ;
- mobiliser les forces de l'ordre (comme la police ou l'armée) dans les situations d'insécurité extrême.

Il a été observé que les communautés qui sont conscientes de l'importance du fonctionnement continu du système s'efforcent de le protéger, notamment en imposant des sanctions aux coupables, en les dénonçant aux autorités et en faisant payer à leur famille le coût de réparation des modules.

La prévention du vol et du vandalisme n'est pas toujours possible, en particulier dans les zones en proie à l'insécurité en raison d'un conflit ou d'une guerre. Il convient d'examiner ces problèmes de sécurité dès le départ car le pompage solaire PV peut ne pas être viable et donc déconseillé dans ces circonstances (voir la vidéo de la Banque mondiale, 2017).

7.7 Surpompage des aquifères

Bien que les auteurs n'aient pas trouvé d'études rigoureuses montrant le lien entre l'installation du pompage solaire et la surexploitation de l'eau, le risque de gaspillage d'eau et de surpompage des ressources en eau en cas de pompage solaire est bel et bien réel.

Ce risque est principalement lié au fait que de nombreuses communautés d'usagers (mais souvent aussi des organismes de mise en œuvre et d'autres parties prenantes du secteur de l'eau) estiment que l'eau ne coûte rien lorsqu'elle peut être obtenue avec un système d'énergie solaire. L'absence d'évaluations rigoureuses des eaux souterraines déterminant les ressources hydriques disponibles (c.-à-d. stockage + recharge) et formulant des recommandations claires et mises en œuvre sur le prélèvement de l'eau, notamment aux endroits où de plus en plus de forages sont percés et/ou convertis à l'énergie solaire (voir la section 5.3.2 pour plus de détails à ce sujet), peut entraîner une surexploitation des ressources en eau disponibles.

Bien que les systèmes de pompage solaire subissent généralement moins de pannes et soient plus faciles à entretenir que les pompes manuelles ou alimentées par un générateur, ils connaîtront tôt ou tard certains problèmes. En l'absence d'un plan de financement de la maintenance, le système est voué à la détérioration et à l'abandon. Il est donc essentiel que les communautés d'usagers soient conscientes des limites des solutions de pompage solaire de façon à pouvoir établir un système de redevances, dans la mesure du possible, même si l'approvisionnement en eau fait appel au pompage solaire. Cette mesure est non seulement importante pour accroître la durabilité mais c'est également la meilleure manière de limiter les risques de gaspillage et/ou de surexploitation de l'eau.

Une autre façon de réduire le surpompage, en particulier dans les systèmes de pompage destinés à de multiples usages (p. ex., consommation humaine et usages agricoles), consiste à transformer l'économie de façon à réduire la consommation d'eau et/ou à soutenir les actions de lutte contre le gaspillage d'eau et de mise en place d'une économie agricole moins gourmande en ressources hydriques (voir par exemple Délégation de l'Union européenne au Pakistan, 2018).

Du fait que les pompes solaires sont souvent pilotées par un microprocesseur, le débit journalier peut être limité à un certain volume prédéfini au niveau du boîtier de commande/onduleur.

Par ailleurs, les nouveaux capteurs de niveau (au lieu des simples capteurs anti-marche à sec) mesurent le niveau d'eau (statique et dynamique) du puits et enregistrent les données dans le contrôleur de la pompe, ce qui permet de surveiller de façon appropriée et simple le niveau d'eau et de suivre l'évolution saisonnière et à long terme afin d'optimiser le suivi de l'utilisation des ressources en eau. Comme l'enregistrement des données est effectué selon le fabricant dans le contrôleur de la pompe (ce qui permet d'y accéder depuis un bureau à distance), le surcoût est négligeable et il est donc pertinent d'intégrer cette fonctionnalité aux pompes solaires – en particulier sur les points d'eau critiques.

Finalement, l'excédent d'électricité généré peut être utilisé dans certains cas comme une source de revenus ou à d'autres fins que le pompage de l'eau (p. ex. en revendant l'électricité au réseau ; voir Shah *et al.*, 2018 pour plus de détails), ce qui encourage l'utilisation rationnelle du pompage solaire, limitant ainsi la surexploitation des aquifères.

7.8 Régions chaudes et pompage d'eau chaude

7.8.1 Aspects relatifs aux panneaux solaires dans les régions chaudes

Contrairement à ce que l'on pourrait penser, l'utilisation de panneaux solaires PV dans des régions où les niveaux de rayonnement solaire et les températures ambiantes sont élevés présente des défis de taille. Les panneaux solaires sont normalement testés et calibrés pour une température de cellule de 25 °C (STC). Cependant, la température de la cellule peut atteindre 25 °C sous une température ambiante nettement inférieure à cette valeur. En conditions réelles, la température ambiante dépasse facilement 20 °C, 30 °C et même 40 °C pendant la journée, ce qui signifie que la température des cellules dépassera les 25 °C – température d'essai des cellules – et que celles-ci commenceront à subir des pertes, avec une diminution de la tension de sortie et de la puissance de crête à mesure que la température des cellules augmente (voir les sections 2.10 et 4.2).

La perte de rendement énergétique due à la température est exprimée par le coefficient de température du panneau, qui doit être indiqué dans la fiche technique du produit et qui dépend du type de panneau (monocristallin ou polycristallin, amorphe, couche mince) et du fabricant. Par exemple, si le coefficient de température est de 0,5 % par degré Celsius, cela signifie que pour chaque degré de température des cellules au-dessus de 25 °C, le rendement énergétique du panneau diminuera de 0,5 %. Plus la température ambiante augmente, plus les pertes seront élevées. À une température ambiante de 30 °C, il n'est pas rare que les panneaux atteignent 60 °C.

Afin de compenser ces pertes (qui sont calculées et prises en compte par les logiciels de conception solaire de qualité), il est possible de surdimensionner le générateur solaire en ajoutant des panneaux. Pour optimiser ce surdimensionnement, il est important d'essayer de minimiser les pertes dues à la température. Deux mesures peuvent généralement être prises à cet effet :

1. Laisser de l'espace derrière et entre les panneaux pour que l'air circule et refroidisse les panneaux.
2. Choisir des panneaux ayant un coefficient de température inférieur (les panneaux monocristallins ont généralement un coefficient de température plus bas que les panneaux polycristallins, le plus bas de tous étant celui des panneaux en couche mince).

7.8.2 Aspects relatifs aux onduleurs dans les régions chaudes

La température de fonctionnement des onduleurs de fabricants réputés peut atteindre 60 °C. Cependant, comme pour les panneaux solaires, la puissance de sortie CA des onduleurs diminue à mesure que la température augmente. À partir de la puissance CA nominale continue à 25 °C, la puissance continue des onduleurs diminue, perdant par exemple entre 6 et 15 % à 40 °C selon le modèle.

De même que pour les panneaux solaires, le surdimensionnement de l'onduleur permet d'atténuer les pertes de performance à haute température ambiante. Les indications figurant sur les fiches techniques des modèles d'onduleur serviront de référence pour calculer le surdimensionnement requis de la capacité de l'onduleur pour fournir une puissance de sortie CA suffisante à une température ambiante régulièrement élevée.

De plus, le local technique où se trouve l'onduleur doit avoir suffisamment d'entrées d'air pour maximiser la circulation d'air de façon à refroidir le système. En fonction de la taille du système solaire PV, un système de ventilation peut être envisagé pour améliorer la circulation d'air dans le local technique et contrôler la température (voir Energypedia, 2019 pour plus de détails). Finalement, lorsque l'onduleur est placé dans une armoire à l'intérieur d'une salle de commande, il est souhaitable de laisser la porte de l'armoire ouverte pendant le fonctionnement pour faciliter la circulation d'air et le refroidissement.

7.8.3 Pompage d'eau chaude

Lorsque l'eau à pomper dépasse une certaine température, le fonctionnement des pompes immergées peut être altéré ou leur durée de vie raccourcie (p. ex., dans les zones volcaniques actives).

L'eau chaude peut endommager le stator en caoutchouc des pompes à rotor hélicoïdal ou les éléments en caoutchouc des autres pompes immergées centrifuges. De plus, le refroidissement du moteur peut être insuffisant à l'intérieur du forage, compromettant le fonctionnement de l'ensemble du système de pompage.

Afin de protéger les éléments en caoutchouc de la pompe et du moteur, certains fabricants comme Grundfos offrent la possibilité d'équiper les pompes de paliers en FKM, un matériau qui peut résister à une température du liquide de 90 °C (voir Grundfos, 2012). D'autres fabricants indiqueront clairement la température maximale de l'eau à laquelle la pompe peut fonctionner (le seuil habituel étant de 30 °C à 40 °C pour de nombreuses pompes) et proposeront éventuellement d'autres modèles pour des températures de plus de 30 °C ou 40 °C.

Exemple 7.1 Détarage du moteur pour le pompage d'eau chaude

Un système de pompage d'un débit de 50 m³/jour est conçu pour un village. Il est estimé qu'un groupe motopompe d'une puissance (P2) de 4 kW sera suffisant pour obtenir le volume d'eau requis. La température de l'eau mesurée est de 40 °C, alors que le seuil de température de la pompe est de 30 °C. À une température de l'eau de 40 °C, le fabricant de ce modèle de moteur indique un facteur de détarage de 0,9. De quelle taille devra être le moteur pour produire le volume d'eau visé ?

Le moteur de 4 kW fournira une puissance de 4 kW x 0,9 = 3,6 kW. Pour atteindre les 4 kW souhaités, il faut diviser la puissance du moteur par le facteur de détarage : 4 kW/0,9 = 4,4 kW. La puissance de moteur suivante disponible sur le marché étant de 5,5 kW, une pompe de 5,5 kW devra être installée. Le générateur solaire devra être redimensionné en fonction de cette puissance.

En cas de refroidissement insuffisant, de même que pour les onduleurs et les panneaux solaires, le surdimensionnement de la pompe est une façon de compenser les pertes d'efficacité ou, en d'autres termes, de détarer le moteur. Les fabricants spécifient des facteurs de détarage. Il convient de savoir dans ce cas que le générateur solaire devra être révisé et probablement surdimensionné afin d'alimenter une pompe plus puissante.

7.9 Questions fréquentes

Peut-on prévoir avec précision le débit d'eau d'un système de pompage solaire compte tenu de la variabilité des conditions solaires ?
Le débit d'eau ne peut être prévu avec exactitude pour un jour précis. Généralement, les logiciels de conception solaire les plus réputés indiquent le débit d'eau journalier moyen pour différents mois de l'année (p. ex., 30 m³/jour au mois de juin). Sur la base de cette estimation, de votre localisation et de votre expérience, vous pouvez prévoir une fourchette de valeurs journalière de façon assez précise.

Par exemple, vous ne pourrez peut-être pas estimer qu'un système de pompage solaire déterminé fournira exactement 35 m³/jour mais vous pourrez établir une fourchette de 24 à 42 m³/jour. Si vos besoins sont inférieurs à 24 m³/jour durant la saison en question, vous pouvez être sûr que votre système solaire satisfera ces besoins.

Peut-on obtenir suffisamment d'eau par temps nuageux et pendant la saison des pluies ?
Si le système a été correctement dimensionné, vous pourrez normalement obtenir de l'eau par temps pluvieux ou nuageux. La question est de savoir quel sera le volume obtenu et s'il suffira à couvrir vos besoins. Comme expliqué dans la réponse précédente, vous pouvez prévoir une fourchette de valeurs de débit d'eau et déterminer si elle satisfera vos besoins en eau. Généralement, pour les systèmes destinés à fournir de l'eau potable, la taille des groupes solaires sera établie en fonction des pires conditions météorologiques de l'année afin de garantir que les besoins en eau seront couverts même par temps nuageux et pendant la saison des pluies.

Le coût d'investissement du solaire est-il encore prohibitif, notamment par rapport aux solutions diesel équivalentes ?
C'était vrai par le passé, mais les prix des panneaux solaires ont chuté de 80 % depuis 10 ans et cette technologie est donc désormais plus abordable. Pour les petits systèmes, le coût d'investissement du solaire est comparable à celui d'un générateur diesel. Il est toutefois important d'examiner les coûts sur la durée de vie de l'équipement. Comme les panneaux solaires de qualité ont une durée de vie de 25 ans et des coûts de fonctionnement réduits, les avantages en termes de coût sont évidents à long terme. En moyenne, la période de retour sur investissement est de 0 à 4 ans et les économies de coût vont de 40 à 90 % par rapport aux systèmes diesel équivalents (voir le chapitre 9 pour plus de détails).

Faut-il engager un ingénieur en électricité pour gérer un projet de pompage solaire ?

Bien qu'un ingénieur en électricité maîtrisant la technologie solaire puisse apporter un plus, il n'est pas absolument nécessaire. Après quelques jours de formation, un ingénieur des eaux peut acquérir les connaissances requises pour gérer les principaux aspects d'un projet de pompage solaire. Des maîtres d'œuvre privés expérimentés sont généralement disponibles dans les capitales et votre technicien des eaux devra seulement superviser certaines opérations critiques à chaque étape du projet.

Est-il pertinent d'envisager le pompage solaire dans les pays où les prix du carburant sont bas ?

L'avantage économique solaire peut toujours être justifié (selon les conditions du marché du solaire national) en raison des coûts de fonctionnement réduits des systèmes de pompage solaire. Plusieurs analyses économiques effectuées dans le cadre de la Global Solar and Water Initiative pour comparer les systèmes solaires et diesel au Soudan et en Irak (où le gazole ne dépasse pas 0,3 US$/litre) ont montré que les solutions de pompage solaire sont financièrement avantageuses dans la plupart des cas. Toutefois, en dehors de la viabilité technique et économique, il convient de prendre en compte d'autres facteurs tels que les aspects sociaux et environnementaux, l'accès aux sites en fonction des contraintes de sécurité et de logistique et la disponibilité du carburant ou du réseau électrique (s'il existe). Une analyse préalable globale sera requise pour déterminer la valeur ajoutée de la technologie solaire par rapport à d'autres options.

Les systèmes solaires fonctionnent-ils bien à très haute température ?

Le rendement des panneaux solaires diminue à haute température (voir les sections 4.2 et 7.8 pour plus de détails). Ce facteur est pris en compte lors de la phase de conception et ne constitue donc pas un problème en tant que tel. À une température ambiante de plus de 55–60 °C, les résines et les époxys du panneau solaire lui-même peuvent commencer à fondre et à altérer le fonctionnement de l'équipement. Cependant, il est rare que de telles températures soient atteintes sur la Terre. En résumé, les panneaux solaires sont suffisamment performants à haute température.

Au bout de combien de temps les systèmes solaires peuvent-ils connaître des problèmes ? Les communautés locales peuvent-elles être formées aux opérations de réparation ?

Un système de pompage solaire bien conçu et entretenu peut durer longtemps (10 ans ou plus) sans aucun problème technique majeur. Cependant, ces systèmes connaîtront tôt ou tard des problèmes que les techniciens de la communauté ne seront pas en mesure de résoudre, quel que soit leur niveau de formation. Il est donc important de prévoir et de mettre en place dès le départ un canal de liaison entre les usagers/propriétaires du système et des bureaux techniques ou des fournisseurs dotés d'une expertise suffisante pour résoudre ces problèmes. Il est déconseillé de se focaliser uniquement sur la technologie sans tenir compte des aspects relatifs à la maintenance en cas de panne importante.

CHAPITRE 8
Pompage d'eau solaire pour l'agriculture

Si les aspects technologiques restent les mêmes, quel que soit l'usage de l'eau, la conception et l'exploitation des systèmes d'irrigation solaires sont soumises à des contraintes spécifiques. Ce chapitre décrit les différentes techniques d'irrigation et les considérations associées en matière de pompage solaire. Il établit par ailleurs un éventail de modèles facilitant le financement des systèmes d'irrigation solaire ainsi qu'une liste des risques et des problèmes les plus courants dans l'utilisation du pompage solaire pour l'agriculture.

Mots clés : agriculture irriguée, irrigation solaire, politique d'irrigation, financement du solaire, techniques d'irrigation

8.1 Pompage d'eau pour l'agriculture irriguée

L'irrigation est la science de l'arrosage des cultures. Elle permet aux exploitants de réduire l'incertitude qui caractérise l'agriculture pluviale. Grâce à l'irrigation, les exploitants peuvent apporter la quantité d'eau précise dont a besoin chaque plante en fonction de son stade de croissance. La réduction de l'incertitude accroît les rendements et améliore les moyens d'existence des exploitants (voir la figure 8.1).

L'agriculture absorbe environ 70 % des prélèvements d'eau (dont 91 % pour l'irrigation) dans les rivières, les lacs et les aquifères (FAO & WWC, 2015), tandis que l'industrie et les municipalités consomment respectivement 20 % et 10 % de l'eau prélevée (Aquastat, 2019).

Les activités agricoles se déroulent généralement dans des zones rurales où le réseau électrique est inexistant ou peu fiable. En 2017, on estimait que 1,1 milliard de personnes – 14 % de la population mondiale – n'avaient pas accès à l'électricité (IEA, 2018). Un nombre beaucoup plus élevé de foyers connaît des coupures de courant. Environ 84 % des personnes qui n'ont pas accès à l'électricité vivent dans des zones rurales d'Afrique subsaharienne et de pays asiatiques en développement. Pour cette raison, les combustibles fossiles (gazole, gaz ou essence) constituent la principale source d'énergie pour l'irrigation. Aussi bien les carburants liquides que l'électricité exigent une infrastructure entre le producteur et le consommateur.

8.2 Influence de la pression sur les besoins en énergie pour l'irrigation

Les techniques d'irrigation peuvent être regroupées en six catégories principales :

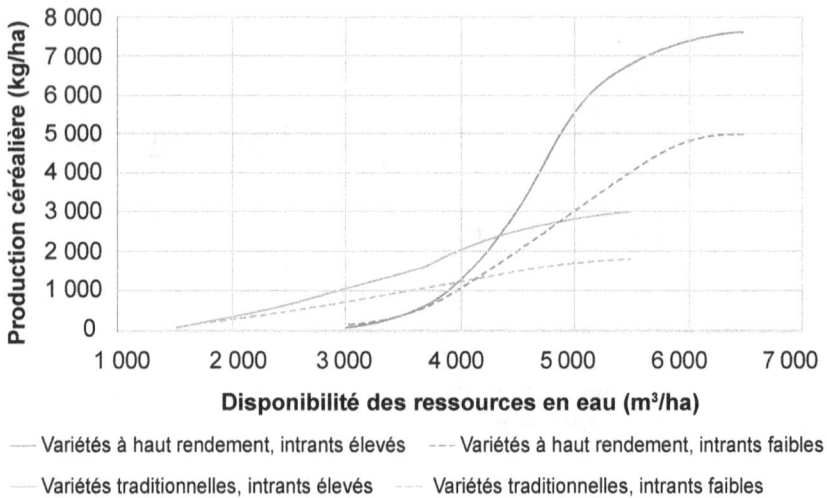

Figure 8.1 Incidence de la disponibilité des ressources en eau sur les rendements des cultures en Chine
Source : Smith *et al.* 2001

- *L'irrigation par submersion* apporte l'eau aux cultures en inondant le pied des plantes. Également appelée irrigation par inondation, elle consiste à creuser des sillons entre les rangées de plantes pour acheminer l'eau par gravité.
- *L'irrigation goutte-à-goutte* consiste à installer des tuyaux au pied des plantes, le long des rangées, pour un arrosage localisé.
- *L'irrigation par aspersion* consiste à projeter de l'eau sous forme de pluie pour irriguer les cultures au moyen de têtes de pulvérisation, couvrant ainsi la totalité de la surface du sol.
- *La micro-aspersion* est un mélange d'irrigation goutte-à-goutte et par aspersion. Les têtes de micro-aspersion sont situées près du pied de la plante et arrosent localement sous forme de fines gouttelettes d'eau. La tuyauterie est la même que pour l'irrigation goutte-à-goutte, la différence résidant dans les têtes d'arrosage. De plus, les tuyaux sont surélevés par rapport au sol.
- *L'irrigation à pivot* est une méthode d'irrigation par aspersion sous forme circulaire dans laquelle la tête d'arrosage est fixée sur un appareil pivotant.
- *Les canons d'arrosage* s'apparentent également à la technique par aspersion. Ils fonctionnent parallèlement au champ à irriguer, à une pression supérieure à celle de l'asperseur rotatif classique.

L'estimation de la pression requise pour chaque technique d'irrigation est la suivante :

Technique d'irrigation	Estimation de la pression requise
Submersion	0 bar
Goutte-à-goutte	0,5–3 bars
Micro-aspersion	0,5–2 bars
Pivot	1–3 bars
Aspersion	2–5 bars
Canon d'arrosage	2–8 bars

Source : FAO & GIZ, 2018b

Les systèmes d'irrigation sous pression nécessitent un réservoir. La hauteur du réservoir permet de fournir la pression requise par la technique d'irrigation. Un bar représente une augmentation de la hauteur manométrique totale de 10 m, mais les réservoirs d'irrigation sont normalement situés près des champs, à une hauteur ne dépassant pas 10 m. Pour cette raison, il peut être nécessaire d'intégrer au système un surpresseur pour les techniques d'irrigation nécessitant une pression supérieure à 1 bar. Les surpresseurs ont besoin d'une alimentation électrique pour fonctionner. L'énergie solaire est donc conseillée pour les techniques d'irrigation à basse pression comme l'irrigation par submersion, goutte-à-goutte et micro-aspersion, ainsi pour que certains systèmes à pivot.

8.3 Émissions de gaz à effet de serre par l'agriculture et adaptation au changement climatique

Les trois principales sources d'émissions de gaz à effet de serre (GES) dans les systèmes agroalimentaires sont le dioxyde de carbone provenant de l'industrie alimentaire et de la dégradation des déchets alimentaires, le méthane émis par les ruminants et l'oxyde nitreux dégagé par les effluents laissés sur les pâturages. Il est estimé que l'irrigation produit 10 % des émissions de GES du secteur agroalimentaire (voir la figure 8.2). Le remplacement des sources

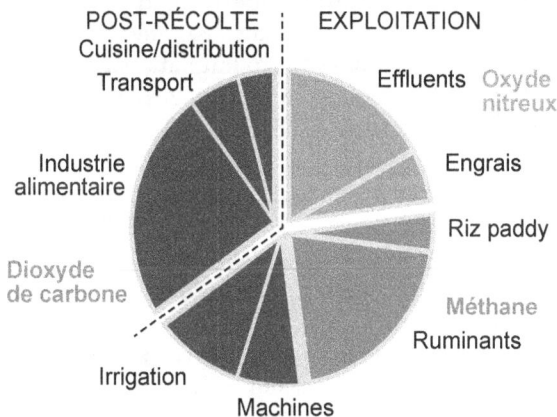

Figure 8.2 Répartition approximative des émissions de gaz à effet de serre (en équivalent CO_2) du secteur agroalimentaire mondial en 2010
Source : FAO, 2015

d'énergie actuelles à base de combustibles fossiles par l'énergie solaire pour l'irrigation aurait un effet incontestable sur les émissions de GES dans les systèmes agroalimentaires. Une fois installée, l'irrigation solaire ne produit pas d'émissions de GES.

Plus les systèmes d'irrigation solaire (SIS) seront répandus, plus la quantité de gaz à effet de serre libérés dans l'atmosphère diminuera par rapport à l'irrigation alimentée par des combustibles fossiles ou par le réseau. Les SIS permettent non seulement de réduire les émissions de GES mais favorisent également l'adaptation au changement climatique. Les agriculteurs qui les adoptent sont plus résilients aux fluctuations des régimes de précipitations dues au changement climatique et, du fait qu'ils produisent leur propre électricité, ils ne dépendent pas d'un fournisseur d'énergie externe (carburant ou réseau instable) (FAO, 2017). Le principal avantage des SIS par rapport au pompage sur réseau réside dans la fiabilité du système, à condition qu'il soit correctement entretenu. Les agriculteurs qui utilisent l'énergie solaire deviennent des producteurs d'énergie indépendants et peuvent programmer leurs besoins en irrigation sans se soucier d'une source d'énergie externe.

8.4 Financement des systèmes d'irrigation à énergie solaire

L'une des principales différences entre le pompage solaire destiné à l'eau potable et celui à vocation agricole tient à la nature de l'investissement. L'eau potable est un droit humain et le pompage bénéficie généralement à l'ensemble de la communauté, qui peut donc investir collectivement dans un système de pompage. Les agriculteurs individuels ou les coopératives investissent dans des systèmes d'irrigation pour pouvoir pratiquer leur activité et augmenter leurs revenus. Par conséquent, les coûts d'investissement supportés par les agriculteurs, que ce soit individuellement ou en groupe, sont de puissants moteurs de l'adoption des SIS.

Le secteur agricole représente 63 % de l'emploi dans les pays à faible revenu et 55 % en Afrique subsaharienne (Banque mondiale, 2018a). Les pays à faible revenu sont ceux dont le produit national brut par habitant est inférieur à 996 US$ par an (Banque mondiale, 2018b). Le coût de l'énergie pour l'irrigation (investissements et coûts d'exploitation) est un paramètre important pour les agriculteurs.

La chute des prix du solaire PV a réduit le coût des équipements de pompage des SIS. Bien que l'équipement solaire ne soit qu'un des éléments d'un SIS, c'est l'un des principaux moteurs de l'adoption de ces systèmes par les exploitants. Les coûts d'investissement des SIS restent supérieurs à ceux des systèmes de pompage diesel (FAO, 2018a). Du fait que les SIS n'ont pas besoin de carburant, les coûts d'exploitation se limitent à la maintenance et au remplacement des différents composants à la fin de leur durée de vie utile. Dans le modèle de pompage diesel, le coût du carburant fait augmenter les coûts d'exploitation à court et moyen terme (voir le chapitre 9 pour plus détails sur les coûts). Ces coûts d'exploitation rendent le pompage diesel plus cher que les SIS.

Les périodes de recouvrement des SIS sont variables selon la région du monde et les différents systèmes de subvention existants (FAO, 2018b). Voici quelques exemples de pays :

- *Sénégal.* La période de recouvrement des pompes solaires dans la ceinture Dakar-Saint-Louis est estimée à 2–2,5 ans (trois campagnes agricoles, 1 ha irrigué avec un taux d'intérêt de 15 % sur l'équipement) (Hagenah, 2017).
- *Chili.* La période de recouvrement des pompes solaires pour les petits exploitants (2–4 ha) dans le nord du Chili est d'environ 4 ans (trois campagnes agricoles de tomates, paprika et haricots verts) (R. Schmidt, Africa Solar, comm. pers., 2017).
- *Kenya.* Les fournisseurs de SIS au Kenya annoncent une période de recouvrement de 1 à 2 ans, parfois moins (hors subventions) pour l'irrigation par SIS de 1–2 ha de fruits et légumes (S. Ibrahim, SunCulture, Kenya, comm. pers., 2017).
- *Inde.* La période de recouvrement dépend des subventions octroyées par l'État, allant de 0 année dans le Bihar avec une subvention pour 8 ha de riz, de blé, de maïs et de lentilles à 19 ans sans subvention. La période de recouvrement au Bengale-Occidental, où il n'y a pas de subventions, est de 8 ans pour 7 ha de riz et de légumes (Mukherji *et al.*, 2017a).
- *Pakistan.* La période de recouvrement est de 6 ans pour 32 ha de riz, de blé et de coton. Le coût des équipements n'est pas subventionné.
- *Népal.* Une période de recouvrement de 2,5 ans avec subvention et de 8 ans sans subvention est signalée pour 5 ha de riz, de blé et de légumes. Le mécanisme de financement comprend une subvention (jusqu'à 70 % du coût total pour une agricultrice et 60 % pour un agriculteur) et un prêt à un taux d'intérêt de 15 % (Mukherji *et al.*, 2017b).

Les SIS sont rentables grâce à leur courte période de recouvrement. Ces systèmes sont fiables du fait que les exploitants ne sont plus tributaires du réseau électrique ou de l'approvisionnement en carburant. Cependant, ils comportent un certain nombre de risques et de difficultés.

8.5 Instruments financiers pour le développement de l'irrigation solaire

Les revenus agricoles sont variables en fonction de la saisonnalité et les SIS peuvent exiger un investissement initial en capital élevé, ce qui implique :

- de longues périodes de remboursement (5–10 ans) ;
- l'application de marges de bénéfice élevées sur les produits agricoles ou les services connexes ;
- l'obtention d'un délai de grâce au début du plan de remboursement.

L'irrigation permet aux agriculteurs d'augmenter leurs revenus mais l'investissement et les garanties exigées pour l'installation d'un SIS peuvent être trop élevés pour les petits exploitants.

Les agriculteurs doivent donc effectuer une analyse économique de leur exploitation et établir des scénarios sans irrigation, avec un système d'irrigation alimenté par des combustibles fossiles ou par le réseau et avec un SIS. En fonction des coûts d'investissement réels et des revenus potentiels des cultures irriguées, les exploitants peuvent déterminer l'investissement nécessaire ainsi que le type d'instrument financier à utiliser.

Les différents instruments financiers pour l'irrigation solaire, décrits à l'annexe I, sont les suivants :

- prêts de banques commerciales ;
- prêts de banques rurales/de développement ;
- microfinance ;
- contrats de crédit-bail ou de rachat ;
- financement par l'intermédiaire de coopératives agricoles ;
- groupements d'épargne informels ;
- modèles commerciaux de tarification à l'usage ;
- mécanismes de subventionnement des SIS ;
- mécanismes de subvention de contrepartie.

Une combinaison de plusieurs instruments (un prêt et un don, par exemple) peut également aider les exploitants à concevoir, acquérir, exploiter et entretenir leur SIS.

8.6 Risques et contraintes de l'irrigation solaire

L'une des principales contraintes pour les petits exploitants réside dans les coûts d'investissement en capital des SIS, du fait que les agriculteurs ne disposent généralement pas de fonds pour investir dans le système ni des garanties exigées par les banques commerciales. Dans certains cas, une entreprise peut obtenir une subvention assortie d'un prêt pour le compte d'un groupement d'agriculteurs et leur vendre l'eau selon un modèle de tarification à l'usage ou de paiement forfaitaire.

La deuxième contrainte est liée à la nature de l'énergie solaire. Alors que la plupart des pompes électriques et diesel prélèvent un volume d'eau déterminé (en m^3/h) à une profondeur prédéfinie, la plupart des pompes solaires produisent un volume d'eau déterminé en fonction du rayonnement solaire (sauf s'il existe une source d'énergie secondaire dans une configuration hybride). Pendant la journée, les pompes solaires fournissent davantage d'eau à midi, lorsque le rayonnement solaire est au maximum, mais il n'est pas conseillé d'arroser à midi car c'est également le moment où l'évapotranspiration est la plus élevée (FAO, 1998). Il est recommandé d'arroser lorsque l'évapotranspiration est au plus bas, c'est-à-dire le matin ou le soir, mais le débit des pompes solaires est alors le plus faible. Pour les exploitants, les experts en irrigation et les agents de vulgarisation, cela implique un changement de paradigme radical qui les oblige à penser en termes de volume d'eau par jour et non par heure. Cela peut avoir des répercussions sur les coûts d'investissement parce que les exploitants peuvent être contraints d'installer un système de stockage pour pouvoir arroser leurs cultures au moment requis.

Une autre contrainte est liée au risque de surpompage sous l'effet des coûts d'exploitation minimes des SIS. Le contrôle de l'État peut être essentiel à cet égard, sous la forme de permis de prélèvement d'eau ou de subventionnement des SIS associés à des équipements économes en eau. En Tunisie, par exemple, les SIS ne sont subventionnés que si l'exploitant a installé une irrigation goutte-à-goutte (FAO & GIZ, 2019). Le contrôle de l'État dépend également des régimes de propriété foncière et d'accès à l'eau. Lorsque les propriétaires des terres sont également propriétaires de l'eau, l'État ne peut pas contrôler le pompage des eaux souterraines. L'absence de contrôle de l'État, les faibles coûts d'exploitation et l'importance du prélèvement d'eau pour l'agriculture peuvent entraîner une hausse de la consommation d'eau et compromettre la durabilité des ressources en eau.

L'exploitation et la maintenance des composants solaires des systèmes d'irrigation sont des contraintes supplémentaires de l'irrigation solaire, qui ne sont cependant pas différentes de celles traitées dans d'autres chapitres de cet ouvrage. Les SIS sont généralement exploités et entretenus par des experts en irrigation, dont les connaissances en matière d'énergie sont parfois élémentaires.

Dans le cadre de l'initiative mondiale Propulser l'agriculture, GIZ a élaboré, en collaboration avec la FAO et Energypedia, une boîte à outils sur les SIS (voir FAO & GIZ, 2018b) en anglais, français et espagnol afin d'aider à trouver des solutions aux défis techniques, économiques et de durabilité.

> La formation des exploitants, les services de vulgarisation et les conseils d'irrigation peuvent contribuer à démonter le mythe « plus d'eau, plus de rendement » (FAO & ICIMOD, 2019).

Pour faciliter l'utilisation de cette boîte à outils, la FAO et GIZ organisent des programmes de renforcement des capacités. GIZ a également établi une liste de formateurs mise à jour et constitué une communauté de formateurs en irrigation solaire. L'objectif de ces activités est de renforcer les capacités locales pour tous les aspects des SIS – environnementaux, techniques et financiers – et d'aborder les questions de durabilité du nexus eau-énergie-alimentation.

Finalement, des dialogues nationaux et régionaux sont nécessaires entre les différents acteurs publics et privés du nexus eau-énergie-alimentation.

8.7 Recommandations pour relever les défis de l'irrigation solaire

À l'échelle mondiale, l'agriculture est la plus grande consommatrice d'eau (FAO & WWC, 2015 ; Aquastat, 2019). La diminution des coûts énergétiques du pompage peut conduire les exploitants à considérer que l'eau est gratuite, provoquant un surpompage qui peut avoir des conséquences graves sur les ressources en eau. Pour cette raison, une série de recommandations peut être formulée sur l'irrigation solaire.

L'irrigation à énergie solaire comporte de nombreuses facettes et implique un large éventail de parties prenantes dans les secteurs de l'agriculture, de l'énergie et de la gestion des eaux souterraines. Or, il existe un manque de compréhension et de coordination entre les différents ministères nationaux chargés du nexus eau-énergie-alimentation (FAO, 2014), ce qui peut entraîner des décisions contradictoires et conflictuelles et des solutions inappropriées. Pour remédier à ce problème, les gouvernements devraient mettre en place des stratégies d'exploitation durable de l'énergie et de l'eau et assurer le suivi et le contrôle de l'utilisation de l'eau (au moyen d'attributions et de quotas) conformément au mécanisme de subvention, notamment dans les zones à faibles ressources en eau. Il est également recommandé que les décideurs politiques établissent une carte des pompes installées pour identifier les agriculteurs qui exploitent les ressources en eau communes et les puits agricoles en service.

8.7.1 Législation actuelle en matière d'eau

L'irrigation solaire est devenue une technologie fiable et abordable. Un certain nombre de politiques sur l'eau à usage agricole ont précédé le développement de la technologie et toutes les parties prenantes doivent s'assurer de la conformité aux lois, politiques et cadres existants en matière d'eau. Par exemple, le développement des SIS doit respecter les attributions d'eau, les quotas d'eau, les permis de prélèvement d'eau et les autorisations de forage. Il est nécessaire de mettre en place des moyens de contrôle (nombre et compétences des agents) et des dispositions légales sur les puits clandestins équipés de SIS et les volumes d'extraction supérieurs aux droits octroyés. Il est par ailleurs essentiel de veiller au paiement des redevances d'irrigation.

8.7.2 Effet de levier des subventions

Les autorités ont un rôle important à jouer dans le contrôle du secteur et peuvent utiliser l'effet de levier des subventions pour renforcer leur position. Les redevances payées par les usagers peuvent favoriser la gestion efficace de l'eau et les systèmes communautaires et les subventions peuvent également être soumises aux conditions suivantes :

- un plan de gestion de l'eau ;
- un annuaire national ou fédéral des systèmes d'irrigation solaire précisant les coordonnées GPS, une description claire des composants, le débit et la puissance des composants solaires ;
- des permis de prélèvement d'eau correspondant à l'attribution d'eau des SIS subventionnés et aux types de cultures irriguées ou de produits agricoles ;
- des compteurs d'eau et d'énergie ;
- des dispositifs de commande électroniques qui transmettent des informations en temps réel sur les niveaux des réservoirs, les débits des pompes et le forage de puits ;

- une formation des bénéficiaires des subventions à la gestion efficace de l'eau et aux besoins en eau des cultures ;
- des systèmes appartenant aux communautés ou aux coopératives sur la base du volume d'eau fourni, du fait que le prélèvement d'eau collectif est généralement plus efficient que le prélèvement d'eau individuel ;
- différents mécanismes de subventionnement selon le type de point d'eau. L'accès aux subventions devrait être plus facile pour les agriculteurs qui prélèvent de l'eau en surface (dont la baisse de disponibilité est plus facile à contrôler) que pour ceux qui pompent de l'eau souterraine (dont le niveau est plus difficile à surveiller).

Les décideurs politiques pourraient également dresser un registre de contrôleurs et conditionner la vente de contrôleurs à vitesse variable à l'existence d'un puits autorisé et d'un permis d'exploitation.

8.7.3 Agrément des fournisseurs de composants de SIS

Les gouvernements sont responsables du contrôle de la qualité des produits solaires destinés à l'irrigation et à d'autres usages. Cependant, dans certains pays, des fournisseurs commerciaux de composants d'irrigation solaire bon marché et de qualité médiocre entrent sur le marché sans avoir obtenu l'agrément nécessaire. Les décideurs politiques peuvent limiter ce problème en adoptant diverses mesures. Au Bangladesh, par exemple, l'institution financière non bancaire Infrastructure Development Company Limited (IDCOL), qui appartient au gouvernement, a établi une liste de fournisseurs de services agréés. Une autre solution consiste à constituer des groupes de travail sur l'irrigation solaire au sein des associations du secteur solaire afin de s'assurer que les produits sont conformes à des normes de qualité minimales.

En outre, les organismes de réglementation peuvent contrôler la gestion des composants SIS à la fin de leur durée de vie utile en imposant aux entreprises des systèmes de collecte, de réparation, de récupération, de recyclage et d'élimination sécurisée des produits SIS disponibles sur le marché. Par exemple, l'Inde a lancé en avril 2019 un projet pilote visant à définir et à mettre en œuvre un cadre réglementaire sur la gestion des déchets de modules PV (Bridge to India, 2019).

8.7.4 Intégration d'autres usages de l'énergie solaire

L'agriculture consomme de l'énergie (électricité ou carburant) pour divers usages tels que les machines, l'équipement, le chauffage, la réfrigération ou l'éclairage de locaux, et indirectement via l'utilisation d'engrais et de produits chimiques (Schnepf, 2006). L'excédent d'énergie solaire non utilisé pour le pompage de l'eau pourrait être destiné à d'autres usages agricoles :

- séchage, mouture, traite, décorticage, broyage, battage ou pressage des récoltes comme activités complémentaires lorsque la pompe à eau ne fonctionne pas (GIZ, 2016) ;

- entreposage frigorifique et éclairage si le système est équipé de batteries (FAO, 2018b) ;
- chargement de batteries de machines agricoles ;
- usages domestiques (chargement de téléphones portables, éclairage, loisirs, chauffage de l'eau, etc.).

La planification d'autres usages de l'électricité favorise la valorisation de l'électricité produite afin d'éviter l'utilisation excessive des pompes et d'augmenter les revenus susceptibles d'être consacrés aux dépenses d'équipement dans les SIS. Cela peut assurer par ailleurs une utilisation optimale des équipements solaires et permettre aux agriculteurs de prendre des décisions rationnelles concernant l'utilisation de l'énergie et de l'eau dans les exploitations.

8.7.5 Prestataires de services d'irrigation solaire

Une autre solution possible pour réduire les problèmes de financement des SIS réside dans l'établissement de prestataires de services d'irrigation solaire (IWMI, 2018). Selon ce système, de petites entreprises disposant de leurs propres panneaux portables, pompes et équipements solaires vendent de l'eau aux agriculteurs contre rémunération. Ce modèle existe au Bangladesh, dans l'État du Bihar (Inde) et dans le sud du Népal (Teraï). Il a pour objectif de remplacer les fournisseurs d'eau d'irrigation existants qui utilisent des pompes diesel. Dans ce cas, l'agriculteur n'a pas à investir dans la technologie et le prestataire de services maximise la rentabilité de sa pompe et de son équipement solaire, réduisant ainsi la période de recouvrement de son investissement. Il existe également en Inde un modèle différent de système de pompage solaire relié au réseau, dans lequel une coopérative est constituée pour gérer le SIS. Cette coopérative est agréée comme producteur d'énergie indépendant et peut conclure un contrat d'achat d'électricité avec le service public sur la base d'un tarif de rachat négocié. Les agriculteurs peuvent ainsi choisir en connaissance de cause d'arroser leurs cultures ou d'injecter de l'énergie renouvelable dans le réseau, en fondant leurs décisions sur la rémunération potentielle provenant de la vente de leurs produits ou du tarif de rachat.

L'énergie solaire peut révolutionner l'irrigation. Il est donc urgent de sensibiliser les experts agricoles et les agriculteurs au potentiel et aux retombées de l'irrigation solaire, notamment sur le stress hydrique. Le renforcement des capacités des services de vulgarisation agricole et des centres de formation professionnelle sur les SIS permettra d'améliorer la maintenance et facilitera la gestion des risques de stress hydrique.

CHAPITRE 9

Analyse économique : coût du cycle de vie des technologies de pompage

Outre les coûts d'investissement, les critères économiques sont essentiels dans l'étude des différentes solutions de pompage d'eau. Ce chapitre explique l'analyse du coût du cycle de vie étape par étape afin de comparer correctement les coûts des différentes technologies de pompage au fil du temps. Cette analyse est présentée comme un outil de prise de décision pour les organisations responsables et les communautés d'usagers afin de déterminer la méthode d'approvisionnement en eau la plus rentable à terme. Des exemples et des outils sont indiqués et/ou référencés dans ce chapitre afin d'illustrer les explications. Enfin, divers modèles commerciaux adaptés au financement des systèmes de pompage solaire sont décrits.

Mots clés : analyse du coût du cycle de vie, période de recouvrement, modèles de financement du pompage solaire, location-vente, taux d'actualisation

9.1 L'importance des critères économiques

Les critères économiques sont importants dans la comparaison de différentes méthodes de pompage. Les facteurs hydrologiques ou climatologiques limiteront souvent le type de système de pompage qui peut être utilisé. Lorsque plusieurs solutions offrent des performances équivalentes, leur évaluation doit être fondée à la fois sur une analyse économique et sur une étude technique.

Dans de nombreux contextes humanitaires, l'énergie destinée à l'approvisionnement en eau est entièrement ou partiellement obtenue au moyen de générateurs et de carburant. Le pompage d'eau est une activité très gourmande en énergie, ce qui implique des coûts récurrents élevés, notamment pour l'approvisionnement en carburant et la maintenance des équipements. Selon le contexte local, la fourniture de carburant peut être très coûteuse et énergivore.

Si les coûts d'investissement de la solarisation de points d'eau sont normalement plus élevés que pour d'autres technologies, telles que les systèmes de pompage diesel, il a toutefois été prouvé que l'adoption de systèmes d'énergie solaire est plus rentable à terme.

La Global Solar and Water Initiative (2018f) a analysé les paramètres économiques du cycle de vie de 160 systèmes d'approvisionnement en eau dans 44 camps de réfugiés et communautés, et obtenu une période de retour sur investissement (du solaire par rapport à un générateur) de 0 à 4 ans et une réduction des coûts de 40 à 90 % à terme.

Ces estimations financières varient cependant d'un système de pompage à l'autre. Quels seront les coûts d'investissement d'un système solaire ? Dans quel délai l'investissement sera-t-il compensé par les économies produites et dans quelle mesure les coûts diminueront-ils au fil du temps ?

Ce sont les questions qu'il faut se poser avant le démarrage d'un projet sur le terrain afin de déterminer la pertinence de l'investissement dans un équipement solaire sur le plan financier et de prioriser les systèmes qui assurent une rentabilité supérieure dans un délai plus court.

9.2 Analyse du coût du cycle de vie

9.2.1 Principaux concepts

La méthode d'évaluation économique la plus complète pour comparer différentes technologies de pompage est l'analyse du coût du cycle de vie (ACCV). Elle consiste à calculer tous les coûts et bénéfices futurs en valeur monétaire courante. En raison des fluctuations de la valeur de l'argent dans le temps, l'addition des coûts supportés pendant plusieurs années ne serait pas représentative de la réalité. Ces coûts doivent donc être convertis en valeur de l'argent à un moment donné, normalement au moment présent. L'analyse du coût du cycle de vie est fondée sur les concepts suivants.

Coûts du cycle de vie. Somme de tous les coûts et bénéfices découlant du système de pompage durant sa vie utile (ou sur une période d'analyse déterminée), exprimée en valeur monétaire courante. Il s'agit de la *valeur actuelle nette* du système.

Période de recouvrement. Délai dans lequel l'investissement initial est remboursé par les bénéfices obtenus.

Économie totale. Différence entre les coûts totaux découlant de deux investissements différents à la fin de la période d'évaluation.

Facteur d'actualisation (ou taux d'intérêt réel). Indice exprimant la fluctuation de la valeur monétaire dans le temps dans un pays déterminé pour un produit donné. Il ne s'agit pas de la fluctuation due à l'inflation générale mais de la différence de retour d'un investissement choisi par rapport à un investissement rejeté (p. ex., si un prêteur touche un intérêt de 9 % sur un prêt et que le taux d'inflation est de 8 %, le taux d'intérêt réel = taux d'intérêt nominal – taux d'inflation réel = 9 – 8 = 1 %).

9.2.2 Valeur actuelle

La valeur actuelle est le résultat du calcul de tous les coûts et bénéfices enregistrés en valeur monétaire courante. Pour un paiement de Cr($) à effectuer à l'avenir, la valeur actuelle (VA) est obtenue en multipliant le paiement Cr par un facteur Pr :

$$\text{(formule 1.1)} \quad VA = Cr \times Pr, \text{ où } Pr = 1/(1 + A)^n$$

où la durée du paiement (n, en années) et le taux d'actualisation (A) sont les principales variables (note : si A = 12 %, A = 0,12 dans la formule 1.1).

Dans une situation idéale, il y aurait une différence de taux d'intérêt réel pour chaque produit puisque le prix des panneaux solaires PV, des pompes, des générateurs, du gazole, etc. augmentera ou diminuera de manière différente au fil du temps. Cependant, comme il est difficile de connaître précisément le marché national et l'évolution des prix des différents produits, on applique habituellement un taux d'actualisation général à tous les produits.

Par conséquent, le taux d'intérêt réel est calculé en soustrayant le taux d'inflation réel du taux d'intérêt nominal dans le pays où l'investissement est envisagé (pour plus de détails sur les taux d'intérêt réels par pays, voir Banque mondiale, 2019).

Si l'on ne trouve pas d'informations sur un pays donné, le taux d'intérêt appliqué par les banques commerciales pour leurs prêts dans le pays en question peut fournir une bonne indication.

La valeur actuelle totale sera donc la suivante :

$$\text{(formule 1.2)} \quad \text{VA totale} = I + \sum_{n=1}^{n} Cr \times [(1/(1+A)^n]$$

où I = coût initial ou coûts d'investissement et Cr = tous les autres coûts supportés au fil du temps.

Exemple 9.1 : Calcul de la valeur actuelle

Un vélo est acheté 125 US$. Au bout de deux ans d'utilisation, la roue avant doit être remplacée à un coût de 15 $. La troisième année, le changement des freins coûte 10 $. Quel est le coût total d'achat et d'entretien du vélo en valeur monétaire actuelle si le taux d'intérêt réel est de 12 % ?

Les coûts des différentes années ne peuvent pas être simplement additionnés car la valeur monétaire évolue au fil du temps. Tous les coûts futurs doivent donc être ramenés en valeur courante afin de pouvoir les additionner.

Selon la formule 1.2,

I = 125 $; A = 0,12 ; Cr 1re année = 0 ; Cr 2e année = 15 $; Cr 3e année = 10 $

$$VA = 125 + 0 + 15 \times [(1/(1+0,12)^2] + 10 \times [(1/(1+0,12)^3]$$

$$= 125 + 12 + 7 = 144 \text{ \$, en valeur courante.}$$

Cette formule peut être insérée dans un tableur Excel pour prendre en compte facilement tous les coûts et bénéfices qui peuvent être enregistrés durant le nombre d'années requis (voir l'outil Excel d'analyse économique dans GLOSWI, 2018f).

Comme expliqué précédemment, il est également possible de tenir compte de différents taux d'actualisation pour différents coûts. Cela peut être utile quand on connaît l'évolution des prix dans le temps pour différents coûts supportés. Dans l'exemple 9.1, si l'on sait que les prix des roues de vélo augmentent et que ceux des freins diminuent, différents taux d'intérêt réels peuvent être utilisés dans la formule pour chaque élément afin d'obtenir la valeur actuelle. Si on ne connaît pas ces paramètres (ce qui est souvent le cas) ou pour simplifier les calculs, on déterminera un taux d'actualisation pour le pays et on l'appliquera à tous les coûts, comme dans l'exemple.

9.3 Détermination du coût du cycle de vie du pompage de l'eau

9.3.1 Types de coûts à prendre en compte

Pour chaque système de pompage soumis à une ACCV en valeur actuelle, tous les coûts associés devront être identifiés au préalable. Ces coûts relèvent généralement de l'une des quatre catégories suivantes :

- coûts d'investissement initiaux (y compris l'installation) ;
- opérations et maintenance (petit et gros entretien et carburant) ;
- réfection ;
- remplacement d'équipements durant la vie utile du système de pompage.

À l'issue de l'évaluation économique de chaque technologie de pompage susceptible d'être adoptée sur un point d'eau donné, une comparaison des technologies sera effectuée afin de déterminer la solution la plus rentable à terme.

Un système d'approvisionnement en eau en milieu rural se compose de cinq éléments principaux : point d'eau (forage, clôture, etc.), source d'énergie (solaire, générateur), pompe, réservoir d'eau et système de distribution (c.-à-d. système de tuyauterie). Sachant que l'ACCV a pour objet de comparer les technologies, les éléments de coût qui sont communs aux différentes options de pompage (p. ex., système de distribution, forage, clôture et autres) peuvent être exclus de l'analyse afin de la simplifier puisqu'ils auront le même effet sur toutes les options.

Une distinction peut être opérée entre les coûts d'investissement et les coûts futurs ou récurrents :

Coûts d'investissement. Coûts d'achat, de transport jusqu'au site et d'installation des différents composants du système.

Coûts futurs ou récurrents. Coûts d'exploitation (p. ex., gazole), de maintenance ou de réparation (p. ex., remplacement de pièces, réalisation de réparations), et de remplacement (p. ex., composants remplacés en fin de vie utile).

Les étapes de l'évaluation économique sont illustrées à la figure 9.1. Les étapes 1 à 3 concernent la conception technique du système de pompage, comme expliqué dans le chapitre 5. Ces étapes sont nécessaires pour déterminer les différentes technologies et tailles d'équipement qui peuvent être utilisées sur un point d'eau déterminé.

Après avoir établi les solutions techniques possibles, il convient de déterminer le coût d'investissement de chaque élément en demandant des devis aux fournisseurs, aux organisations partenaires ou autres. De même, les coûts d'O&M, de remplacement et autres peuvent être estimés d'après l'expérience de projets déjà réalisés.

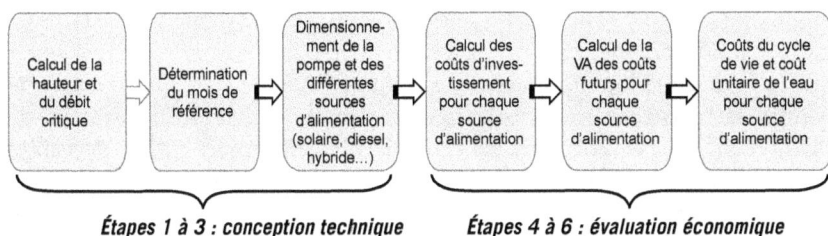

Étapes 1 à 3 : conception technique   *Étapes 4 à 6 : évaluation économique*

Figure 9.1 Étapes de conception technique et d'évaluation économique

Les données requises pour les trois dernières étapes (4 à 6) sont indiquées dans le tableau 9.1.

Tableau 9.1 Données requises pour l'analyse du cycle de vie

Économiques	Période d'analyse (la durée de vie la plus longue de tout composant du système est normalement prise en compte, soit 25 ans pour les panneaux solaires)
	Taux d'actualisation (= taux d'intérêt nominal – taux d'inflation)
	Taux d'inflation relatif (généralement zéro)
Coût de chaque composant	Coût d'investissement[1]
	Coûts annuels d'O&M, de réfection et de remplacement
	Coûts de main-d'œuvre
Techniques	Durée de vie de chaque composant

9.3.2 Coûts et valeurs indicatifs

Si la durée de vie n'est pas clairement indiquée sur les fiches techniques des fabricants, les données suivantes peuvent servir de guide quant à l'intervalle de remplacement des différents composants du système, sur la base de produits de bonne qualité conformes aux certifications de fabrication :

- panneaux solaires : 25 ans ;
- tête de pompage et moteur : 10 et 7 ans respectivement ;
- onduleur / équipement de commande : 7 ans ;
- structure civile et châssis : 25 ans ;
- pièces mécaniques et électriques : 25 ans.

De même, pour les générateurs solaires, si l'on ne dispose pas d'informations de terrain sur les intervalles et les coûts de remplacement, le tableau 9.2 fourni par un fabricant de générateur réputé (et considéré comme une estimation prudente d'après l'expérience) pourra servir de référence.

Enfin, la consommation de carburant d'un générateur devra être déterminée afin d'estimer les coûts de fonctionnement. Une fois de plus, l'expérience de terrain est la meilleure façon d'obtenir ce paramètre. S'il n'est pas disponible, le tableau 9.3, fourni par un fabricant de générateurs réputé, pourra servir de référence.

Une fois l'ACCV réalisée pour le système diesel, le système solaire et toute autre solution de pompage envisagée, une décision devra être prise. À noter que la solution la moins coûteuse ne sera pas forcément retenue, du fait que d'autres facteurs peuvent entrer en ligne de compte. La fiabilité ou la facilité de maintenance de l'équipement, par exemple, peuvent être les critères décisifs et les usagers peuvent être disposés à supporter le coût supplémentaire impliqué. Cependant, comme indiqué plus haut, la comparaison des coûts est une étape nécessaire avant de choisir la technologie.

Tableau 9.2 Coût de maintenance estimé d'un générateur diesel de qualité

Maintenance et remplacement	Fréquence d'intervention (en heures de fonctionnement du générateur)	Prix (US$)
Petit entretien	250	20
Gros entretien	1 000	180
Réfection	10 000	30 % du nouveau générateur
Remplacement	35 000	Achat d'un nouveau générateur

Tableau 9.3 Consommation de carburant estimée d'un générateur selon la charge

Consommation de carburant d'un générateur – moyenne pour un moteur de qualité					
kVA	kW	Charge 25 %	Charge 50 %	Charge 75 %	Charge 100 %
25	20	2,3	3,4	4,9	6,0
38	30	4,2	6,8	9,1	11,0
50	40	6,0	8,7	12,1	15,1
75	60	6,8	11,0	14,4	18,1
94	75	9,1	12,9	17,4	23,1
125	100	9,8	15,5	21,9	28,0
156	125	11,7	18,9	26,8	34,4
169	135	12,5	20,4	28,7	37,0
188	150	13,6	22,3	31,8	41,2
219	175	15,5	25,7	36,7	48,0
250	200	17,1	29,1	41,6	54,4

Note : à titre indicatif, la consommation de carburant de la pompe peut être estimée à 0,3–0,5 litre par kWh.
Source : Genset

9.4 Comparaison de l'ACCV des systèmes solaires et des systèmes à générateur

9.4.1 Système autonome à générateur ou solaire : exemple pratique

Un nouveau forage est percé et il est calculé qu'un générateur diesel de 15 kVA couplé à une pompe de 5,5 kW pourrait fournir le volume d'eau journalier nécessaire. Cependant, un système de panneaux solaires de 11 kW$_c$ raccordé à la même pompe pourrait fournir le même volume d'eau.

Une analyse du coût du cycle de vie en valeur actuelle est réalisée afin de déterminer l'option la plus rentable. Pour simplifier l'analyse, les coûts communs aux deux systèmes ne sont pas pris en compte (p. ex., coût de remplacement de la pompe à eau, coût de la clôture du point d'eau et coût des gardiens du point d'eau).

Le coût d'achat et d'installation du système de pompage à générateur diesel est de 8 450 $. Le générateur devrait fonctionner sept heures par jour pour satisfaire la demande en eau ; les coûts d'exploitation et de maintenance du générateur sont tirés du tableau 9.2. Le coût d'un litre de gazole est de 1,10 $ et le taux d'actualisation du pays où le système sera installé est de 12 % (A = 0,12).

Tous les coûts associés sont additionnés et multipliés par le facteur Pr correspondant à chaque année. Le facteur Pr exprime non seulement l'augmentation des prix due à l'inflation mais représente également l'incidence des coûts actuels et futurs sur notre budget. Un taux d'actualisation (A) élevé signifie que les coûts des premières années grèveront davantage le budget que les coûts futurs, et vice versa. L'ACCV du système à générateur diesel est résumée dans le tableau 9.4.

Le coût d'investissement du système de pompage solaire est indiqué dans le tableau 9.5.

Tableau 9.4 ACCV du système de pompage donné avec un générateur diesel

Année (n)	Coût d'investisse-ment du système à générateur ($)	Durée de fonc-tionnement du générateur (h/an)	Petit entretien 20 $/250 h	Gros entretien 180$/1 000 h	Consommation de gazole (litre/h)	Coût du carburant ($)	Réfection 30 % du générateur toutes les 10 000 h ($)	Remplacement du générateur toutes les 35 000/h ($)	Pr = 1/(1+A)ⁿ	Coûts totaux en valeur actuelle ($)
0	8 450	2 555	204	460	3,5	9 837			1,000	18 951
1		2 555	204	460		9 837	0	0	0,893	9 376
2		2 555	204	460		9 837	0	0	0,797	8 371
3		2 555	204	460		9 837	1 350	0	0,712	8 435
4		2 555	204	460		9 837	0	0	0,636	6 674
5		2 555	204	460		9 837	0	0	0,567	5 959
6		2 555	204	460		9 837	0	0	0,507	5 320
7		2 555	204	460		9 837	1 350	0	0,452	5 361
8		2 555	204	460		9 837	0	0	0,404	4 241
9		2 555	204	460		9 837	0	0	0,361	3 787
10		2 555	204	460		9 837	0	0	0,322	3 381
11		2 555	204	460		9 837	1 350	0	0,287	3 407
12		2 555	204	460		9 837	0	0	0,257	2 695

(suite)

Tableau 9.4 Suite

Année (n)	Coût d'investissement du système à générateur ($)	Durée de fonctionnement du générateur (h/an)	Petit entretien 20 $/250 h	Gros entretien 180$/1 000 h	Consommation de gazole (litre/h)	Coût du carburant ($)	Réfection 30 % du générateur toutes les 10 000 h ($)	Remplacement du générateur toutes les 35 000/h ($)	$Pr = 1/(1+A)^n$	Coûts totaux en valeur actuelle ($)
13		2 555	204	460		9 837	0	4 500	0,229	3 438
14		2 555	204	460		9 837	0	0	0,205	2 149
15		2 555	204	460		9 837	0	0	0,183	1 919
16		2 555	204	460		9 837	0	0	0,163	1 713
17		2 555	204	460		9 837	1 350	0	0,146	1 726
18		2 555	204	460		9 837	0	0	0,130	1 366
19		2 555	204	460		9 837	0	0	0,116	1 219
20		2 555	204	460		9 837	0	0	0,104	1 089
21		2 555	204	460		9 837	1 350	0	0,093	1 097
22		2 555	204	460		9 837	0	0	0,083	868
23		2 555	204	460		9 837	0	0	0,074	775
24		2 555	204	460		9 837	0	0	0,066	692
								Coût total en valeur actuelle		**104 007**

Tableau 9.5 Coût d'investissement des principaux composants du système de pompage solaire PV donné

Composant	Unité	Quantité	Prix unitaire ($)	Prix total ($)
Pompe	W	5 500	0,58	3 200
Onduleur	W	5 500	0,33	1 800
Modules solaires	W	11 000	0,80	8 800
Accessoires CC	W	11 000	0,12	1 320
Câbles et capteurs de niveau bas	m	60	7,00	420
Tuyaux PVC et tête de puits	m	90	5,00	450
Structure de fixation	W	11 000	0,35	3 850
Sous-total				*19 840*
Frais d'installation 10 %				1 984
Total				**21 824**

Pour appliquer la même analyse à la solution solaire, qui n'utilise pas de carburant, le seul élément à remplacer est l'onduleur/boîtier de commande, dont la durée de vie moyenne est de sept ans. Un coût supplémentaire annuel de 1 500 $ est prévu pour couvrir le coût de la maintenance préventive, du nettoyage régulier des panneaux solaires et des petites réparations qui peuvent être nécessaires au fil du temps. L'ACCV d'un système solaire est résumée dans le tableau 9.6.

Les coûts additionnels à prendre en compte peuvent être ajoutés dans une nouvelle colonne selon la même méthode d'analyse. Rappelons qu'il s'agit d'une comparaison de technologies et que les coûts communs aux deux solutions (p. ex., le salaire de l'opérateur du point d'eau) peuvent donc être omis pour simplifier l'analyse.

Tableau 9.6 ACCV du système de pompage donné à énergie solaire PV

Année (n)	Coût d'investissement ($)	Entretien préventif, petit entretien et nettoyage ($)	Gros entretien ND	Consommation de carburant (litres/h)	Coût du carburant ($)	Réfection ($)	Coût de remplacement de l'onduleur tous les 7 ans ($)	$Pr = 1/(1+A)^n$	Coûts totaux en valeur actuelle ($)
0	21 824	1 500	0	0	0			1,000	23 324
1		1 500	0		0			0,893	1 339
2		1 500	0		0			0,797	1 196
3		1 500	0		0			0,712	1 068
4		1 500	0		0			0,636	953
5		1 500	0		0			0,567	851
6		1 500	0		0		1 800	0,507	1 672
7		1 500	0		0			0,452	679
8		1 500	0		0			0,404	606
9		1 500	0		0			0,361	541
10		1 500	0		0			0,322	483
11		1 500	0		0			0,287	431
12		1 500	0		0			0,257	385
13		1 500	0		0		1 800	0,229	756
14		1 500	0		0			0,205	307
15		1 500	0		0			0,183	274
16		1 500	0		0			0,163	245
17		1 500	0		0			0,146	218
18		1 500	0		0			0,130	195
19		1 500	0		0			0,116	174
20		1 500	0		0			0,104	156
21		1 500	0		0		1 800	0,093	305
22		1 500	0		0			0,083	124
23		1 500	0		0			0,074	111
24		1 500	0		0			0,066	99
					Coût total en valeur actuelle				**36 492**

La figure 9.2 représente les coûts cumulés des deux systèmes. Elle montre que le remplacement d'un générateur par une solution solaire permet d'obtenir une réduction de coûts considérable pendant la durée de vie de l'équipement (65 %) sur un point d'eau déterminé. Il est également courant d'envisager un investissement solaire sur une période plus courte. La figure 9.2 montre que les économies réalisées augmentent rapidement puisqu'elles atteignent déjà 46 % au bout de 5 ans.

Du fait qu'il existe un certain nombre de facteurs variables (p. ex., heures de fonctionnement du générateur, taille des systèmes, besoins journaliers en eau) et qu'il peut y avoir une différence notable en termes d'économies potentielles et de seuil de rentabilité entre les différents systèmes de pompage dans la même zone d'installation, il est toujours utile de réaliser une ACCV similaire pour tous les points d'eau afin de prioriser l'intervention dans les contextes où le financement est limité. Ces variations sont illustrées dans le tableau 9.7, établi par les auteurs lors d'une visite au Soudan du Sud, avec une large fourchette d'économies et de seuils de rentabilité.

En outre, il n'est pas inhabituel de trouver un seuil de rentabilité égal ou inférieur à 1 année pour le solaire par rapport aux générateurs diesel, ce qui rend l'investissement rentable même pour les donateurs ayant de courtes périodes de financement. Un autre aspect à envisager, qui n'est pas pris en compte dans l'analyse, est que le gazole est considéré dans de nombreux contextes comme un produit de base, d'où des vols durant le transport et le

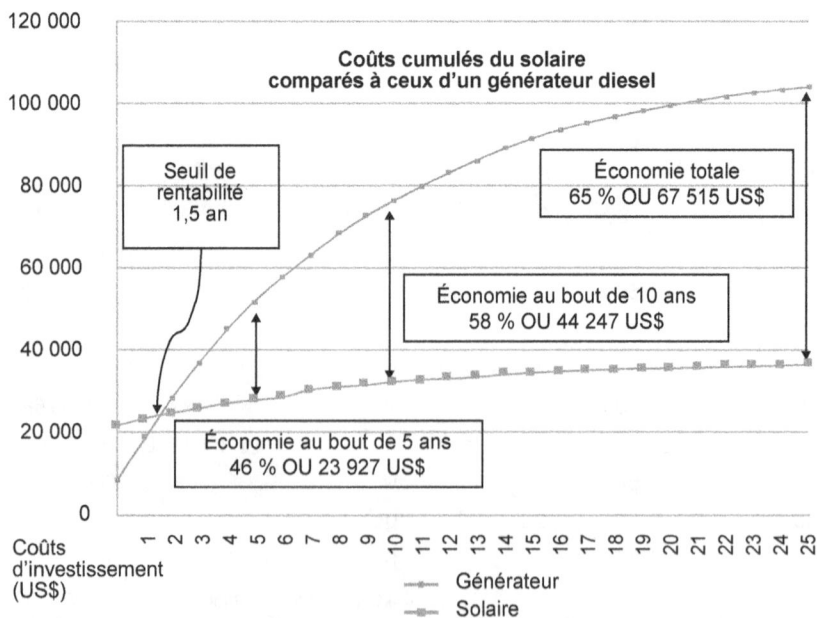

Figure 9.2 Évolution comparée des coûts d'un système solaire et d'un générateur

Tableau 9.7 Comparaison des coûts de systèmes autonomes à générateur existants au Soudan du Sud et des coûts de systèmes solaires ou hybrides équivalents

| | Données du site | | | Débit d'eau | | | Analyse économique/cycle de vie | | | | | |
| | | | | | | | Générateur autonome | | Solaire autonome ou hybride | | Comparaison hybride/ solaire - diesel | |
N°	Camp	ID du bloc	Organisme de gestion	Débit journalier moyen du système solaire proposé (m³/jour)	Débit journalier du générateur proposé couplé au système solaire, m³/j	Débit journalier du générateur actuel (m³/jour)	Coût initial (US$)	Coût du cycle de vie (US$)	Coût initial (US$)	Coût du cycle de vie (US$)	Réduction de dépenses hybride/ solaire vs groupe électrogène	Seuil de rentabilité
1	Bentiu	Secteur 1 Bloc 7	Mercy Corps	71,1	56,1	127,2	10 013	357 425	12 858	238 688	−33 %	0,7 an
2	Bentiu	Secteur 2 Bloc 9	OIM	120,0	0,0	120,0	12 468	371 939	30 767	194 943	−48 %	1,6 an
3	Bentiu	Secteur 3 Bloc 1	Concern Worldwide	151,1	146,0	297,1	18 895	660 400	22 696	467 750	−29 %	1,2 an
4	Ajuong Thok	Marché	Samaritan Purse	72,0	0,0	72,0	17 200	272 981	21 500	34 515	−87 %	0,2 an

stockage. Ce problème est minimisé ou éliminé grâce à l'adoption de solutions solaires autonomes.

> Le coût lié au vol de gazole, problème non quantifié dans l'analyse économique mais très courant dans les contextes humanitaires, est minimisé ou éliminé grâce à la solarisation des forages.

À noter finalement que plus le point d'eau est éloigné, plus le transport de carburant est cher et augmente le coût de fonctionnement du générateur, tandis que les coûts d'un système solaire ne changent pratiquement pas au fil du temps.

9.4.2 Générateur autonome ou systèmes hybrides (solaire + générateur)

Comme indiqué dans d'autres chapitres, un système solaire autonome est parfois insuffisant pour satisfaire la totalité des besoins en eau journaliers. Il peut alors être nécessaire d'envisager un générateur autonome ou un système hybride alimenté par des panneaux solaires durant la journée solaire et par un générateur pendant quelques heures la nuit.

Une ACCV peut être effectuée pour déterminer la plus rentable de ces deux solutions. Il s'agit de calculer d'une part le coût du pompage du volume d'eau requis au fil du temps avec un générateur autonome et, d'autre part, le coût du pompage pendant la journée solaire avec un système solaire plus le coût de fonctionnement d'un générateur pendant quelques heures supplémentaires pour couvrir la totalité de la demande.

Si un générateur diesel n'est pas viable pour une raison ou pour une autre (p. ex., problèmes de transport du gazole sur le site pour des raisons de sécurité ou de mauvais état des routes) et si un système solaire autonome ne peut fournir la totalité de l'eau requise, un deuxième forage équipé de panneaux solaires peut être envisagé.

La figure 9.3 illustre les trois options considérées pour un camp de réfugiés en Tanzanie en 2016. Une option ne faisant pas appel au diesel est normalement plus rentable à moyen et long termes.

9.5 Coût de propriété

Divers modèles peuvent être adoptés pour financer des projets de pompage d'eau à énergie solaire et les rendre abordables pour davantage de gens, et donc plus accessibles (voir la figure 9.4).

9.5.1 Achat au comptant ou financement

L'organisation responsable engage un maître d'œuvre chargé de la conception, de l'achat des équipements et de l'installation du système. Les coûts sont payés en une seule fois au comptant. Un partenaire financier peut entrer en jeu si l'on ne dispose pas du montant total au comptant. Une fois le système installé, l'organisation responsable en conserve la propriété et la gestion ou transfère celles-ci aux usagers ou à la collectivité locale. N'importe laquelle de

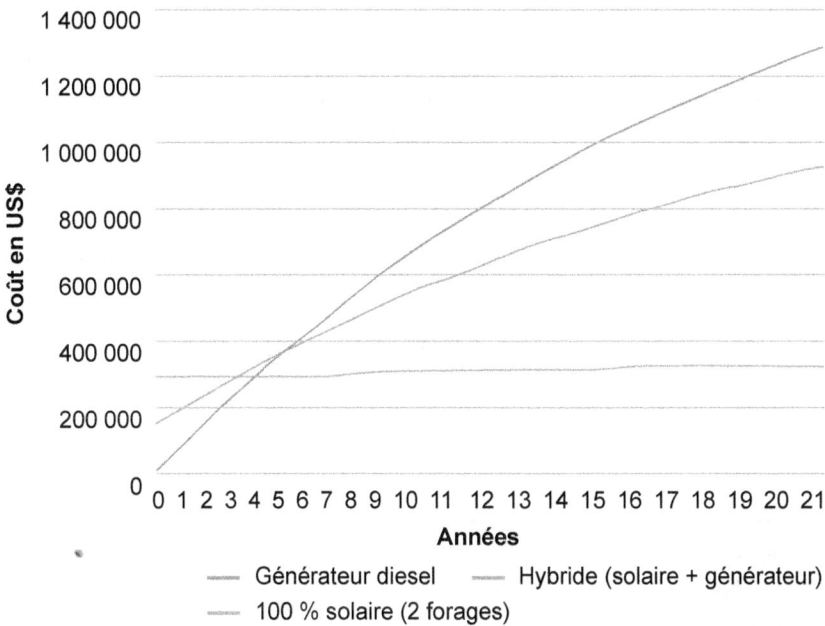

Figure 9.3 ACCV d'un générateur autonome par rapport à des systèmes hybride et solaire à Nyarugusu, Tanzanie

ces parties prenantes peut prendre en charge l'exploitation et la maintenance du système ou les sous-traiter auprès d'un tiers en échange d'une redevance.

9.5.2 Vente initiale avec un partenaire financier

L'organisation responsable conclut un accord avec une institution financière qui fournit les fonds aux parties intéressées par la construction d'un système solaire. Ces fonds peuvent ensuite être remboursés selon un mode prédéfini afin que les coûts initiaux soient plus faciles à supporter par toutes les parties impliquées.

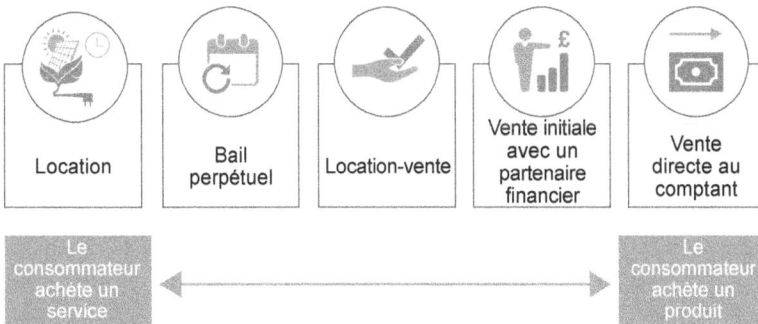

Figure 9.4 Modèles de financement des systèmes de pompage à énergie solaire

9.5.3 Location-vente

L'organisation responsable souscrit un contrat de crédit-bail ou de location avec une compagnie de services solaires et lui verse une redevance mensuelle. La compagnie de services solaires finance la conception, l'installation ainsi que l'exploitation et la maintenance du système. La propriété du système est transférée à l'organisation responsable à la fin du contrat et celle-ci peut ensuite sous-traiter l'exploitation et la maintenance du système en échange d'une redevance. Les contrats de crédit-bail vont généralement de deux ou trois ans à dix ans.

9.5.4 Bail perpétuel ou contrat d'achat d'électricité (ou d'eau)

L'organisation responsable achète l'énergie solaire (ou l'eau) et paie une facture mensuelle. Un contrat d'achat d'électricité (CAE) couvre seulement l'énergie générée (ou l'eau pompée) par le système solaire. La compagnie de services solaires finance la conception, l'installation et l'exploitation et la maintenance du système. À la fin du CAE, l'organisation peut renouveler ou résilier le contrat avec la compagnie de services solaires et reste dans tous les cas la propriétaire de l'équipement. Les CAE peuvent aller de deux ou trois ans à dix ans.

9.5.5 Location

L'organisation responsable loue l'équipement à une compagnie de services solaires en échange d'un montant forfaitaire fixe. La compagnie de services solaires finance la conception, l'installation et éventuellement l'exploitation et la maintenance du système. À la fin du contrat de location, l'organisation peut renouveler ou résilier le contrat avec la compagnie de services solaires et reste dans tous les cas la propriétaire de l'équipement.

CHAPITRE 10
Appel à propositions et évaluation des offres

Les aspects qualitatifs sont essentiels dans le cadre de la sélection des composants solaires pour obtenir les débits d'eau souhaités. Les critères de certification des fabricants sont la meilleure façon de s'assurer de la qualité des composants choisis. Ce chapitre décrit également d'autres aspects de la procédure d'appel d'offres et d'achat dans le cadre des projets de pompage solaire, notamment la garantie, les livrables et l'évaluation des offres. Un modèle de document d'appel d'offres de projet de pompage solaire est fourni. Par ailleurs, les procédures et les outils disponibles en ligne pour assurer la conformité aux certifications de fabrication sont expliqués dans ce chapitre.

Mots clés : performance qualité solaire, CEI/EN 61215 et 61730, appel d'offres de projets solaires, garantie de performance linéaire, boîte à outils sur le pompage solaire, base de données sur la certification, sélection du fournisseur, authenticité des produits solaires

10.1 Critères de sélection des produits et services de pompage solaire

La qualité est un critère essentiel de sélection de l'équipement. Elle peut être définie comme la capacité d'un produit ou service à satisfaire de façon continue les exigences requises durant une période déterminée. La qualité fait partie intégrante d'un produit ou service et doit être un élément clé à prendre en compte dans le choix de l'équipement de pompage solaire.

La sélection de produits de qualité douteuse (notamment pour les modules solaires) peut entraîner une baisse de performance du système de pompage qui pourrait, à tort, susciter des doutes sur l'adéquation de la solution et la viabilité de l'ensemble du projet. En revanche, des produits de qualité soigneusement sélectionnés garantissent la rentabilité du projet et contribuent à sa viabilité.

Certains aspects qualitatifs des produits à prendre en compte pour déterminer les caractéristiques requises d'un système de pompage solaire sont décrits dans l'encadré 10.1.

10.2 Caractéristiques requises des principaux composants

Le tableau 10.1 résume les principales caractéristiques minimales ou souhaitables d'un équipement de pompage solaire.

L'ensemble du matériel doit être inspecté dans l'entrepôt du fournisseur avant la livraison sur le site pour identifier et éliminer les produits défectueux ou endommagés. Le matériel doit également être inspecté et vérifié à la livraison sur le site. Il convient également de contrôler l'authenticité des produits en examinant les numéros de série et les certifications de l'équipement et en les communiquant au fabricant d'origine pour vérification. Les modules solaires peuvent être vérifiés sur les bases de données de certificats, décrites dans la section 10.6.

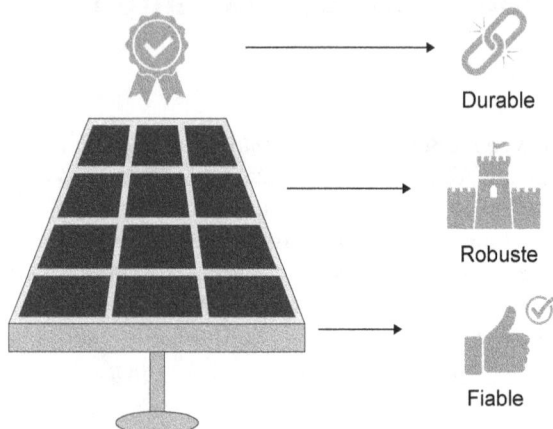

Durable

Robuste

Fiable

Figure 10.1 La qualité, un critère essentiel des panneaux solaires

---

Encadré 10.1 Aspects qualitatifs des produits

Performance Le produit sélectionné doit satisfaire la demande en eau et la hauteur de pompage spécifiées durant le mois de référence, qui peut être le mois au rayonnement le plus bas, le mois le plus sec, etc. Le projet proposé par les soumissionnaires doit indiquer les débits de pompage mensuels selon les exigences de tenue en service.

Rendement Le rendement représente la quantité d'eau qui sera pompée avec la source d'alimentation disponible et il a des répercussions sur le coût de propriété. La période de recouvrement du système solaire et les économies attendues au cours du cycle de vie du système permettront de distinguer des systèmes dotés de performances similaires. Un système à haut rendement permet d'obtenir la même quantité d'eau à moindre coût ou d'obtenir davantage d'eau avec la même source d'alimentation (voir Lorentz, 2020a pour plus de détails).

Fiabilité Le produit souhaité ne doit pas connaître de disfonctionnement pendant une période déterminée. Des preuves d'exemples du terrain qui attestent que le produit a fonctionné sans défaillance dans le passé sont un bon indicateur de fiabilité. Les références données par le fournisseur et les visites de sites en fonctionnement permettront de le confirmer. La garantie du fabricant est également une marque de confiance du fabricant dans la fiabilité du produit.

Conformité Le produit doit être conforme aux normes de qualité et de sécurité spécifiées, telles que les certifications CEI/EN, les marques de sécurité UL/MET ou d'autres normes locales et internationales reconnues. Le fournisseur doit soumettre des certificats de conformité vérifiables.

Durabilité Les différents composants doivent pouvoir fonctionner longtemps sans détérioration significative. Les modules solaires sont généralement garantis 25 ans. Les pompes et les contrôleurs de qualité ont une durée de vie de 7 à 10 ans.

Robustesse	Le système doit être conçu pour fonctionner avec fiabilité dans des endroits isolés. L'environnement particulier dans lequel le système sera installé doit être pris en compte durant la phase de conception, avec par exemple un indice de protection spéciale contre les hautes températures ou contre le brouillard salin sur le littoral. Les spécifications données par le fournisseur doivent être respectées.
Facilité d'entretien	Tous les composants ne doivent nécessiter qu'un entretien minimal, sans pièces coûteuses. La fréquence de remplacement des pièces doit être assez longue pour réduire les coûts de remplacement. La durée des opérations de remplacement et les compétences nécessaires à cet effet doivent permettre de minimiser le temps d'immobilisation.
Esthétique	Même si cela n'a pas d'effet sur les performances, le système installé doit être agréable à regarder afin qu'il soit mieux accepté par la communauté.

Tableau 10.1 Caractéristiques minimales recommandées des composants solaires

Critère	Caractéristiques des équipements		
	Module solaire	*Pompe et moteur*	*Contrôleur*
Performances	Les modules PV doivent fournir la puissance exigée par la pompe	Pompes volumétriques ou centrifuges	Régulateur MPPT et fonction booster
		Moteur asynchrone à vitesse variable pouvant résister aux harmoniques (isolement du moteur PE2/PA)	Calibré selon l'intensité, la tension et la puissance requises par la pompe
		Point de fonctionnement du système conforme aux exigences	
Rendement	>14 %	Moteur : >80 %	>95 %
Fiabilité	Utilisation précédente hors réseau satisfaisante	Déjà utilisé sur d'autres sites sans panne	Déjà utilisé sur d'autres sites sans panne
Conformité	CEI/EN 61215 & 61730 pour modules cristallins	CEI/EN 809, 600434-1, 62253, 61702 Certifications ISO	CEI/EN 61800-1, 61800-3, 60204-1, 61683, 62109, 62093
	CEI 61646 pour modules PV en couche mince		Certifications ISO
	Marque de sécurité UL 1703		
	CEI/EN 61701 (pour les zones côtières)		
Durabilité	Garantie de performance de 25 ans	7 ans pour le moteur 10 ans pour la pompe	7 ans
	Garantie de produit de 20 ans		

(suite)

Tableau 10.1 Suite

Critère	Caractéristiques des équipements		
	Module solaire	Pompe et moteur	Contrôleur
Robustesse	Encapsulation de qualité	Construit dans un matériau non corrosif comme l'acier inoxydable (AISI 304 ou supérieur)	Indice de protection IP54 ou supérieur
	Ne casse pas facilement		Bien adapté aux conditions réelles (p. ex., température ambiante, humidité, salinité de l'air, altitude)
	Châssis solide	Lubrifié en permanence	
		Bien adapté à la température de l'eau souterraine et à la qualité de l'eau	
Facilité d'entretien	Possibilité d'ouvrir le boîtier de bornes/ jonction du module pour remplacer le câble, si nécessaire	Conception modulaire, c.-à-d. pompe et moteur amovibles	Composants électroniques de préférence au-dessus du sol (non immergés)
		Sans maintenance si possible (p. ex., moteurs sans balais)	Faible coût de remplacement des pièces détachées
			Long intervalle entre les réparations

10.3 Sélection du fournisseur

Outre les produits, la sélection d'un bon fournisseur est essentielle à la durabilité du système de pompage solaire. Le fournisseur adéquat sera non seulement en mesure de fournir les produits optimaux mais aussi de garantir une installation et une finition parfaites ainsi qu'un bon service après-vente, ce qui favorisera la longévité du système. Certains critères qui peuvent être appliqués à la sélection du meilleur fournisseur sont décrits dans l'encadré 10.2.

Il convient de rendre visite aux fournisseurs potentiels pour évaluer la qualité et la quantité des produits stockés, discuter des délais de livraison des articles non stockés et déterminer leur expertise globale et leur capacité à exécuter le projet dans les délais voulus. Il est également souhaitable de contacter leurs référents et, si possible, de visiter des sites de projets déjà mis en œuvre afin d'écarter les fournisseurs sans scrupules.

10.4 Processus d'appel d'offres

Dans la plupart des projets de SPS, les offres de plusieurs soumissionnaires seront examinées avant d'attribuer le contrat. Généralement, les soumissionnaires potentiels seront tenus de présenter une proposition conforme aux exigences spécifiées dans un document d'appel d'offres. Ce document contiendra les exigences statutaires légales, les exigences financières et les exigences techniques. Cette section est axée sur le volet technique de l'appel d'offres.

Encadré 10.2 Critères de sélection du fournisseur

Qualité des produits	Système de gestion de la qualité ISO 9000 ou équivalent et vérification par une tierce partie. Produits avec marque de sécurité UL/MET
Livraison	Fournisseur fiable et livraison ponctuelle
Expérience	Expérience solide en matière de conception, d'installation et de maintenance de solutions de pompage solaire de taille, de portée et d'application similaires
Réputation	Bonne réputation internationale dans le secteur. Références disponibles de clients précédents et d'homologues.
Capacité	Personnel, outils et matériel adéquats pour une exécution satisfaisante du projet
Expertise technique	Personnel formé et agréé capable d'installer correctement le système et d'assurer l'entretien du projet
Garantie et service après-vente	Politiques garantissant les remplacements et les réparations post-installation. Accès aux pièces détachées avec l'appui du fabricant des équipements
Formation	Personnel qualifié et agréé capable d'assurer la formation de l'organisation, des opérateurs et des usagers

---

Il existe deux méthodes de lancement d'un appel d'offres techniques.

1. Dans la première, l'organisation commanditaire se charge de la conception technique du projet et fournit aux soumissionnaires une liste d'équipements à fournir de préférence, en précisant les marques et modèles (ou équivalents), les tailles d'équipement spécifiques, les puissances nominales et les quantités. Cette méthode est simple et permet de sélectionner rapidement le fournisseur, mais elle ne doit être employée que si l'organisation possède une expertise technique suffisante pour se charger de la conception et évaluer correctement les offres, ou si un consultant expérimenté ou un cabinet privé peut être engagé pour réaliser la conception. Cette méthode est particulièrement utile lorsque l'achat doit être effectué rapidement, notamment dans des situations d'intervention d'urgence où des systèmes d'approvisionnement en eau doivent être installés le plus vite possible. Les kits d'urgence mentionnés dans la section 7.4 peuvent être utilisés dans ces contextes d'urgence (une liste complète des équipements requis pour chaque kit est fournie dans GLOSWI, 2018e).

2. Selon la deuxième méthode, l'organisation fournit des informations sur le projet, le site, la demande en eau et d'autres exigences, et demande aux soumissionnaires de présenter des propositions (y compris la conception du système solaire) conformément à ces exigences. Cette méthode peut impliquer un processus long, laborieux et complexe de sélection des

différentes propositions afin de déterminer la mieux adaptée aux impératifs. Plus les exigences seront clairement expliquées et plus les données fournies seront précises, plus le processus d'adjudication sera facile et équitable. Le soumissionnaire qui présente la proposition la mieux adaptée aux exigences sera sélectionné. Cette méthode implique également un certain niveau d'expertise technique au sein de l'organisation afin d'évaluer les différentes propositions, mais moins que dans le premier cas.

Les lignes directrices d'achat internes détermineront également l'approche pertinente. Par exemple, certaines organisations exigent que les marques d'équipement ne soient pas mentionnées dans l'appel à propositions, ce qui peut empêcher de suivre la première méthode, bien que l'on puisse s'assurer du respect de cette règle tout en fournissant une liste complète d'équipements demandés.

Le modèle de document d'appel d'offres de la section 10.5 est fourni à titre indicatif dans le cadre de la deuxième méthode, en vertu de laquelle il est demandé aux soumissionnaires de présenter des propositions selon les exigences spécifiées.

Encadré 10.3 Guide de référence pour la procédure d'achat du SPS

Le processus d'appel d'offres peut être complexe et difficile et risque, s'il n'est pas bien géré, d'entraîner des retards et des problèmes d'exécution du projet. Le document de la Banque mondiale « Système d'énergie solaire photovoltaïque pour les installations et les services communautaires » décrit les principaux problèmes rencontrés lors du processus d'achat et la façon d'y remédier (Banque mondiale, 2010). Ce document servira de référence durant le processus d'achat de projets SPS.

10.5 Modèle de document d'appel d'offres : cahier des charges technique

Le cahier des charges contenant les spécifications techniques des offres est décrit ci-dessous.

10.5.1 Informations générales

Localisation. La localisation est un paramètre essentiel dans la conception du SPS car c'est la base qui permet d'obtenir les données de ressources solaires correctes telles que le rayonnement, les heures de soleil maximum et la température. La localisation doit être indiquée sous forme de coordonnées GPS.

Informations contextuelles. Cette section doit fournir aux soumissionnaires des renseignements sur le contexte du projet, de façon qu'ils puissent se faire une idée précise des besoins, de la situation actuelle, des exigences du projet proposé et des réalisations ciblées.

Objectifs. Les objectifs du projet doivent être clairement énoncés ici, par exemple « le projet vise à fournir un système d'alimentation du pompage d'eau afin de réduire au maximum la consommation de gazole en pompant le plus d'eau possible à l'aide du système d'énergie solaire ».

Planification et conception du système. Des informations doivent être apportées sur la planification et la conception du système, telles que les outils de conception à utiliser, les paramètres de conception à appliquer (p. ex., les pertes prises en compte dans la conception), la réalisation éventuelle d'une analyse de rentabilité dans le cadre de la proposition et la soumission éventuelle de fiches techniques avec la proposition.

10.5.2 Informations sur le projet

Portée des travaux. La description de la portée des travaux englobe le calendrier de livraison et les lignes directrices relatives à l'installation et à la mise en service. Elle doit expliquer en détail ce que l'on attend du fournisseur, depuis l'étendue des travaux jusqu'aux éléments constitutifs de l'installation complète. Des détails sur le savoir-faire, la formation, la documentation et les durées de vie exigées doivent être clairement indiqués.

Besoins en eau. Les conditions relatives à la demande en eau doivent être spécifiées et la méthode de conception à utiliser doit être précisée, par exemple la méthode du pire mois expliquée dans la section 5.3.3.

Point d'eau. Le point d'eau et d'autres facteurs environnementaux doivent être détaillés, de façon que le soumissionnaire dispose de toutes les informations requises pour une conception adéquate du système. Cela comprend les caractéristiques du point d'eau et des renseignements sur le site, tels que les distances et la taille du réservoir.

Autres paramètres de conception. Les heures de fonctionnement et les schémas de prélèvement d'eau, entre autres, sont utiles dans le processus de conception.

Configuration du système. Le type de configuration du système, tel qu'un système solaire autonome ou un dispositif hybride solaire-diesel, doit être indiqué dans le document.

Un schéma d'agencement du site peut également être fourni, comme illustré à la figure 10.2.

Le tableau 5.1 contient les informations minimales à fournir afin qu'un projet technique exhaustif puisse être élaboré.

10.5.3 Spécifications relatives aux équipements

Entretien requis. Il doit être demandé aux soumissionnaires d'indiquer clairement les exigences d'entretien des équipements proposés, c.-à-d. les intervalles d'entretien, le coût des pièces, la durée des opérations de remplacement et le niveau d'expertise requis pour cet entretien.

Pièces détachées. Il doit être demandé aux soumissionnaires de fournir une liste des pièces détachées nécessaires en précisant la fréquence de remplacement et la disponibilité de ces pièces.

Facilité d'utilisation. Les équipements doivent être faciles à utiliser et les défauts aisément détectables.

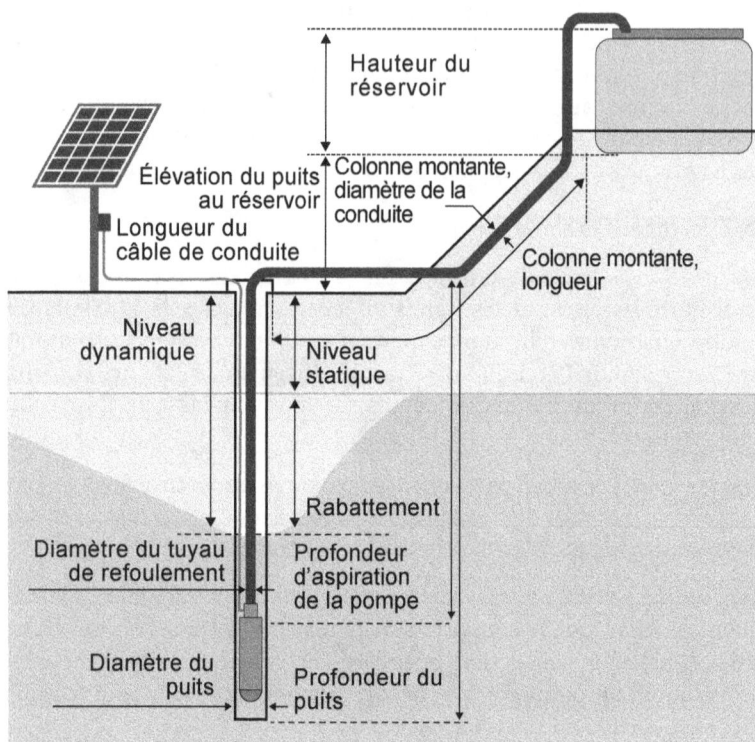

Figure 10.2 Exemple de schéma d'un système de pompage d'eau à énergie solaire fourni aux soumissionnaires

Modules solaires PV. La sélection des modules PV doit faire l'objet d'une attention particulière en raison de la prolifération de modules de qualité inférieure sur le marché ces dernières années. L'observation des critères indiqués dans les sections 10.2 et 10.6 est essentielle à la sélection de modules de qualité. Les exigences de qualité des modules doivent être communiquées aux soumissionnaires, qui sont ensuite tenus de fournir une déclaration de conformité aux critères de qualité claire et détaillée. La puissance nominale des modules peut également être indiquée. Des dispositions de protection contre le vol doivent également être requises, telles qu'un marquage permanent au dos des modules.

Protection du système. Il faut inclure les exigences de protection contre la marche à sec, les surtensions, la foudre ou encore les normes de protection des câbles, etc. dans les spécifications des équipements.

Équipement de contrôle. Le contrôleur de l'équipement est le cœur de tout système solaire et doit être soigneusement sélectionné en fonction de l'application. Pour cela, il convient de définir clairement les exigences relatives au contrôleur, telles que la conversion CC-CA, le rendement, l'interface d'affichage, les normes de qualité, les entrées de contrôle, les fonctions de protection, l'enregistrement des données de surveillance à distance, les exigences d'entretien et la protection face aux conditions environnementales.

Dispositifs de commande auxiliaires. Cela concerne le matériel requis pour une installation professionnelle tel que les interrupteurs de déconnexion, les coffrets de raccordement et les boîtiers de jonction.

Pompe et moteur électriques. Les spécifications relatives à la pompe requise seront indiquées ici, telles que le type de pompe (CA ou CC, immergée ou de surface), le modèle de pompe (volumétrique ou centrifuge), les caractéristiques du moteur, la construction de la pompe, la construction du moteur, les exigences de fréquence variable (p. ex., moteurs PE2/PA), le rendement et les normes de qualité, comme indiqué dans la section 10.2.

Structure de fixation des modules. Il doit être demandé aux soumissionnaires de fournir une structure de fixation conforme aux spécifications établies dans le document d'appel d'offres ou bien de concevoir une structure de fixation adaptée aux conditions décrites dans le cahier des charges. Les soumissionnaires seront tenus de fournir un schéma indiquant les différentes sections de la structure de fixation. Les dispositions contre le vol/vandalisme doivent être précisées.

10.5.4 Garantie, responsabilité en cas de défauts, entretien et maintenance

Période de garantie et de responsabilité en cas de défauts. Il doit être demandé au soumissionnaire de préciser dans sa proposition technique la période de garantie et la période de responsabilité en cas de défauts, les réparations/remplacements couverts par la garantie ainsi que l'étendue et les conditions de la garantie.

Service après-vente. Le service souhaité après l'installation doit être spécifié et les soumissionnaires doivent être invités à donner des détails précis et à s'engager à fournir ce service en cas de problème dans le système.

Proposition de contrat d'entretien. Il peut être demandé aux soumissionnaires d'accompagner leur offre d'une proposition chiffrée de contrat d'entretien de deux ans après l'expiration de la période de garantie et de responsabilité en cas de défauts.

Le soumissionnaire doit également détailler dans le cadre de sa proposition technique sa disponibilité et sa capacité à fournir une assistance locale, de préférence par le biais de ses propres agents dans le pays.

Des détails supplémentaires à ce sujet sont fournis dans la section 11.2.4.

10.5.5 Livrables

Cette section définit les éléments indicateurs de bonne fin du projet, qui peuvent comprendre : un accusé de réception des marchandises livrées par le fournisseur signé ; un certificat d'essai signé ; un rapport de livraison, d'installation et de mise en service adressé à l'agence contractante et aux usagers ; et un rapport de formation.

10.5.6 Qualification des soumissionnaires

Les critères énumérés dans la section 10.3 doivent être communiqués aux soumissionnaires pour qu'ils aient connaissance des critères de qualification à remplir pour pouvoir présenter leur offre, y compris la réputation, l'expérience et la capacité.

10.5.7 Évaluation de l'offre et autres aspects

Critères d'évaluation. Les critères d'évaluation des offres doivent être indiqués ici. Cela permettra aux soumissionnaires de savoir comment ils seront notés afin qu'ils puissent présenter des offres complètes, répondant à toutes les exigences. Ceux qui ne peuvent pas remplir ces conditions ne présenteront pas d'offre, ce qui évitera des pertes de temps et d'efforts aux deux parties.

Calendrier d'activité. Le calendrier d'activité est utile pour que les soumissionnaires sachent s'ils peuvent faire les travaux dans les délais prévus et les planifient correctement afin de garantir la livraison ponctuelle du projet. Il doit également être demandé aux soumissionnaires de fournir un plan de travail conforme aux échéances fixées.

Obligations. Les obligations de l'organisation contractante et de l'organisation soumissionnaire (maître d'ouvrage sélectionné) doivent être clairement énoncées, y compris des informations telles que l'accès au chantier, la passation du site, les obligations de paiement, la signature du contrat, les normes éthiques, la logistique, la livraison et la communication de rapports.

Soumission de l'offre. Des directives de soumission doivent être communiquées aux soumissionnaires, indiquant le jour et l'heure de clôture de l'appel d'offres, les moyens de soumission (courriel, boîte de dépôt des offres, etc.), et toute autre exigence, par exemple la soumission de propositions technique et financière séparées.

Annexes. Les documents à joindre en annexe comprennent une liste de contrôle pour l'évaluation technique, une liste de contrôle des livrables, tous les schémas techniques nécessaires tels que les structures de fixation des modules et une liste de tous les équipements à fournir (le cas échéant).

Un modèle de cahier des charges est disponible sur le site Solar Pumping Toolkit de Global WASH cluster (GLOSWI, 2018d). Ce modèle est fourni à titre indicatif afin de pouvoir élaborer facilement et rapidement un cahier des charges spécifique au contexte.

10.6 Qualité des modules solaires

La conformité aux normes spécifiées est naturellement l'un des principaux indicateurs de qualité des composants du système.

Une attention particulière doit être consacrée à la qualité des modules solaires car le choix entre différents modules est souvent compliqué en raison des multiples modèles disponibles. En outre, dans de nombreux pays en développement, le marché est inondé de modules bon marché et de piètre qualité qui sont difficiles à différencier d'un module de qualité à l'œil nu. Or, la qualité des modules a des répercussions considérables sur la durabilité du système. Quelques conseils sont fournis ci-après afin de choisir des modules de qualité offrant de bonnes performances.

10.6.1 Vérification de la conformité et de l'authenticité

Comme indiqué dans la section 10.2, la certification est un indicateur important de la qualité du module. La certification de conformité aux normes CEI/EN 61215, CEI/EN 61730 (pour les modules cristallins), CEI/EN 61646 (pour les modules en couche mince) et UL 1703 est obligatoire pour déterminer qu'il s'agit d'un module de qualité. Le respect de ces normes est une garantie de durée de vie prolongée des modules.

D'autres normes facultatives peuvent également être prises en compte en fonction des conditions effectives dans lesquelles les modules seront installés. Par exemple, la norme CEI/EN 61701 est requise pour les modules destinés aux zones littorales. Elle atteste que ces modules pourront résister aux conditions de brouillard salin des installations côtières.

Les certifications peuvent être apposées sur la plaque signalétique du module ou dans sa fiche technique. En cas d'absence de marque de certification sur un module, on peut douter de sa qualité et de son authenticité.

Il doit être demandé aux soumissionnaires de fournir des numéros de certification des modules correspondant aux certifications mentionnées, dont l'authenticité peut être vérifiée dans les bases de données des organismes de certification correspondants. L'authenticité de la marque du panneau (et donc sa qualité) doit être remise en cause lorsque les soumissionnaires ne sont pas en mesure de fournir des numéros de certification.

Par exemple, sur la figure 6.1, le module SolarWorld est certifié conforme aux normes CEI 61215 et CEI 61730 et la base de données permettant de vérifier l'authenticité de cette certification est celle de TÜV Rheinland (l'organisme de certification dans ce cas).

Voici quelques organismes de certification et leurs bases de données de vérification de validité :

- TÜV Rheinland ; https://www.certipedia.com/
- TÜV SÜD Group ; https://www.tuvsud.com/en/services/product-certification/ps-cert
- TÜV Rheinland ; - DIN CERTCO ; https://www.dincertco.tuv.com/?locale=en
- TÜV NORD ; https://www.tuev-nord.de/en/company/certification/certificate-database/
- VDE Institute ; https://www2.vde.com/en/Institute/OnlineService/VDE-approved-products/Pages/Online-Search.aspx

Dans certaines de ces bases de données, la certification peut être recherchée à l'aide du nom du fabricant ou du produit.

Vérification de la certification à l'aide du nom du fabricant du module. Pour le module SolarWorld sur la figure 6.1 :

1. Identifier l'organisme de certification dans la fiche technique du module. Dans ce cas, l'organisme de certification est TÜV Rheinland.
2. Consulter la base de données de certification correspondant à l'organisme de certification. Dans ce cas, <https://www.certipedia.com/>.
3. Saisir la marque du module ou le nom du fabricant (p. ex., SolarWorld) et cliquer sur le bouton « Start Search ».
4. Les résultats affichés montreront les produits SolarWorld, y compris les modules certifiés par TÜV Rheinland.

Vérification de la certification avec un numéro de certificat. Trina Solar est un fabricant mondial de modules solaires. Les différents types et tailles de module solaire qu'il fabrique sont indiqués sur son site web. La fiche technique du module polycristallin Allmax 265-285 W (au verso) précise qu'il est certifié conforme aux normes CEI 61215 et CEI 61730.

1. Identifier l'organisme de certification dans la fiche technique du module. Dans ce cas, l'organisme de certification est TÜV Rheinland.

Mono   Multi   Solutions

THE

ALLMAX

FRAMED 60-CELL MODULE

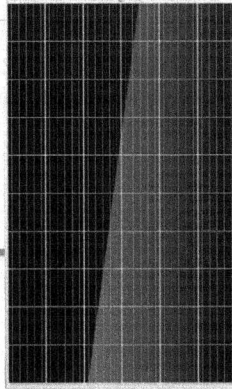

60 CELL
MULTICRYSTALLINE MODULE

265-285W
POWER OUTPUT RANGE

17.4%
MAXIMUM EFFICIENCY

0~+5W
POSITIVE POWER TOLERANCE

Founded in 1997, Trina Solar is the world's leading comprehensive solutions provider for solar energy. We believe close cooperation with our partners is critical to success. Trina Solar now distributes its PV products to over 60 countries all over the world. Trina is able to provide exceptional service to each customer in each market and supplement our innovative, reliable products with the backing of Trina as a strong, bankable partner. We are committed to building strategic, mutually beneficial collaboration with installers, developers, distributors and other partners.

Comprehensive Products And System Certificates
IEC61215/IEC61730/UL1703/IEC61701/IEC62716
ISO 9001: Quality Management System
ISO14001: Environmental Management System
ISO1400 4: Greenhouse gases Emission Verification
OHSAS 18001: Occupation Health and Safety
Management System

Our most versatile product
- Compatible with all major BOS components and system designs
- 1000V UL/1000V IEC certified

Maximize Limited Space
- Up to 174 W/m² power density

Highly reliable due to stringent quality control
- Over 30 in-house tests (UV, TC, HF, and many more)
- In-house testing goes well beyond certification requirements
- PID resistant
- 100% EL double inspection

Certified to withstand the most challenging environmental conditions
- 2400 Pa wind load
- 5400 Pa snow load
- 35 mm hail stones at 97 km/h

LINEAR PERFORMANCE WARRANTY
10 Year Product Warranty · 25 Year Linear Power Warranty

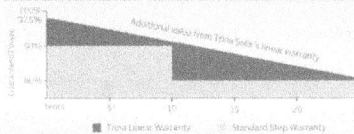

Trinasolar

2. Identifier le numéro de certification du module. Dans ce cas, il s'agit du 0000024632.

IEC 61215
IEC 61730
Regular Production
Surveillance

TÜVRheinland
CERTIFIED

www.tuv.com
ID 0000024632

3. Consulter la base de données correspondant à l'organisme de certification. Dans ce cas, <https://www.certipedia.com/>.
4. Saisir le numéro de certification et cliquer sur le bouton « Start Search ».
5. Les résultats affichés montrent que la certification est authentique et présentent une liste de tous les produits certifiés pour que le produit en question (type de modèle) puisse être vérifié.

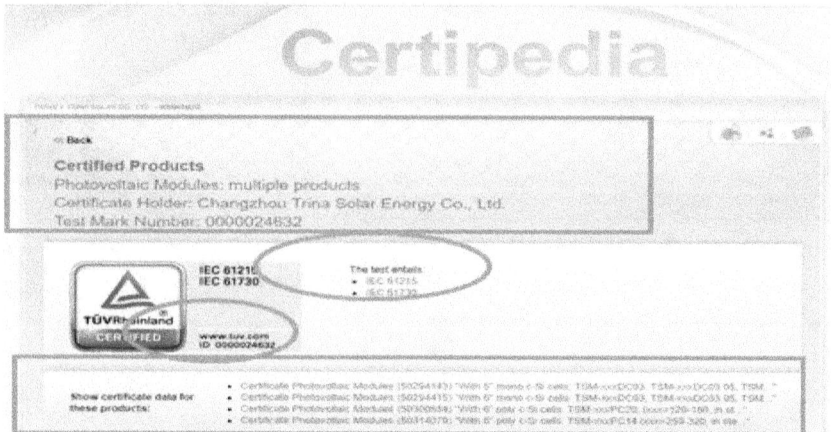

En raison du manque de contrôles appropriés à l'importation, les marchés de nombreux pays en développement ont été inondés de modules de mauvaise qualité et de contrefaçons. Pour remédier à ce problème, les principaux fabricants mondiaux apposent sur chaque module solaire un numéro de série qui figure sur une étiquette sous le vitrage du module PV. Au moment de l'achat, le numéro de série peut être envoyé par courriel au fabricant d'origine afin de vérifier que le module provient de son usine. Les numéros de série aident à détecter les contrefaçons sur lesquelles figurent des étiquettes de grandes marques falsifiées.

Les panneaux dépourvus de certificats de fabrication pertinents accompagnés de leur numéro d'identification doivent être évités.

10.6.2 Évaluation complémentaire de la qualité et des performances des modules solaires

Parmi les autres critères d'évaluation de la qualité et des performances d'un module solaire, citons notamment :

Puissance nominale. Plus la puissance nominale d'un module est élevée, plus il génèrera d'électricité. Ce critère peut servir à comparer différentes tailles de modules proposées.

Rendement. Un module ayant un meilleur rendement peut produire davantage d'électricité qu'un module similaire dont le rendement est plus bas. Ce critère est particulièrement utile pour comparer des modules du même type et de la même taille, par exemple deux modules polycristallins ayant la même puissance nominale mais un rendement différent.

Tolérance de puissance. Cela indique dans quelle mesure la puissance de sortie d'un module en fonctionnement s'écartera de la puissance indiquée sur la plaque signalétique. Elle est généralement exprimée en pourcentage positif ou négatif. Par exemple, un module de 300 W$_c$ ayant une tolérance de ±5 % signifie que sa plage de puissance de sortie est de 285–315 W en STC. Comme critère de sélection, une plage de tolérance plus réduite est préférable car elle implique une déviation moins importante de la puissance effective et offre une meilleure garantie d'obtention de la puissance effective.

Coefficient de température. L'effet de la température des cellules sur la puissance de sortie du module est expliqué dans les sections 2.10, 4.2 et 7.8.1. Le coefficient de température permet de quantifier la diminution de puissance d'un module en fonction de l'augmentation unitaire de la

> **Encadré 10.4 Vérification de la qualité du module**
>
> - certification
> - puissance nominale
> - rendement
> - tolérance de puissance
> - coefficient de température

température de la cellule au-dessus d'une température STC de 25 °C. Il est exprimé en pourcentage et possède différentes valeurs pour la puissance, la tension et l'intensité. Par exemple, un module de 300 W$_c$ ayant un coefficient de température de –0,45 %/°C pour la puissance signifie que, pour chaque degré d'augmentation de la température de la cellule au-dessus de 25 °C, la puissance de sortie du module diminue de 1,35 W. Les modules ayant des coefficients de température inférieurs sont préférables parce qu'ils subissent moins de pertes de puissance à haute température.

10.7 Aspects pratiques de la sélection des fournisseurs et des équipements

De nombreuses agences et organismes d'exécution font appel à des fonds limités de donateurs pour mettre en œuvre leurs projets de pompage solaire, d'où une certaine tendance à réduire au minimum les coûts d'achat, bien souvent aux dépens de la qualité. Cela est accentué par les procédures d'achat institutionnelles qui exigent de prendre en compte le prix, de sorte que le marché est adjugé au moins-disant. Les ingénieurs abandonnent souvent la responsabilité de la sélection des équipements au service des achats, qui ne sont probablement pas familiarisés avec les aspects techniques du produit et donneront donc la priorité au prix par rapport aux spécifications techniques, partant du principe que les caractéristiques des produits sont similaires. Il est conseillé que les ingénieurs supervisent la sélection des produits en privilégiant la qualité plutôt que le prix.

Les maîtres d'œuvre/fournisseurs du secteur privé sont souvent obligés de réduire au maximum le prix de leur offre, ce qui rend difficile la fourniture d'un service après-vente satisfaisant.

> Le choix de l'équipement ne doit pas être confié au service des achats sans être soumis à l'examen technique d'ingénieurs compétents.

Bien que la concurrence féroce ait l'avantage de réduire les prix et de remettre en cause les monopoles, elle peut également entraîner une détérioration des niveaux de service qui peut compromettre la longévité et la durabilité de l'installation. En conséquence, le prix initial ne doit pas être le seul critère de sélection du fournisseur adéquat et la distinction entre plusieurs fournisseurs doit être fondée sur le service qu'ils fourniront par la suite. Ce service aura

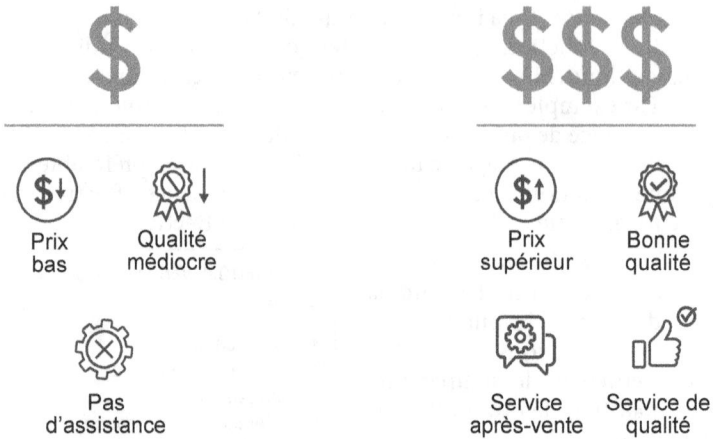

Figure 10.3 Ce qui paraît bon marché au départ peut s'avérer plus cher à l'arrivée

probablement un prix plus élevé. Il va sans dire que la bonne volonté et les relations à long terme entre l'acheteur et le fournisseur sont importantes pour garantir la qualité et le service à long terme.

Un autre cas observé est l'engagement direct de fournisseurs/fabricants étrangers n'ayant pas de présence physique dans le pays de destination pour installer le SPS sur le terrain. Cela peut fonctionner au stade de l'installation mais ce ne sera généralement pas viable à long terme. En effet, ces fournisseurs ne seront pas disponibles à proximité en cas de problème, ce qui impliquera des coûts élevés, en termes de temps et d'argent, pour l'envoi de pièces et de techniciens compétents depuis l'étranger. Il existe des cas d'installations dont la réparation a pris plusieurs mois ou qui ont été abandonnées en raison de l'absence de pièces disponibles et d'assistance du fournisseur international. Ces fournisseurs internationaux sont généralement engagés dans le cas d'accords bilatéraux avec des gouvernements et même si ces engagements ne peuvent pas toujours être évités, des mesures peuvent être prises pour disposer de distributeurs, de pièces détachées et de techniciens sur place à l'avenir.

Enfin, il est préférable de faire appel à un seul fournisseur au lieu d'acheter différents composants à plusieurs fournisseurs, non seulement parce qu'il est plus facile de gérer un seul fournisseur mais aussi parce que la garantie sera plus fiable car le fournisseur sera responsable de tous les éléments du système et ne rejettera pas la faute sur d'autres parties en cas de panne. Il est fortement déconseillé d'acheter différents produits à plusieurs fournisseurs et d'engager une autre partie pour l'installation afin de faire des économies, sans envisager les conséquences que cela peut avoir sur la garantie en cas de panne.

Un dernier point sur ce sujet est qu'il est généralement prudent d'utiliser des équipements courants sur le marché, c'est-à-dire qui sont bien connus des fournisseurs/techniciens locaux, qui seront donc à même de fournir des pièces et de faire les réparations nécessaires. Si possible, les organisations devraient standardiser leurs équipements de pompage solaire en utilisant dans tous leurs programmes une ou deux marques dont ils stockeront des pièces détachées et pour lesquelles ils pourront prévoir une équipe d'assistance spécifique. Il est plus facile d'institutionnaliser l'expertise dans quelques marques de SPS que dans un grand nombre.

CHAPITRE 11

Essai et mise en service, opérations et maintenance

La passation des systèmes de pompage solaire des installateurs aux usagers est soumise à des procédures spécifiques d'essai et de mise en service. Ce chapitre décrit ces procédures en précisant les documents à remettre avec chaque système. Les différentes catégories de maintenance sont expliquées : maintenance de routine, préventive, corrective, prédictive et extraordinaire. L'importance de disposer d'un service technique après-vente spécialisé afin d'assurer le bon fonctionnement des systèmes de pompage solaire est soulignée et certains aspects relatifs à la santé et à la sécurité sont traités.

Mots clés : programmation de l'onduleur, rapport d'essai du système solaire, nettoyage des modules PV, maintenance des systèmes solaires, tension de circuit ouvert, courant de court-circuit

11.1 Essai et mise en service

11.1.1 Inspections et tests de fonctionnalité

Avant la mise en service du système de pompage à énergie solaire, celui-ci doit être testé par le maître d'œuvre/installateur afin de vérifier son bon fonctionnement et sa sécurité. Les différents tests et vérifications recommandés sont résumés dans le tableau 11.1.

11.1.2 Tests de performance du système

Une fois les vérifications préliminaires effectuées, le système doit être testé en conditions de fonctionnement et ses performances doivent être contrôlées et enregistrées. Cette période d'essai doit s'étaler sur deux ou trois jours, pendant toute la journée solaire, afin de contrôler les performances et de pouvoir détecter tout écart par rapport aux valeurs attendues/de conception. Les résultats de ces tests serviront de référence pour le contrôle des performances ultérieur. Les différents composants du SPS doivent être soumis aux tests décrits dans le tableau 11.2.

11.1.3 Rapport d'essai

À l'issue de l'essai satisfaisant du SPS par le maître d'œuvre, celui-ci est tenu de rédiger un rapport d'essai détaillant les résultats des tests et fournissant les informations spécifiées ci-dessous sur l'installation. Un rapport horaire détaillé du fonctionnement de la pompe doit également être fourni, comme indiqué dans le tableau 11.3.

Tableau 11.1 Inspections et tests de fonctionnalité des systèmes de pompage solaires

Élément/composant	Description de l'intervention/test
Générateur PV	Inspection visuelle des dommages éventuels durant l'installation des modules
	Orientation générale des modules
	Vérification mécanique des structures de fixation, p. ex. stabilité ou oscillation manifeste
	Mesure des valeurs nominales des modules, c.-à-d. tension de circuit ouvert et courant de court-circuit aux heures de soleil maximum (lorsque l'ensoleillement est le plus fort)
	Vérification de la polarité, de l'isolement, du câblage, etc. de l'interrupteur de déconnexion
	Mesure de la tension et de l'intensité de sortie de chaque branche dans l'interrupteur de déconnexion aux heures de soleil maximum (un multimètre numérique peut être utilisé). Ces mesures doivent être conformes aux valeurs de conception ou bien l'écart ne doit pas dépasser le facteur de tolérance indiqué dans les sections 4.5.1 et 10.6.2
Onduleur/boîtier de commande	Inspection visuelle
	Vérification de la protection contre les conditions environnementales
	Séquence de démarrage
	Poursuite du point de puissance maximal
	Programmation de l'onduleur
Pompe et moteur	Essai de continuité
	Essai diélectrique
	Amorçage des pompes de surface
Câblage	Inspection visuelle des câbles, p. ex., connexions lâches, câbles qui pendent, abrasion, dimensions, isolement
	Tests de tension et de résistance d'isolement (mégohmmètre)
Système de mise à la terre PV	Continuité de la mise à la terre
	Mesure de la résistance de terre
	Essais de mise à la terre
Tuyauterie et raccords	Inspection visuelle de la tête de puits et des tuyaux, p. ex., connexions lâches, tuyaux cassés ou tordus, tailles correctes
	Vérification de vannes fermées

11.1.4 Mise en service, réception et passation du système

Après la conclusion effective de l'installation, le client doit en demander la mise en service, suivie de la réception et de la passation du système, lors de laquelle les risques et la responsabilité sont transférés au client (ou à l'organisme de mise en œuvre ou à la communauté d'usagers). Les périodes de garantie et de maintenance démarrent généralement après la passation satisfaisante du système par le maître d'œuvre et sa réception par le client.

Tableau 11.2 Tests de performance d'un système de pompage solaire

Élément/composant	Description de l'intervention/test
Générateur PV	Mesure de l'intensité et de la tension du système en charge et enregistrement de la puissance PV générée
Onduleur	Fréquence, tension et intensité de sortie
	Bon fonctionnement de toutes les entrées de capteur (p. ex., sondes de niveau bas et haut, sondes de mesure de pression ou capteur d'éclairement)
Pompe et moteur	Séquence de démarrage (la rotation inversée est un problème courant qui peut réduire le débit de la pompe)
	Débit et pression
	Intensité et vitesse du moteur
Câblage	Signes de disfonctionnement évidents comme une surchauffe ou des odeurs particulières
Tuyauterie et raccords	Détection de fuites dans les tuyaux et raccords, blocages, etc.

Au cours de la mise en service et de la passation, l'installateur est tenu de fournir les documents suivants au client :

- accusé de réception des marchandises signé ;
- schéma de câblage des éléments de commande, y compris les tailles et les valeurs nominales des câbles ;
- schéma de câblage du générateur PV ;
- manuel d'opérations et de maintenance (facile à lire et de préférence dans la langue locale), décrivant les procédures de résolution de problèmes ;
- manuels des équipements techniques tels que les fiches techniques d'équipements et les manuels d'installation et d'utilisation d'équipements spécifiques ;
- document de garantie signé ;
- plan de formation initial sur 1 ou 2 ans ;
- rapport d'essai et de mise en service, comprenant les résultats des tests et les performances (tableau 11.3) ;
- autres documents indiqués dans le tableau 11.4.

L'organisme de mise en œuvre transférera généralement à son tour le système de pompage aux usagers à la fin de la période de mise en œuvre du projet. Comme indiqué, une procédure de passation complète, bien conçue et bien exécutée doit être suivie, y compris :

- la formation des usagers aux opérations et à la maintenance de base du système ;
- la fourniture d'informations complètes sur la garantie ;
- la fourniture de tous les documents et informations pertinents sur l'exploitation du système ;
- la mise en relation avec un tiers doté de l'expertise technique requise (p. ex., une entreprise privée) qui sera chargé de la maintenance de routine préventive et corrective.

Tableau 11.3 Modèle de rapport d'essai de SPS

Nom du client/organisme de mise en œuvre

Nom de l'installateur/maître d'œuvre, personne à contacter et coordonnées

Date d'achèvement de l'installation

Détails du forage	1. Nom du site	5. Niveau piézométrique (m)
	2. Nom du lieu et coordonnées GPS	6. Niveau de pompage d'eau (m)
	3. Profondeur du forage (m)	7. Hauteur manométrique totale (m)
	4. Diamètre du forage (mm)	8. Profondeur de la pompe (m)
Caractéristiques des équipements	1. Marque et modèle de pompe	6. Nom, marque et modèle du contrôleur
	2. Marque, modèle et puissance du moteur	7. Numéro de série du contrôleur
	3. Numéro de série du moteur	8. Marque, modèle et taille du module PV
	4. Type et taille de câble de la pompe	9. Nb de modules en série
	5. Taille et type de tuyauterie	10. Nb de modules en parallèle

Performances de la pompe	*Matin*							*Après-midi/soir*					
	0600	*0700*	*0800*	*0900*	*1000*	*1100*	*1200*	*1300*	*1400*	*1500*	*1600*	*1700*	*1800*
Éclairement (W/m²)													
Pression du système (m)													
Débit de la pompe (m³/h)													
Intensité du moteur (A)													
Fréquence de rotation de la pompe (Hz)													
Puissance d'entrée (kW)													
Tension d'entrée (VCC)													
Tension de sortie (VCA)													
Intensité d'entrée (A)													
Intensité de sortie (A)													

Malgré ces mesures exhaustives de formation et de passation du site, certains aspects du système ne pourront être traités par les usagers eux-mêmes si un problème se pose. Dans ces cas, la coordination avec les services techniques de la collectivité locale ou la compagnie des eaux et/ou des entreprises privées techniquement compétentes doit être une condition préalable à la passation du projet.

11.2 Opérations et maintenance de l'équipement

Les systèmes de pompage solaires subissent moins de pannes et nécessitent une maintenance moins fréquente que les systèmes manuels ou à générateur. Cependant, les systèmes solaires peuvent quand même connaître certains problèmes qui ne peuvent être résolus au sein de la communauté (ou pour lesquels l'agence/organisme de gestion aura probablement besoin d'une assistance technique spécialisée), quel que soit le niveau de la formation dispensée aux usagers.

Dans ce sens, il est important, dans la mesure du possible, d'établir un type de contrat de service d'opérations et de maintenance (O&M) (voir la section 11.2.4) avant toute installation et de le renouveler périodiquement avec une entreprise privée compétente, la compagnie des eaux, un prestataire de services dans le secteur de l'eau, le service technique public pertinent et/ou toute autre partie prenante dotée des connaissances techniques et des moyens suffisants pour fournir une assistance ponctuelle en cas de besoin.

Un forfait de service d'O&M professionnel bien conçu, idéalement négocié en même temps que le contrat/appel d'offres de construction, permettra de garantir le maintien d'un haut niveau de fonctionnalité du SPS et de prolonger la durée de vie des équipements.

De plus, notamment lorsque les pièces détachées et les techniciens qualifiés se trouvent essentiellement dans les grandes villes, comme c'est encore souvent le cas, le regroupement des SPS dans la même zone géographique facilitera la maintenance préventive et les réparations de façon plus efficace pour toutes les parties prenantes.

Des systèmes de pompage solaires qui ont fonctionné pendant plus de 10 ans sans problème majeur ont été observés dans des communautés où les procédures d'O&M étaient claires, bien conçues et correctement observées. Toutefois, il est rare que ce soit le cas dans le cadre d'opérations humanitaires où les contraintes de temps obligent souvent les parties à se focaliser sur la conception et l'installation aux dépens d'un plan d'O&M bien structuré (aussi bien le plan lui-même que son financement). Cela compromet la fonctionnalité du système de pompage solaire à court et moyen termes.

Généralement, des problèmes techniques peuvent survenir et des réparations peuvent être nécessaires au cours des 12 à 18 premiers mois de fonctionnement du système (souvent en raison de données de conception erronées, de défaillance d'un composant ou d'erreurs d'installation non détectées lors de la courte période d'essai avant la mise en service). Il est donc

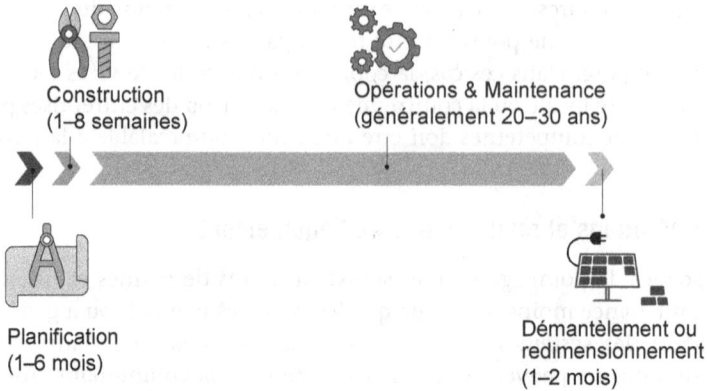

Figure 11.1 Durée des différentes étapes de la vie utile d'un système de pompage solaire

essentiel de s'assurer qu'un programme de service d'O&M est mis en place au moins durant cette période et qu'il est renouvelé et adapté à l'évolution du contexte au fil du temps.

Durant la vie utile d'un système de pompage solaire, l'étape d'O&M est de loin la plus longue, comme le montre la figure 11.1. Par conséquent, il est important d'optimiser la qualité des services d'O&M et le fait de négliger cet aspect est risqué, contre-productif et plus coûteux à terme.

11.2.1 Opérations

Les opérations concernent la gestion quotidienne du site, la supervision et le contrôle du système de pompage solaire (voir l'annexe F – Fiches d'inspection de routine et de maintenance) et peuvent aussi impliquer une surveillance à distance (voir plus de détails sur la surveillance à distance dans le chapitre 12). Elles peuvent également exiger une coordination des activités de maintenance, en fonction du modèle choisi à cet effet.

La documentation du SPS est essentielle pour bien assimiler la conception, la configuration et les détails techniques du système. Il incombe au propriétaire de l'installation de fournir ces documents ; s'ils ne sont pas disponibles, l'idéal est qu'ils soient de nouveau élaborés à la charge du propriétaire de l'installation (également dans la langue de travail locale si besoin est).

Avant toute activité opérationnelle et/ou de maintenance, il est important que les parties prenantes connaissent les caractéristiques du système PV. De plus, aux fins de la gestion de la qualité/des risques et d'une gestion opérationnelle efficace, une documentation claire et de qualité contenant les informations relatives au contrat et au système, aux activités de maintenance et à la gestion du système PV est nécessaire durant toute la durée de vie des équipements.

En général, la meilleure pratique recommandée pour une prestation de services optimale consiste à mettre tous les documents possibles à disposition de l'entreprise chargée de la maintenance technique spécialisée.

Le maître d'œuvre ou l'agence chargée de la construction et de l'installation du système de pompage solaire élaborera un plan opérationnel du site offrant une vue d'ensemble complète de la localisation du système, de la configuration, des schémas électriques, des composants utilisés et des références de leur manuel de fonctionnement, des règles de santé et de sécurité sur le site et tout autre aspect nécessaire et convenu. Ce plan devra être remis à la partie responsable de l'O&M et conservé en lieu sûr (sur support physique et numérique) pour pouvoir y accéder immédiatement en cas de problème avec le système de pompage solaire.

Une liste de documents à inclure dans le dossier technique accompagnant le SPS est fournie dans le tableau 11.4.

Tableau 11.4 Documentation technique accompagnant le système de pompage solaire

Élément	Description
Information sur le site	Localisation, coordonnées GPS, carte détaillée
	Stockage de pièces détachées/entrepôt (le cas échéant)
	Liste des parties prenantes et données de contact (p. ex., prestataire de services de maintenance et de réparation)
Études et schémas techniques du projet	Agencement du site, schémas et tailles de câblage Configuration et connexion des modules
	Schéma de configuration de la mise à la terre/masse
	Détails du système de protection contre la foudre (le cas échéant)
	Simulation du débit d'eau
	Étude de la pompe à eau et de l'onduleur
	Liste des composants du reste du système
	Schéma et localisation du réservoir d'eau et tailles, matériaux et longueurs des tuyaux
Modules PV et onduleurs	Fiches techniques des modules PV
	Manuel d'O&M de l'onduleur
	Paramétrage et emplacement de l'onduleur
	Garanties et certificats
Appareillage de commutation (interrupteur de déconnexion)/ commandes	Type d'appareillage de commutation
	Procédure de commutation pour le fonctionnement et l'arrêt du système de pompage
Structure de fixation	Schémas et matériel d'assemblage mécanique
	Garanties et certificats
Sécurité, système antivol et d'alarme	Configuration du système antivol et d'alarme
Commandes du système PV	Description du système de commande et de mesure PV
Système de communication	Manuel d'installation et d'O&M
	Accord de travail et communication avec les opérateurs de télésurveillance
Autres documents	Rapport d'essai et de mise en service de l'installateur

Lorsque le système est hors service et qu'une intervention de maintenance est réalisée, il est important que l'équipe opérationnelle documente les opérations de maintenance en les associant, le cas échéant, aux disfonctionnements éventuels qui ont donné lieu à l'intervention en question. Cela permettra à l'équipe de tirer des enseignements des opérations et de la maintenance passées et actuelles et de pouvoir améliorer les performances, par exemple au moyen d'une maintenance prédictive lors des années suivantes.

Les registres d'interventions d'entretien et de maintenance doivent inclure les entrées indiquées dans le tableau 11.5.

Tableau 11.5 Registres d'interventions d'entretien et de maintenance sur site

Type d'intervention	Entrée et type d'information
Maintenance de routine sur site	Liste d'interventions et personne responsable
Alertes/incidents de fonctionnement	Date et heure, équipement concerné, nombre de jours, visites/inspections externes de tierces parties
Maintenance préventive	Plan de maintenance préventive et interventions à prévoir
	Tâches effectuées, date, nom et fonction du technicien
Maintenance corrective et réparations	Détails du disfonctionnement, description de la résolution du problème et dates de début et de fin de l'intervention
Gestion d'inventaire	Stocks et gestion d'inventaire
Surveillance et supervision	Production d'eau, relevés de l'onduleur, heures de démarrage et d'arrêt du pompage, conditions météorologiques
	Registre des visites
Gestion de garantie	Enregistrement des réclamations

11.2.3 Maintenance

La maintenance est généralement effectuée sur site par du personnel qualifié, par des techniciens spécialisés ou par des sous-traitants. On distingue cinq types de maintenance en fonction de la nature des activités, de la fréquence et du niveau d'expertise technique requis.

Maintenance de routine. Une fois le système de pompage solaire installé et mis en service, diverses opérations simples doivent être réalisées par les propriétaires du système afin d'optimiser la production d'eau et de réduire au minimum la possibilité de panne du système (généralement effectuées par du personnel non spécialisé ayant suivi une certaine formation, par exemple l'opérateur, les membres de la communauté ou le personnel de l'ONG).

Bien que ces interventions soient simples et faciles à réaliser, elles sont fréquemment omises dans de nombreux systèmes parce que le personnel du site n'a pas été formé ou n'a pas reçu d'instructions à cet effet, parce que les outils n'ont pas été

> La réalisation régulière des interventions de maintenance de routine aura une influence décisive sur le volume d'eau journalier obtenu.

fournis et/ou parce que la communauté d'usagers et le comité de l'eau ne sont pas conscients de l'importance de ces interventions et de leur incidence sur le débit d'eau journalier fourni par le système.

Une liste d'interventions de maintenance de routine à effectuer sur le terrain est fournie dans le tableau 11.6 et à l'annexe F, et les principales opérations sont illustrées à la figure 11.2 (l'idéal est de placer une affiche similaire à celle-ci sur le point d'eau afin de rappeler en permanence les interventions à réaliser).

Maintenance préventive. La maintenance préventive, élément essentiel des services de maintenance, implique des inspections visuelles et physiques régulières ainsi que des vérifications conformément aux manuels d'utilisation. Le plan de maintenance préventive contient une liste détaillée des inspections à réaliser à un intervalle déterminé (généralement trimestriel, semestriel ou annuel selon le contexte) par un technicien spécialisé (p. ex., le personnel d'une entreprise privée). Les registres de traçabilité de la maintenance préventive réalisée permettront d'optimiser les interventions (voir le plan de maintenance préventive à l'annexe G).

Le contrat de maintenance (section 11.2.4) doit décrire la portée des services et la fréquence de chaque opération. L'idéal est que ce contrat soit négocié conjointement au contrat d'installation (et même qu'il en fasse partie intégrante).

Il incombe à l'entreprise chargée de la maintenance d'élaborer le plan de maintenance préventive pour la durée du contrat, conformément aux intervalles spécifiés dans le contrat. Ces interventions doivent faire l'objet de rapports au propriétaire ou au gestionnaire de l'installation.

Maintenance corrective. La maintenance corrective comprend les interventions visant à rétablir un système de pompage solaire défectueux ou l'un de ses équipements ou composants, afin qu'il puisse fonctionner correctement. Un accord préalable sur le temps d'intervention maximum afin de réduire au minimum l'immobilisation du système de pompage solaire doit être indiqué dans le contrat de service d'O&M. Un système de pénalités financières peut être mis en place afin de garantir que les techniciens arrivent sur le site dans un délai raisonnable après avoir été appelés (entre un et trois jours).

Note d'application : méthode conseillée pour le nettoyage des modules PV

Le nettoyage des modules PV est peut-être l'intervention de maintenance régulière la plus importante à effectuer. Pour bien nettoyer, on utilisera uniquement de l'eau claire (pure et sans solides en suspension si possible) et un chiffon ; il n'est pas nécessaire d'utiliser du savon ni d'autres éléments. Le nettoyage des modules avec de l'eau sous pression est déconseillé et peut annuler la garantie des panneaux.

Pour les panneaux installés sur des mâts élevés ou en toiture, le nettoyage est plus facile à l'aide d'une échelle et d'une perche télescopique. Les mesures de santé et de sécurité doivent être observées afin de sécuriser le travail sur le site. Cela implique une formation spécifique au nettoyage des modules solaires, en particulier pour le travail en hauteur dans le cas de modules installés sur des supports élevés.

En cas de panne d'un système, il est essentiel que le personnel non qualifié n'intervienne pas sur les équipements car cela pourrait aggraver le problème et/ou provoquer des chocs électriques ou d'autres accidents ainsi qu'annuler la garantie. Dans tous les cas, le système de pompage solaire ne doit pas subir de modifications en l'absence d'instructions techniques du fournisseur du système, de l'entreprise chargée de la maintenance ou d'un technicien qualifié. L'encadré 11.1 décrit les scénarios qui exigent de faire appel à un technicien.

La maintenance corrective a lieu lorsqu'un disfonctionnement est détecté par des opérateurs ou des usagers sur place, par le personnel de télésurveillance et de supervision à distance ou bien lors d'inspections régulières et d'opérations de mesures spécifiques. Les opérateurs doivent connaître les cas précis où il est nécessaire de faire venir un technicien qualifié sur le site.

La maintenance corrective, qui ne doit pas commencer avant que le technicien qualifié soit arrivé sur place, comprend les trois interventions suivantes :

1. le diagnostic de la panne ou l'identification du disfonctionnement, afin d'en identifier la cause et de l'isoler ;
2. le dépannage temporaire afin de rétablir l'élément défectueux de façon provisoire, jusqu'à ce qu'une réparation complète soit effectuée ;
3. la réparation complète afin de rétablir le fonctionnement correct de façon permanente.

Au cas où la centrale PV ou certains de ses éléments devraient être mis hors tension, il est préférable d'exécuter la maintenance corrective programmée de nuit ou pendant les heures de faible ensoleillement afin de ne pas affecter la production d'électricité globale.

Tableau 11.6 Maintenance de routine des systèmes de pompage solaire

	Intervention	Fréquence
Maintenance du pompage solaire	Nettoyage des modules PV	Hebdomadaire à mensuelle, selon la quantité de poussière
	Élagage et gestion de la végétation	Nécessaire pour éviter l'ombrage des modules PV
	Maintenance de la structure de fixation des modules PV	Selon les besoins + vérification mensuelle du boulonnage des panneaux sur la structure
	Inspection des tuyaux d'eau, réparation ou signalement de fuites	Hebdomadaire à mensuelle
Maintenance générale du site	Contrôle des ravageurs, élimination des déchets	Hebdomadaire
	Réparation des clôtures	Selon les besoins
	Maintenance des bâtiments	Selon les besoins
	Maintenance des équipements de sécurité (le cas échéant)	Test de fonctionnalité mensuel
Mesures sur site	Relevés d'eau	Quotidienne
	Enregistrement des heures de pompage, conditions météorologiques	Quotidienne
	Relevés de l'onduleur, enregistrement et signalement de défauts	Quotidienne

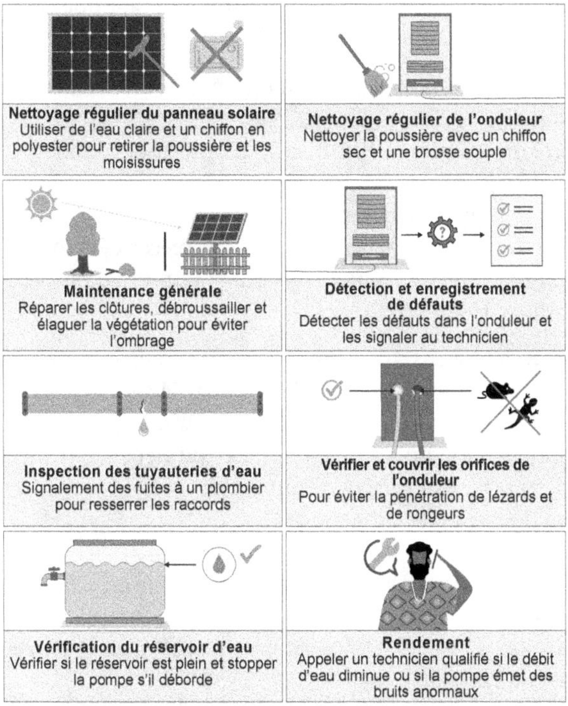

Nettoyage régulier du panneau solaire Utiliser de l'eau claire et un chiffon en polyester pour retirer la poussière et les moisissures	**Nettoyage régulier de l'onduleur** Nettoyer la poussière avec un chiffon sec et une brosse souple
Maintenance générale Réparer les clôtures, débroussailler et élaguer la végétation pour éviter l'ombrage	**Détection et enregistrement de défauts** Détecter les défauts dans l'onduleur et les signaler au technicien
Inspection des tuyauteries d'eau Signalement des fuites à un plombier pour resserrer les raccords	**Vérifier et couvrir les orifices de l'onduleur** Pour éviter la pénétration de lézards et de rongeurs
Vérification du réservoir d'eau Vérifier si le réservoir est plein et stopper la pompe s'il déborde	**Rendement** Appeler un technicien qualifié si le débit d'eau diminue ou si la pompe émet des bruits anormaux

Figure 11.2 Maintenance de routine pour assurer le bon fonctionnement quotidien

Maintenance prédictive. La maintenance prédictive est un service spécial fourni par les entreprises chargées de la maintenance conformément aux bonnes pratiques en vigueur. Il s'agit d'une maintenance conditionnelle effectuée en fonction d'une prévision basée sur l'analyse et l'évaluation des principaux paramètres du système de pompage solaire.

Afin d'assurer une maintenance prédictive appropriée, il est essentiel de pouvoir récupérer les informations des dispositifs fonctionnant sur le site, de façon que l'entreprise chargée de la maintenance puisse évaluer les tendances ou les incidents qui indiquent une détérioration des différents dispositifs, en particulier les modules PV ou les pompes à eau.

Un certain niveau d'entraînement et d'expérience est requis pour une maintenance prédictive efficace. À cet effet, le prestataire de services doit bien connaître les performances du système, la conception des équipements associés et le comportement du système, tout en faisant preuve d'une expérience pertinente et d'antécédents solides en la matière.

Cette procédure est généralement subordonnée à la mise en place d'un système de surveillance adéquat et à l'acquisition de paramètres de référence. Ces derniers représenteront le fonctionnement de l'ensemble du SPS ainsi que l'interaction des différents éléments d'équipement et la réaction de ce système aux changements environnementaux.

Bien que la maintenance prédictive soit rarement pratiquée dans le contexte humanitaire, elle présente plusieurs avantages, notamment:

- prévision des interventions de maintenance (aussi bien corrective que préventive) ;
- possibilité de reporter, d'éliminer ou d'optimiser certaines opérations de maintenance ;
- réduction des délais de réparation ;
- réduction des coûts de remplacement des pièces détachées ;
- réduction des interventions d'urgence et non programmées ;
- amélioration de la prévisibilité.

Maintenance extraordinaire. La maintenance extraordinaire, qui n'est généralement pas couverte par le contrat de service d'O&M ni incluse dans le prix convenu, peut être nécessaire à la suite d'incidents imprévisibles majeurs dans le système de pompage solaire qui nécessitent de gros travaux de réparation (p. ex., dommages résultant de vols, d'incendies, d'actes de vandalisme ou d'erreurs de conception).

Encadré 11.1 Quand faire appel à un technicien

- Lorsque la pompe émet des bruits anormaux.
- En cas de variation du débit de pompage (le système pompe moins d'eau que d'habitude alors que les modules solaires sont propres).
- Lorsque des vérifications de maintenance semestrielles doivent être effectuées.

11.2.4 Cadre du contrat de service

L'un des principaux défis auxquels sont confrontés les systèmes SPS réside dans le manque d'expertise technique disponible au niveau local pour fournir aux usagers des services de détection des pannes, de réparation et de maintenance spécialisée. Ce problème s'accentue lorsque la période de service après-vente s'achève et que la responsabilité de l'entretien et de la maintenance est transférée à l'usager/propriétaire du système. En général, cela correspond également au moment où le système est remis à la communauté/ aux usagers par l'organisme de mise en œuvre. En conséquence, l'obtention de l'aide nécessaire en cas de panne du système est aléatoire et peut entraîner une période prolongée d'immobilisation et de non-fonctionnement du système.

Un contrat de service est essentiel pour faire face à ce problème. Il est signé entre les usagers et l'installateur (ou une autre entreprise de maintenance qualifiée) pour une période d'un à deux ans après la passation du système aux usagers ou durant la période critique des 18–24 premiers mois de fonctionnement du système. Ce contrat entre le propriétaire de l'installation et l'entreprise chargée de la maintenance contient des dispositions spécifiques (y compris le forfait annuel du service). Il définit en détail les services de maintenance – aussi bien les services d'exploitation à distance que les opérations de maintenance sur site –, la gestion et l'interface de ses services et les responsabilités de chaque partie. Les engagements contractuels prévoient également des dommages et intérêts, des pénalités et des systèmes de primes.

Exemple 11.1 Contrat de maintenance préventive avec Solar Pumping Ltd au Kenya

Dans le cadre des contrats de service signés avec Solar Pumping Ltd, l'entreprise privée est tenue de se rendre sur le site au moins quatre fois par an afin d'effectuer des vérifications périodiques de maintenance. Elle doit également se déplacer en cas de problème.

Le contrat de service est facturé annuellement au client en fonction de la distance du site par rapport à l'agence la plus proche de Solar Pumping Ltd, au tarif de 0,90 $/km pour chaque vérification de routine plus 100 $ par journée de travail d'un technicien.

En cas de panne d'équipement, le client paie la réparation/remplacement des composants à un tarif préférentiel, en sus du forfait annuel d'entretien et de maintenance.

Il est souhaitable de définir et de convenir d'un cadre de maintenance avant de commencer la construction du SPS. Sachant que certains installateurs annuleront la garantie de l'équipement si le service de maintenance ne leur est pas confié, il est conseillé de peser le pour et le contre de l'engagement d'une entreprise de maintenance autre que l'installateur du système. Le contrat est renouvelable annuellement sous réserve du respect des obligations des deux parties.

Encadré 11.2 Exemple de dispositions essentielles d'un contrat de service de maintenance

Canal de communication

- Soumission de rapports au propriétaire de l'installation sur le fonctionnement du système de pompage solaire, le déroulement de l'O&M, les incidents et la gestion de la garantie

Exploitation du système de pompage solaire

- Gestion de la documentation du système
- Exploitation et/ou supervision du système
- Suivi et documentation des performances
- Détection/diagnostic de problèmes
- Interface de surveillance des incidents de sécurité

Maintenance du système de pompage solaire

- Programme de maintenance
- Interventions de maintenance du système de pompage solaire et du site, et coordonnées de contact pour la maintenance préventive et corrective

Gestion des pièces détachées

- Liste de pièces détachées pour deux à cinq ans
- Réapprovisionnement en pièces détachées
- Stockage de pièces détachées (facultatif)

L'étendue des services à fournir par l'entreprise chargée de la maintenance doit comprendre :

- la vérification trimestrielle, semestrielle et annuelle du bon fonctionnement du système et la tenue de registres ;
- des visites programmées/de routine de l'entreprise sur le site conformément au contrat (généralement tous les deux ou trois mois) pour effectuer la maintenance préventive, corriger les disfonctionnements probables avant qu'ils ne se produisent (p. ex., remplacement des disjoncteurs en cas de surchauffe pour éviter une panne de l'onduleur ou de la pompe, vérification des connexions), remplacer tout composant ou sous-composant du SPS si nécessaire et toute autre mesure assurant le fonctionnement optimal du système ;
- l'intervention rapide de l'entreprise en cas de disfonctionnement signalé par le client, avec un délai de réparation maximum de trois jours (ou comme stipulé dans le contrat de maintenance) ;
- la formation continue des usagers/opérateurs par l'installateur sur le fonctionnement et la maintenance du système ;
- la présentation au client d'un rapport sur les travaux effectués lors de chaque visite et sur l'état du système, y compris les performances (débit, pression) et les données électriques (intensité, tension, puissance).

Dans la plupart des cas, le forfait du contrat de service comprend le coût de la main-d'œuvre et du transport pour la réalisation de ces opérations, tandis que les pièces à remplacer sont à la charge du client.

L'un des problèmes de la mise en place d'un plan de maintenance est lié au manque de fonds, bien que les donateurs puissent apporter leur soutien en prolongeant leur financement de façon à couvrir un ou deux ans de maintenance après la passation du projet. L'organisme de mise en œuvre devrait donc inclure dans sa proposition de financement le coût de maintenance pendant un ou deux ans après la passation du système.

Ce type de maintenance est avantageux car il contribue au succès global, à la fonctionnalité et à la viabilité du système. Il assure le lien entre la communauté/les usagers et le secteur privé de façon que la communauté ne soit pas livrée à elle-même et puisse avoir une garantie de fonctionnalité du système à long terme. Par ailleurs, à l'expiration du contrat de maintenance initiale financé par l'ONG, la communauté devrait avoir pris conscience de son importance et être encouragée à renouveler le contrat en le finançant au moyen de redevances de consommation d'eau ou d'autres sources.

Naturellement, un plan de maintenance solide est absolument essentiel au succès et à la viabilité d'un SPS. Il doit comprendre, entre autres, un plan d'opérations et de maintenance, un contrat de service et une formation continue des usagers.

11.2.5 Formation

La formation des opérateurs et autres membres du personnel (p. ex., membres du comité de l'eau, équipe technique de l'ONG) en matière de fonctionnement et de maintenance quotidienne du système de pompage solaire est cruciale.

Comme indiqué dans la section précédente, il est fortement conseillé que cette formation soit une disposition contractuelle afin qu'elle soit assurée par le maître d'œuvre avant son départ du site et de façon régulière conformément aux engagements contractuels.

Les volets de la formation peuvent couvrir tous les aspects pertinents de l'O&M de la centrale solaire, une formation élémentaire en plomberie (utile pour réparer les fuites) ainsi que l'exploitation quotidienne du système de pompage, y compris la capacité de gestion des revenus financiers provenant de la vente d'eau le cas échéant.

Au regard du développement rapide des solutions de pompage solaire dans de nombreux pays, les ONG, les agences des Nations Unies et d'autres parties devraient envisager de faire appel à l'expertise technique d'entreprises privées afin d'assurer la sensibilisation des usagers et la formation technique. Compte tenu de l'opportunité commerciale offerte, certaines entreprises peuvent fournir ce service gratuitement.

Enfin, toute personne qui entre sur un site de pompage solaire, quelles que soient les compétences et l'expérience requises pour les opérations habituelles dont elle est chargée, doit suivre une formation sur les risques spécifiques au site. La connaissance des réglementations en vigueur en matière de santé et de sécurité est un prérequis.

11.2.6 Santé et sécurité

Les systèmes de pompage solaire sont des centrales électriques qui comportent des risques significatifs susceptibles d'occasionner des lésions permanentes, voire des accidents mortels. Il convient de rappeler que les modules PV ne peuvent pas être éteints et que tant qu'il y a du soleil, même si la pompe ne fonctionne pas, des risques de choc électrique existent. Ils peuvent être atténués grâce à l'identification appropriée des risques, la planification minutieuse des travaux, la communication régulière des procédures à suivre ainsi que des pratiques d'inspection et de maintenance bien documentées.

Les dangers de l'électricité sont bien connus et peuvent être gérés efficacement au moyen d'un contrôle d'accès approprié et d'une supervision efficace par l'entreprise chargée de la maintenance. Toute personne accédant à un site de SPS doit être informée des dangers et des risques existants.

Le personnel qui travaille sur les équipements électriques doit être correctement formé, expérimenté et supervisé, mais il est également essentiel que les autres personnes qui travaillent autour des équipements, par exemple pour le nettoyage des modules, soit aussi informées des risques potentiels et appliquent des méthodes de travail sécurisées.

Les zones et les équipements à risque doivent être signalisés de façon pertinente afin d'informer le personnel des dangers et des schémas de câblage. Cette signalétique doit être claire et évidente pour tout le personnel et les tiers (y compris les intrus) qui entrent dans l'enceinte de l'installation.

Outre les employés de la centrale solaire, il n'est pas inhabituel que d'autres parties soient amenées à y accéder. Il peut s'agir du propriétaire de l'installation ou de son représentant, du propriétaire du terrain ou, dans certains cas, de membres du public. Il est important que le système de contrôle d'accès et de sécurité de la centrale permette de s'assurer que ces personnes n'approchent pas les zones à risque et qu'elles sont dûment surveillées et accompagnées le cas échéant.

Le propriétaire de l'installation est responsable en dernier lieu du respect des réglementations en matière de santé et de sécurité sur le site/la centrale.

11.2.7 Sécurité

Il est important de protéger le site du système de pompage solaire ou ses principales zones contre les accès non autorisés. Cela permet à la fois de protéger les équipements (contre le vol ou le vandalisme) et d'assurer la sécurité du public.

En collaboration avec l'entreprise chargée de la maintenance et le prestataire de services de sécurité, le propriétaire de l'installation établira un protocole de sécurité en cas de détection d'une intrusion.

Le système de sécurité peut se composer d'une simple clôture ou de barrières, ou bien d'autres mesures telles qu'indiquées dans la section 7.6.

Outre la sécurité générale du site pendant la durée de vie du système, il convient d'accorder une attention particulière aux périodes de construction ou de maintenance, durant lesquelles les dispositions d'accès peuvent être différentes. Il est important de maintenir la sécurité en permanence, notamment lorsque certaines activités peuvent susciter l'intérêt du public, d'enfants ou de voleurs potentiels.

11.2.8 Gestion des pièces détachées

La gestion des pièces détachées peut-être un volet inhérent et substantiel de l'O&M afin de garantir la disponibilité des pièces détachées au moment requis pour la maintenance corrective et de réduire ainsi au maximum l'immobilisation du système de pompage solaire (ou d'une partie de celui-ci).

Il n'est généralement pas viable sur le plan économique de stocker des pièces détachées pour toute panne potentielle dans le système de pompage. Par conséquent, l'entreprise chargée de la maintenance doit définir en consultation avec le propriétaire de l'installation une liste et un volume de stockage de pièces détachées spécifiques qui soient économiquement viables.

CHAPITRE 12

Garanties, modèles de gestion et surveillance

Ce chapitre décrit les garanties des produits, de l'installation et des services pour les systèmes de pompage solaire. Tout aussi importants que les aspects techniques, des modèles de gestion adaptés aux spécificités des systèmes de pompage solaire sont essentiels pour assurer leur fonctionnement à long terme. Enfin, les opérations et la maintenance à distance sont brièvement expliquées, ainsi que la gamme d'instruments permettant de surveiller les paramètres électriques d'un générateur solaire PV.

Mots clés : garantie des composants solaires, instruments de surveillance électrique, indicateurs clés de performance solaire, surveillance à distance, image thermique, testeur de panneau photovoltaïque

12.1 Garanties

Les fabricants d'équipement réputés offrent une garantie qui couvre leurs produits. Le fournisseur de l'équipement est tenu de remettre au propriétaire de l'installation un document de garantie qui détaille et explique clairement les conditions de garantie, y compris la date de début et la période de garantie (voir l'annexe E).

Ces conditions comprennent généralement la réparation, le remplacement ou le remboursement de la valeur résiduelle de l'équipement défectueux en cas de panne dont la responsabilité relève du fabricant. La garantie ne couvre pas les pannes dues à des causes externes.

La période de garantie démarre au moment de l'enlèvement, de la livraison ou de la mise en service des équipements si l'installation est effectuée par le représentant/distributeur/agent/installateur local du fabricant. Les réclamations sous garantie sont traitées par le fournisseur/installateur, qui est responsable de la garantie du fabricant vis-à-vis de l'acheteur ou de l'utilisateur final.

> La garantie est annulée lorsque les instructions d'installation ne sont pas respectées et lorsque des réparations sont entreprises sans l'autorisation du fabricant.

Le maître d'œuvre chargé de l'installation associe souvent à la garantie *des composants du fabricant* ses propres conditions de garantie couvrant les *vices de fabrication, la qualité de l'installation* et *le service après-vente* dans le cadre de ce que l'on appelle la *garantie totale*. La garantie offerte doit donc couvrir à la fois les produits et la finition. Une preuve d'achat doit être fournie pour que la réclamation sous garantie puisse être traitée.

Des procédures de passation incomplètes (p. ex., lorsque les documents de garantie ne sont pas remis à la communauté, aux usagers ou aux comités) peuvent poser des problèmes en cas de disfonctionnement du système durant la période de rodage critique de deux ans (un système qui fonctionne pendant les deux premières années a beaucoup plus de chances de rester opérationnel pendant toute sa durée de vie). Il est donc essentiel, lors de la passation du système, que les usagers soient informés de la procédure de réclamation sous garantie, reçoivent les documents de garantie, soient mis en relation avec la personne correcte en cas de problème, sachent comment faire appel aux techniciens et obtiennent toutes les informations pertinentes en matière de garantie. Des études sur le terrain ont montré que certains systèmes ont été immobilisés longtemps (durant la période de garantie), avec les conséquences évidentes que cela implique, alors que les problèmes auraient pu être corrigés facilement et rapidement si les usagers avaient été informés des mécanismes de garantie et de réparation. La fourniture de certificats de garantie aux usagers et leur sensibilisation aux procédures de garantie contribuent à éviter ces situations.

12.1.1 Gestion de la garantie

Le gestionnaire technique ou le propriétaire de l'installation sera le point focal pour toute réclamation sous garantie adressée au maître d'œuvre ou aux fabricants des composants du SPS.

Au cours de la période de garantie (ou au moins les deux premières années), il convient, dans la mesure du possible, que le maître d'œuvre signe un contrat de maintenance totale avec les propriétaires de l'installation, ce qui devra être clairement précisé dans les documents contractuels.

La procédure formelle indiquée par le prestataire de la garantie devra être suivie pour toute réclamation sous garantie. Il est donc important que les conditions de garantie soient clairement établies et bien comprises au moment de l'achat et de l'installation des équipements.

Tous les disfonctionnements ou pannes d'équipements doivent être communiqués au fabricant ou au maître d'œuvre dès que possible, sachant que la validité de la garantie est considérée à la date de signalement du sinistre et non pas au moment de la détection du problème.

Les garanties généralement requises par les organismes de mise en œuvre couvrent les composants, la qualité de l'installation et les vices de fabrication ainsi que les garanties de performance du système.

Garantie des composants. La durée de la garantie varie selon le type d'équipement et le fabricant. Les garanties standard fournies par les fabricants sur les composants individuels, qui couvrent généralement les défauts ou vices de fabrication des composants, sont les suivantes :

- *Modules solaires :* garantie de 10 ans sur les produits et garantie de puissance de sortie de 25 ans sur la base de la dégradation induite par la lumière (voir la section 4.5.3) ;
- *Contrôleur/onduleurs :* 2–5 ans ;
- *Pompe et moteur :* 2–5 ans ;
- *Tous les autres composants du reste du système :* 1–2 ans.

Sauf si la garantie précise que ces couvertures s'appliquent sur site (c.-à-d. durant la période de responsabilité en cas de défauts ou dans le cadre d'un contrat de maintenance prolongée), il est considéré qu'elles sont consenties sur un système d'échange et que les coûts de main-d'œuvre et de transport sont exclus, les équipements devant donc être renvoyés par le client au fournisseur/ maître d'œuvre pour le diagnostic du problème. Au cas où l'installateur aurait besoin de se rendre sur le site pour le diagnostic, le coût de la visite serait à la charge du client, bien que cela dépende également de la bonne volonté du fournisseur et d'autres obligations contractuelles. S'il s'avère que la panne est imputable à l'installateur, tous les coûts seront à la charge de celui-ci. Cela peut être un point de discorde qui doit être discuté et documenté lors de la négociation/signature du contrat. Il est conseillé de ne pas limiter les garanties aux composants individuels.

Garantie de qualité de l'installation et garantie contre les vices de fabrication. La période minimum de responsabilité en cas de défaut ou de service après-vente oblige l'installateur à fournir une assistance sur site (généralement pendant six mois à un an), sans coût supplémentaire, en cas de problème survenu dans le système après l'installation. Dans ce cadre, tous les éléments défectueux ou incorrectement installés doivent être traités et remis en état sur le site à la charge du fournisseur. Les problèmes dus à une installation inappropriée sont également traités sur le site à la charge du fournisseur. Cela couvre également la corrosion du matériel utilisé sur le site, tels que les structures de fixation.

La garantie après-vente suit le même principe que la garantie des composants, à savoir que seules les pannes imputables au maître d'œuvre, à des vices de fabrication ou à des problèmes de qualité sont couvertes.

Garantie de performance du système. Bien que cela soit rare dans les contextes humanitaires, le fournisseur peut garantir que le système PV atteindra ou dépassera pendant plusieurs années les performances prévues lors de la conception.

La garantie de performance du système peut s'appuyer plus généralement sur des chiffres moyens mensuels ou annuels d'isolement et de débit d'eau, ou bien sur la puissance instantanée effective. Les performances peuvent être évaluées initialement lors de la mise en service, au moyen d'un test de performance par rapport à un niveau de référence, et le fournisseur doit garantir que les tests de performances futurs du système, lorsqu'ils seront corrigés en fonction des conditions de conception, permettront de dépasser les performances prévues lors de la conception.

Du fait que les performances à long terme du système sont sujettes à de nombreuses conditions liées au site et à l'environnement ainsi qu'à la maintenance requise, il convient que ces garanties soient associées à un contrat de maintenance à long terme.

12.1.2 Interventions généralement couvertes ou exclues des garanties

Au cours de la période de garantie, les opérations de maintenance suivantes devront être effectuées par le maître d'œuvre/fournisseur/installateur :

1. réparation/remplacement de tous les composants et sous-composants défectueux du système selon les besoins afin d'assurer le bon état de fonctionnement du système ;
2. réparation/remplacement du SPS pour que le système puisse fonctionner correctement durant la période de garantie chaque fois qu'une réclamation est déposée par l'usager. Le maître d'œuvre doit intervenir dans un délai raisonnable et, en cas de panne, remédier au problème dans un délai maximum de trois jours à compter du signalement de la panne ;
3. réparation/remplacement des composants endommagés du fait d'une négligence ou d'une faute du client (usager et/ou propriétaire de l'installation), de vols ou d'actes de vandalisme, à la charge du client.

L'usager/propriétaire de l'installation est le seul responsable de la sécurité du système.

12.2 Modèles de gestion

Comme indiqué dans la section 11.2, les opérations et la maintenance des systèmes de pompage solaire sont essentielles à sa viabilité à long terme et un programme d'O&M inapproprié est une cause fréquente de disfonctionnements.

Lorsqu'une ONG ou une agence des Nations Unies assume entièrement la gestion d'un système de pompage solaire, comme c'est souvent le cas dans les camps de réfugiés, la gestion (y compris le plan d'O&M) est plus simple dans la mesure où ces organisations doivent normalement prévoir le budget nécessaire et être en contact avec les partenaires techniques compétents afin de remédier à tout problème d'exploitation et de fonctionnalité du système de pompage.

Pour les systèmes de pompage solaire à l'échelle communautaire, la situation est généralement plus complexe. Différents modèles de gestion sont adoptés dans divers contextes et les auteurs n'ont pas de modèle particulier à préconiser ou à déconseiller. Diverses études ont été menées pour analyser les avantages et les inconvénients d'un certain nombre de modèles de gestion à l'échelle communautaire (voir par exemple WSTF, 2017). Cependant, le bon fonctionnement d'un certain modèle dans un contexte donné ne signifie pas qu'il sera adapté à tout autre cas, et à l'inverse, un modèle qui ne marche pas dans un contexte déterminé ne sera pas nécessairement à exclure sur un autre site. Parfois, des concepts pertinents ne fonctionnent pas parce qu'ils ne sont pas bien exécutés, parce que leur exécution n'a pas été bien programmée ou parce qu'ils ne sont pas adaptés à un environnement particulier.

Plusieurs évaluations et visites sur le terrain réalisées dans le cadre de la Global Solar and Water Initiative ont permis de dégager trois facteurs essentiels à intégrer dans tout modèle de gestion afin d'assurer sa viabilité :

- la responsabilité financière des comités de l'eau qui perçoivent les redevances (p. ex., des comités de l'eau légalement enregistrés, avec un compte bancaire et qui tiennent des registres de cotisations) ;
- un personnel dédié au système (p. ex., des agents d'approvisionnement en eau salariés) ;
- la participation de services techniques publics et d'entreprises privées aux réparations et aux services.

D'autres points communs relevés dans des systèmes gérés avec succès par la communauté sont décrits dans l'encadré 12.1.

Les modèles de viabilité financière observés à l'échelle communautaire pour les systèmes de pompage solaire sont similaires à ceux mis en place pour d'autres technologies, à savoir : le paiement à la consommation *(Pay As You Go)*, une redevance mensuelle selon les relevés et une redevance mensuelle forfaitaire.

Encadré 12.1 Points communs des systèmes de distribution d'eau gérés avec succès par la communauté au Kenya

Au moins une personne résolument engagée dans la réussite du projet
À Adamasija par exemple, dans le comté de Wajir, le président s'est lui-même chargé d'assurer le relevé des compteurs, d'ouvrir un bureau où les gens peuvent régler leurs factures d'eau, de s'assurer que les factures d'électricité sont payées et de superviser le programme de distribution d'eau du système.

L'absence d'autres sources d'approvisionnement en eau
L'absence d'autres solutions, en particulier lors de la saison sèche, incite les communautés à mieux gérer leurs systèmes d'approvisionnement en eau. Cela signifie qu'elles sont plus disposées à payer l'eau pour garantir qu'il y ait des fonds disponibles pour la maintenance. C'est le cas en particulier lorsque les principaux moyens d'existence (p. ex, le bétail) sont fortement tributaires de l'eau disponible.

Un sens aigu de la responsabilité communautaire
Il est généralement considéré que les redevances perçues par les comités de l'eau sont des fonds communautaires. Certains de ces comités ont contribué à la construction de salles de classe dans leur communauté, élargi les réseaux de distribution aux principales institutions ou fourni de l'eau à un prix subventionné lors de la saison sèche.

La sensibilisation de la communauté aux coûts récurrents
Il a été observé que les communautés dotées de systèmes diesel ou hybrides solaire-diesel maîtrisent mieux la gestion financière, qui est essentielle à la durabilité des systèmes de pompage. Dans ces communautés, les consommateurs s'avèrent également plus disposés à payer les services d'approvisionnement en eau, contrairement aux communautés dotées de systèmes solaires autonomes où l'on considère généralement, à tort, que l'eau doit être gratuite parce que l'énergie est gratuite. Voir également l'encadré 12.2.

Source : GLOSWI, 2018f

Encadré 12.2 L'eau solaire devrait-elle être gratuite dans les projets communautaires ?

Compte tenu de la nature de la mise en œuvre des systèmes de pompage solaire pour les communautés, qui s'inscrit souvent dans le cadre de l'aide au développement ou de projets gouvernementaux (donc financièrement neutre pour les communautés bénéficiaires), et du fait que l'énergie requise pour le pompage de l'eau ne coûte rien, l'eau est souvent considérée comme « gratuite » et cela donne l'impression qu'il n'y a pas lieu de la payer.

Il faut absolument un changement radical de la perception des SPS au sein des communautés, qui ne doivent pas considérer qu'il s'agit simplement d'exploiter une source gratuite d'énergie pour le pompage de l'eau mais plutôt d'accumuler des fonds pour le remplacement du système. Les communautés doivent comprendre que les coûts de fonctionnement récurrents des systèmes solaires sont certes minimes, mais qu'un investissement initial considérable doit être consenti pour assurer leur fonctionnement à long terme. Afin de garantir la viabilité à long terme des systèmes, l'eau doit être fournie en échange d'une redevance afin d'obtenir des fonds pour les réparations, la maintenance et le remplacement des pièces, et les organismes de mise en œuvre doivent donc travailler activement à la transformation de cette image.

12.3 Surveillance

12.3.1 Télésurveillance

La surveillance de l'ensemble du système est très importante dans la mesure où elle peut aider à développer davantage l'installation, à évaluer les performances globales et à réduire les coûts. Les principaux éléments à surveiller dans la partie pompage du système d'approvisionnement en eau sont les suivants :

- volume d'eau pompé ;
- pression de fonctionnement ;
- niveau d'eau statique et dynamique ;
- paramètres de fonctionnement de la pompe, p. ex. intensité, fréquence ;
- rayonnement solaire incident sur le groupe PV, tension et intensité.

Le pompage solaire permet de surveiller ces paramètres soit sur le site au moyen d'instruments spécifiques, soit à l'aide de solutions de télésurveillance (voir la figure 12.1).

La télésurveillance permet d'informatiser l'exploitation et le suivi d'un système de pompage solarisé dans les zones où il existe un réseau téléphonique. Dans le cadre des opérations humanitaires, la télésurveillance est utile pour exploiter et contrôler les systèmes d'approvisionnement en eau éloignés de la base opérationnelle de l'organisation, lorsque les systèmes sont nombreux et le personnel réduit, lorsque des contrôles rigoureux sont nécessaires (p. ex., forages critiques qui desservent un grand nombre de personnes) et/ou lorsque l'insécurité ou d'autres contraintes logistiques rendent difficile d'accéder au système au moment requis.

De plus, la télésurveillance est utile pour mieux comprendre le comportement de l'aquifère et anticiper les besoins de maintenance en

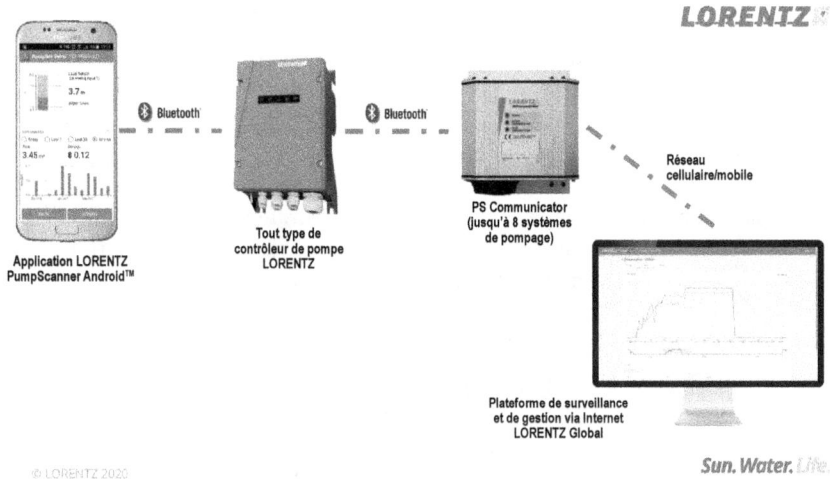

Figure 12.1 Système de communication de Lorentz pour une surveillance sur téléphone via Bluetooth ou sur ordinateur via Internet
Source : Lorentz

enregistrant et en observant les données actuelles et historiques. Les données actuelles collectées peuvent englober la surveillance en temps réel, l'état du système, les causes de l'interruption du pompage et d'autres informations avancées (p. ex., les disfonctionnements), tandis que les données historiques comprennent le temps de fonctionnement, les volumes d'eau et les niveaux statiques et dynamiques, la tension, l'intensité, le débit, etc.

12.3.2 Indicateurs clés de performance

Les indicateurs clés de performance (ICP) doivent refléter les performances du SPS et permettre d'évaluer le service fourni par l'entreprise d'O&M.

Les ICP d'un SPS comprennent :

- le volume d'eau fourni par rapport aux prévisions ;
- le coefficient de performance (l'énergie générée divisée par l'énergie pouvant être obtenue dans des conditions idéales, exprimée en pourcentage) ;
- le temps de fonctionnement/disponibilité, paramètres qui représentent la durée de fonctionnement de la centrale en pourcentage de la durée totale de fonctionnement potentielle. Tandis que le temps de fonctionnement reflète la totalité des périodes d'immobilisation, quelles qu'en soient les causes, la disponibilité inclut certains facteurs d'exclusion pour tenir compte des immobilisations non imputables à l'entreprise d'O&M (p. ex., dans des cas de force majeure). Cette différence est importante à des fins contractuelles.

Les ICP de l'entreprise d'O&M peuvent comprendre :

- le délai de constat (le temps qui s'écoule entre le signalement d'un problème et son constat par l'entreprise) ;
- le délai d'intervention (le temps qui s'écoule entre le constat et l'arrivée d'un technicien sur le site du SPS) ;
- le délai de résolution (le temps mis à corriger le disfonctionnement, à partir de l'arrivée du technicien dans la centrale PV) ;
- le délai de traitement (délai de constat + délai d'intervention), un indicateur utilisé aux fins des garanties contractuelles.

12.3.3 Instruments de surveillance et de diagnostic

Pince ampèremétrique. Sauf si un service de surveillance et de maintenance plus spécialisé est nécessaire, comme c'est le cas pour un grand nombre de stations de pompage solaire, une simple pince ampèremétrique de bon calibre (voir la figure 12.2), permettant de mesurer à la fois la tension et l'intensité (CA et CC) à l'échelle requise, peut être suffisante pour effectuer les vérifications électriques de base.

Solarimètre. Les niveaux de rayonnement solaire sur le panneau peuvent être facilement mesurés en plaçant un solarimètre au sommet du panneau (afin d'assurer la même orientation et le même angle d'inclinaison). La mesure des niveaux de rayonnement solaire et du volume d'eau fourni et leur comparaison avec les valeurs attendues selon la conception permettent d'évaluer la précision de la conception et des résultats attendus et d'agir en conséquence.

Thermographie. Les caméras thermographiques permettent de détecter les points de haute température et les cellules de panneaux affichant un écart de température de plus de 15 °C (ce qui révèle normalement un défaut ou un

Figure 12.2 Pince ampèremétrique Fluke

problème). La thermographie peut également servir à localiser des connexions défectueuses dans les boîtiers de câblage ou les onduleurs.

L'imagerie thermique permet généralement de détecter d'autres problèmes tels que :

- les défauts de soudure ;
- la présence d'impuretés dans les cellules de silicium des panneaux ;
- les défauts dans les boîtiers de jonction des modules solaires ;
- la polarisation inversée de cellules solaires ;
- les connexions de câble lâches dans les boîtiers d'onduleur/contrôle ;
- les problèmes de refroidissement ou de surcharge de toute pièce de l'équipement solaire.

Testeur de panneau PV. Les testeurs de panneaux sont des dispositifs d'essai et de surveillance plus complets, complexes et coûteux qui peuvent être utilisés pour relever des mesures sur les panneaux, le groupe ou l'ensemble du générateur PV sur le site. Utilisés en particulier pour tracer des courbes I-V afin de mesurer le rendement et de déterminer l'écart par rapport aux valeurs attendues, ces instruments sont utiles pour localiser les problèmes potentiels dans le générateur solaire mais leur utilisation requiert une formation spécialisée.

ANNEXE A

Notions élémentaires de conception de la pompe et du générateur

Cette annexe contient un guide rapide pour déterminer le point de fonctionnement d'un système d'approvisionnement en eau pour définir les spécifications de la pompe et celles d'un générateur diesel.

Deux éléments doivent être considérés au moment de choisir la pompe appropriée : le débit de référence (m³/h) et la hauteur totale. Ces deux paramètres définissent le point de fonctionnement de la pompe requise.

Débit de référence

Il existe deux façons de déterminer le débit de référence.

1. D'après les besoins en eau journaliers de la population à desservir. On obtiendra le débit horaire requis en divisant la demande journalière par les heures de pompage (pour les SPS autonomes, les heures de pompage sont égales au nombre d'heures de soleil maximum mais pour les systèmes hybrides, il s'agit du nombre total d'heures de pompage combiné).

$$\text{Débit de référence (m}^3\text{/h)} = \frac{\text{Demande journalière (m}^3\text{/jour)}}{\text{Heures de fonctionnement}}$$

2. En fonction du potentiel maximal d'extraction du forage. Dans ce cas, le débit de référence correspond au débit critique (voir la section 5.3.2) du forage pour pouvoir pomper le potentiel maximal du forage.

$$\text{Débit de référence (m}^3\text{/h)} = \text{Débit critique (m}^3\text{/h)}$$

Dans les deux cas, le débit de référence ne doit jamais dépasser le débit critique du forage (60–70 % du résultat de l'essai de débit).

Calcul de la hauteur totale

Pour les forages,

$$\text{Hauteur manométrique totale (HMT)} = H_{ND} + H_{élév} + H_{friction} + H_{résiduelle}$$

Où

H_{ND} = niveau dynamique, c.-à-d. le niveau d'eau mesuré selon l'essai de débit à la surface du forage

$H_{élév}$ = élévation/hauteur verticale entre la surface du forage/tête de puits et l'entrée du réservoir

$H_{friction}$ = perte de charge par friction, c.-à-d. perte de pression due à la friction dans le tuyau, exprimée sous forme de coefficient de friction par hectomètre. Le coefficient de friction est obtenu à partir des tableaux de pertes de charge par friction

$H_{résiduelle}$ = hauteur résiduelle, c.-à-d. pression supplémentaire requise au point de refoulement.Pour le pompage d'eau dans un réservoir, cette valeur se situe entre 0 m et 10 m

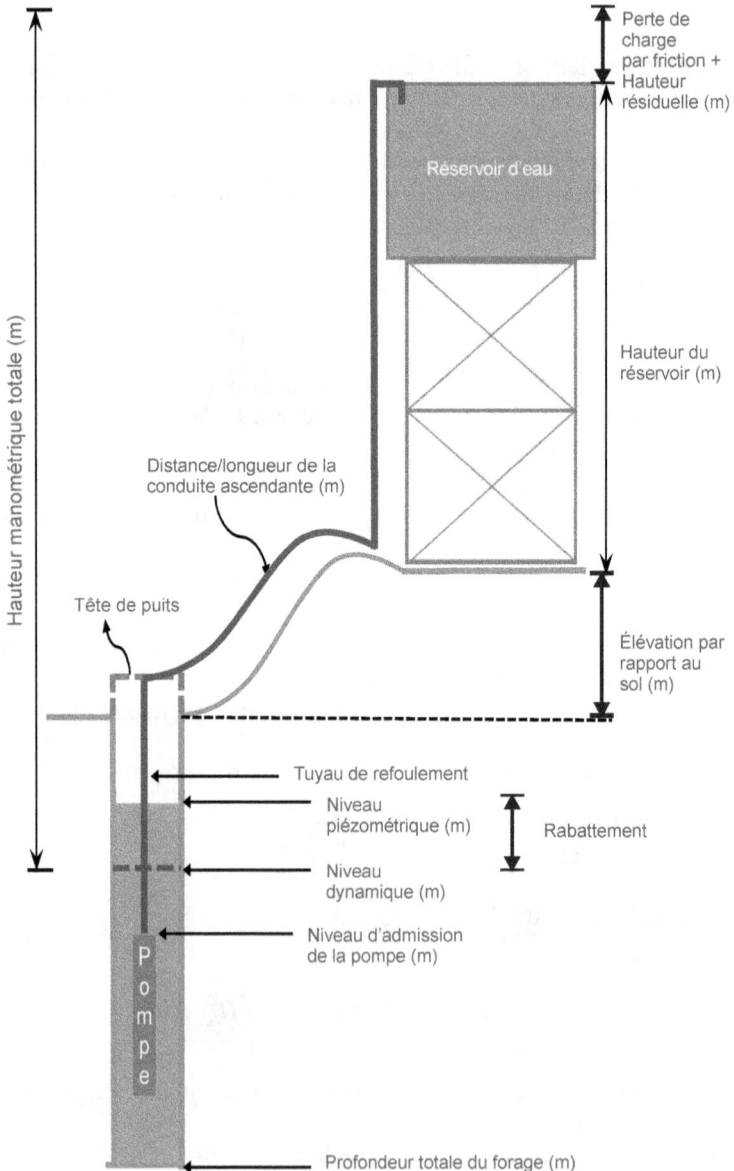

Figure A1 Schéma du calcul de la hauteur manométrique totale

Pour les pompes de surface,

$$\text{Hauteur totale (HT)} = H_{aspiration} + H_{statique} + H_{friction} + H_{résiduelle}$$

Où,

$H_{aspiration}$ = hauteur verticale entre le niveau d'eau et l'orifice d'aspiration de la pompe lorsque le niveau d'eau est en dessous de l'orifice d'aspiration de la pompe, c.-à-d. aspiration négative. Lorsque le niveau d'eau est au-dessus de l'orifice d'aspiration, l'aspiration est positive

$H_{statique}$ = élévation/hauteur verticale entre l'admission de la pompe et l'entrée du réservoir

$H_{friction}$ = perte de charge par friction, c.-à-d. perte de pression due à la friction dans le tuyau, exprimée sous forme de coefficient de friction par hectomètre. Le coefficient de friction est obtenu à partir des tableaux de pertes de charge par friction

$H_{résiduelle}$ = hauteur résiduelle, c.-à-d. pression supplémentaire requise au point de refoulement. Pour le pompage d'eau dans un réservoir, cette valeur se situe entre 0 m et 10 m

Plusieurs facteurs ont une incidence sur la perte de pression due à la perte de charge par friction :

1. Longueur du tuyau – plus le tuyau est long, plus la perte de pression due à la friction est élevée.
2. Diamètre du tuyau – plus le tuyau est petit, plus la perte de pression est élevée.
3. Débit d'eau dans le tuyau – plus le débit est haut, plus la perte de pression est élevée.
4. Rugosité du tuyau – plus la paroi intérieure du tuyau est rugueuse, plus la chute de pression est élevée. Les tuyaux en PVC sont plus lisses et sont donc moins sujets à la friction que les tuyaux en fer galvanisé.
5. Accessoires et joints – chaque courbe, coude, raccord, débitmètre, vanne, crépine, etc. occasionne une chute de pression supplémentaire qui doit être prise en compte.

Tous ces facteurs augmentent la résistance à la circulation d'eau dans le tuyau et accentuent ainsi la chute de pression, ce qui rend nécessaire une pompe d'une puissance supérieure.

La friction dans la tuyauterie est déterminée au moyen des facteurs (ou coefficients) de friction, qui sont fournis dans les tableaux de pertes par friction dans la tuyauterie. Il convient de connaître les paramètres suivants pour pouvoir utiliser ces tableaux : le volume d'eau pompé qui circulera dans le tuyau, la longueur totale du tuyau, le diamètre intérieur du tuyau, le type de tuyau (PVC ou FG) et la classe du tuyau (classe C, classe D, etc.). Les tableaux de pertes par friction donnent la perte de charge par hectomètre, qui est ensuite calculée pour toute la longueur, comme expliqué dans l'exemple pratique ci-dessous.

La hauteur résiduelle se rapporte à la pression supplémentaire nécessaire au point de refoulement. Pour le refoulement vers un réservoir, cette valeur peut être nulle. Pour le refoulement vers un système d'irrigation, la hauteur résiduelle sera la pression requise par la buse/tête d'irrigation (voir le tableau dans la section 8.2).

Pour les pompes de surface, outre la hauteur totale, il convient de tenir compte également de la capacité d'aspiration de la pompe en fonction des conditions dans lesquelles elle est installée. Cette capacité d'aspiration est appelée hauteur d'aspiration maximale de la pompe. Lorentz fournit une bonne méthode étape par étape pour le calcul de la hauteur d'aspiration maximale (Lorentz, 2020b). Dans d'autres sources, cette hauteur d'aspiration maximale est également expliquée à l'aide de la hauteur d'aspiration positive nette (NPSH) requise par rapport à la NPSH disponible.

Dimensionnement du générateur

Les ingénieurs du secteur WASH dimensionnent habituellement le générateur en multipliant la puissance du moteur de la pompe par un facteur de deux à trois. Cette section a pour objet d'expliquer le fondement de cette méthode afin que les ingénieurs prêtent davantage attention au dimensionnement et évitent le problème courant du surdimensionnement des générateurs, qui entraîne une augmentation de la consommation de carburant et des coûts de fonctionnement.

Les générateurs motorisés sont testés, calibrés et proposés par les fabricants sous les conditions normales suivantes :

- altitude maximale au-dessus du niveau de la mer de 150 m ;
- température maximale d'entrée d'air de 30 °C ;
- humidité maximale de 60 %.

Des conditions de fonctionnement supérieures à ces paramètres réduisent la puissance fournie par le générateur. Les générateurs sont souvent installés à des endroits où l'altitude, la température et l'humidité sont supérieures aux conditions normales, ce qui entraîne des pertes de puissance.

Par conséquent, pour déterminer la puissance qui sera produite par le générateur (ou inversement, la taille du générateur à choisir pour fournir la puissance demandée par la pompe), le détarage du générateur doit être calculée à l'aide des valeurs de perte de puissance suivantes :

- altitude : perte de 3,5 % pour chaque tranche supplémentaire de 300 m au-delà du maximum recommandé de 150 m au-dessus du niveau de la mer (2,5 % pour les moteurs à turbocompression) ;
- température d'entrée d'air : perte de 2 % pour chaque tranche de 5,5 °C au-dessus de 30 °C (3 % pour les moteurs à turbocompression) ;
- humidité : perte de 6 % à un taux d'humidité de 100 %.

Par ailleurs, le rendement de l'alternateur et la réduction de la tension au démarrage sont pris en compte.

La formule suivante permet de calculer la taille du générateur :

Taille du générateur (kVA) = taille du moteur × facteur de rendement × facteur de démarrage × détarage due à l'altitude × détarage due à la température × détarage due à l'humidité × 1,25

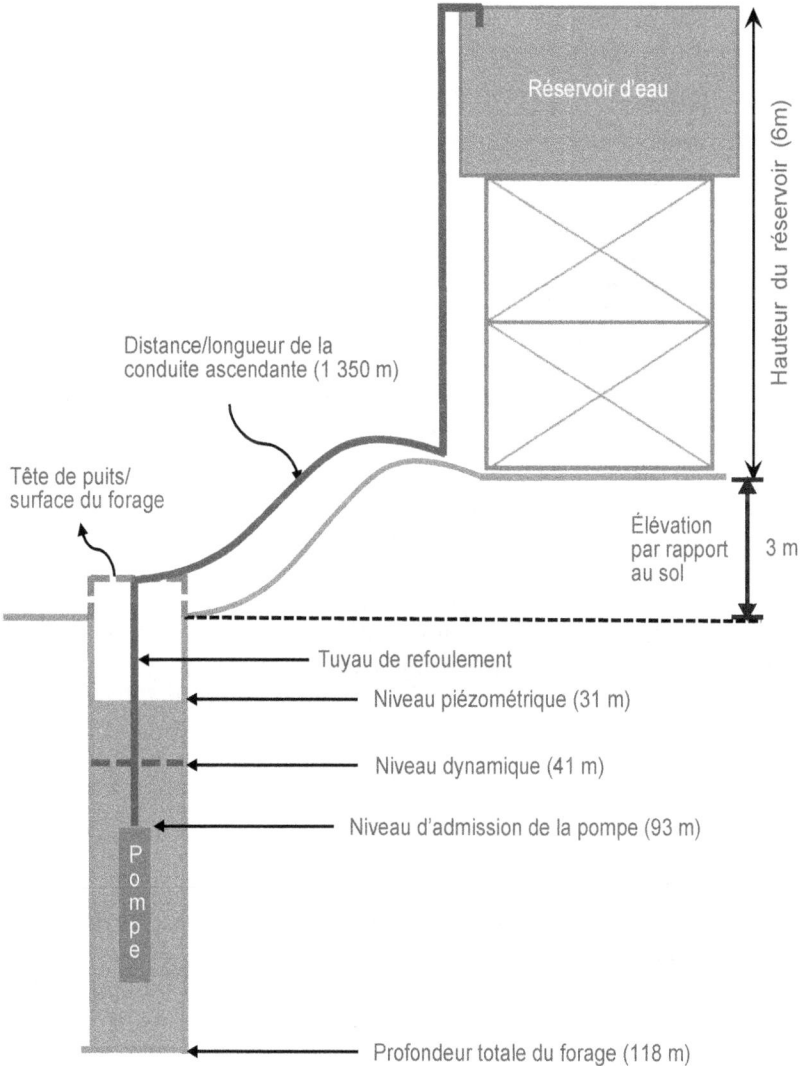

Figure A2 Schéma de l'exemple pratique

Exemple pratique

Paramètre	Valeur
Profondeur du forage	118 m
Rendement estimé	13 m³/h
Niveau piézométrique	31 m
Niveau dynamique	41 m
Débit critique	7,8–9,1 m³/h
Niveau d'admission de la pompe	93 m, avec un tuyau en fer de 2 pouces
Distance du réservoir/longueur	1 350 m, avec un tuyau PVC de 2 pouces, classe E
Élévation par rapport au sol	3 m
Hauteur du réservoir	6 m
Nombre de coudes dans la conduite	3 unités x 63 mm
Nombre de robinets-vannes	1 unité x 2 pouces
Nombre de clapets anti-retour	1 unité x 2 pouces
Localisation et altitude	3°N 38°E, 540 m
Température et humidité	38 °C, 80 %

Rendement de référence

Sur la base du potentiel maximum d'extraction du forage, le rendement de référence = débit critique = 7,8–9,1 m³/h

Calcul de la HMT

Il faut tout d'abord déterminer la longueur de tuyau équivalente aux accessoires, car ceux-ci entraînent également des pertes dans le système. La longueur de tuyau équivalente aux divers accessoires et vannes de 2 pouces peut être calculée à l'aide de tableaux disponibles dans diverses sources, notamment https://powderprocess.net/Tools_html/Piping/Pressure_Drop_Key_Piping_Elements.html ou https://www.engineeringtoolbox.com/resistance-equivalent-length-d_192.html

> 3 coudes : 3 × 3,0 = 9 m
> 1 robinet-vanne : 0,6 m
> 1 clapet anti-retour : 5,2 m
> Longueur équivalente totale = 14,8 m

La longueur effective totale du tuyau de refoulement pour le calcul de la friction s'établit donc comme suit : 1 350 m + 14,8 m = 1 364,8 m

Des tableaux de pertes par friction (tels que celui disponible sur https://dayliff.com/media/com_hikashop/upload/safe/technical_reference.pdf intitulé TABLE 1 : PVC AND GI FRICTION LOSS TABLE) permettent d'obtenir le coefficient de friction correspondant

- Le coefficient de friction pour un débit de 9 m³/h dans un tuyau de refoulement en fer de 2 pouces est de 4,7 m par hectomètre.
- Le coefficient de friction pour un débit de 9 m³/h dans un tuyau de refoulement en PVC de classe E de 2 pouces est de 3,4 m aux 100 m.

D'où, perte totale par friction = (4,7/100 x 93) + (3,4/100 x 1 364,8)
$$= 4,37 \text{ m} + 46,38 \text{ m} = 50,77 \text{ m}$$

Hauteur manométrique totale = $H_{ND} + H_{élév} + H_{friction} + H_{résiduelle}$
$$= 41 + (6 + 3) + 50,77 + 10 = \textbf{110,77 m}$$

Sélection de la pompe

Compte tenu du débit de référence et de la HMT déterminée ci-dessus, le point de fonctionnement de ce système est de **9 m³/h à une hauteur de 110 m**. Cela permet de sélectionner la pompe appropriée.

D'après les courbes de performance de la pompe de la figure B4 (à l'annexe B), une pompe immergée pour forage (modèle Grundfos SP9-21 4,0 kW 3 × 400 V 50 Hz) peut être utilisée pour atteindre ce point de fonctionnement.

Sélection du générateur

Le dimensionnement du générateur pour une pompe de **4 kW** doit être effectué selon les étapes suivantes.

Étape 1 : Prise en compte des pertes dues au rendement de l'alternateur *(80 %)*

$$= 4 \text{ kW} \div 0,8 = \textbf{5 kW}$$

Étape 2 : Surdimensionnement pour réduction de tension au démarrage *(35 %)*

$$= 5 \text{ kW} \times 1,35 = \textbf{6,75 kW}$$

Étape 3 : Calcul des facteurs de détarage

Altitude : 3,5 % par tranche de 300 m au-delà de 150 m au-dessus du niveau de la mer

$$\frac{540 - 150}{300} \times 3,5 \text{ \%} = 0,0455 \ (4,55 \text{ \%})$$

Température : 2 % par tranche de 5,5 °C au-dessus de 30 °C

$$\frac{38 - 30}{5,5} \times 2,0 \text{ \%} = 0,0290 \ (2,9 \text{ \%})$$

Humidité : 6 % à 100 % d'humidité
À 80 % d'humidité, le facteur de détarage est de 3 %

Étape 4 : Application des facteurs de détarage pour obtenir la taille du générateur

$$\frac{6,75 \text{ kW}}{(1 - 0,0455) \times (1 - 0,0290) \times (1 - 0,03)} = \frac{6,75}{0,9545 \times 0,971 \times 0,97} = \mathbf{7{,}508\,kW}$$

Étape 5 : Conversion des kW en KVA (Cosq = 0,8)

$$\mathbf{7{,}508 \times 1{,}25 = 9{,}385\,kVA}$$

Un générateur d'au moins 9,385 kVA est requis. On choisira dans ce cas la taille supérieure la plus proche disponible sur le marché, c.-à-d. 10 kVA.

ANNEXE B

Calcul manuel du système de pompage solaire

Il est expliqué dans le chapitre 5 pourquoi l'utilisation d'un logiciel est préférable à une conception manuelle pour concevoir le générateur PV d'un système de pompage d'eau. Bien que la méthode manuelle ne donne pas de résultats précis et ne permette pas de prédire avec exactitude les performances réelles du SPS, elle est utile dans les cas où un logiciel n'est pas disponible, par exemple avec certaines marques de pompes solaires qui ne fournissent pas de logiciel de conception pour le dimensionnement.

La méthode de sélection de la pompe discutée à l'annexe A permet d'obtenir une marque et un modèle de pompe dont la taille du moteur est définie en usine. Dans d'autres scénarios, il peut déjà y avoir une pompe dont la puissance du moteur sera connue. Le moteur doit être alimenté pour entraîner la pompe qui achemine l'eau vers le réservoir ou vers le point d'utilisation. Dans le cas d'un SPS, le moteur est alimenté par l'électricité produite par le générateur PV. La méthode d'estimation de l'énergie à produire par le générateur PV est présentée ci-dessous. Elle permet de déterminer le nombre de modules solaires à installer pour alimenter le moteur de la pompe afin d'obtenir les performances souhaitées. Il convient de garder à l'esprit que cette approche peut aboutir à un générateur PV sous-dimensionné ou surdimensionné, ce qui entraîne une performance non optimale du système.

Quelle que soit la pompe, la puissance absorbée par le moteur à partir de la source d'alimentation P_1 peut être calculée de deux façons :

1. À l'aide des courbes de la pompe

$$P_1 = \text{Puissance à l'arbre, } P_2 \div \text{Rendement du moteur, } \eta_m \qquad \text{(i)}$$

2. D'après le point de fonctionnement (débit et hauteur)
   Tout d'abord, puissance à l'arbre, P_2 = puissance hydraulique, $P_h \div$ rendement de la pompe, η_p d'où ;

$$P_1 = \textit{Puissance hydraulique, } P_h \div \text{Rendement de la pompe, } \eta_p \div$$
$$\textit{Rendement du moteur, } \eta_m \qquad \text{(ii)}$$

La puissance à l'arbre est celle qui est transmise par le moteur à l'arbre de la pompe (puissance absorbée par l'arbre de la pompe à un débit donné). Elle dépend du rendement de la pompe. Celui-ci est spécifié par le fabricant de la pompe.

La puissance hydraulique est la puissance théorique transmise par la pompe à l'eau.

$$\text{Puissance hydraulique, } P_h = \frac{Q \times \rho \times g \times H}{(3,6 \times 106)} \text{ kW}$$

Où Q = capacité de débit (m³/h)

ρ = densité du fluide (1 000 kg/m³)

g = gravité (9,81 m/s²)

H = hauteur totale (m)

La demande totale d'énergie de la pompe est déterminée par :

$$E_{pompe} = P_1 \times \text{heures de fonctionnement} \qquad \text{(iii)}$$

Comme indiqué dans le chapitre 4, l'énergie générée par le générateur PV installé est établie comme suit :

$$E_{générée} = P_{crête} \times PSH \times CP \qquad \text{(iv)}$$

Où

- $P_{crête}$ est la puissance de crête du générateur PV en conditions STC (calculée en multipliant la puissance de crête du module PV par le nombre de modules employés)
- PSH (heures de soleil maximum) est le nombre équivalent d'heures par jour où l'éclairement moyen atteint 1 000 W/m².
- CP (coefficient de performance) représente la réduction de l'énergie solaire générée en raison de pertes dans le système.

La mise en équation de (iii) et (iv) donne $E_{pompe} = E_{générée}$ d'où

$$P_1 \times \text{heures de fonctionnement} = P_{crête} \times PSH \times CP \qquad \text{(v)}$$

Le coefficient de performance (CP), expliqué en détail dans le chapitre 4, englobe toutes les pertes qui se produisent dans le système.

Après avoir déterminé la puissance de la pompe (P_1), les heures de fonctionnement à l'énergie solaire, les PSH du site et le CP estimé, il sera possible de calculer la $P_{crête}$ (et donc la taille du générateur PV à installer).

$$P_{crête} = \frac{P_1 \times \text{heures de fonctionnement journalière}}{PSH \times CP} \qquad \text{(vi)}$$

Sachant que P_1, PSH et CP sont constants, l'accroissement de la taille du générateur PV permet d'augmenter le nombre d'heures de fonctionnement. Il convient de noter toutefois que l'énergie fournie par le système photovoltaïque est seulement disponible pendant les heures d'ensoleillement. Par conséquent, il n'est pas possible d'augmenter indéfiniment la taille du générateur solaire PV pour prolonger la durée de pompage. Comme indiqué dans les sections 3.2.1 et 5.3.8, le pompage au-delà de la journée solaire doit faire appel à une autre source d'énergie telle que le réseau ou un générateur diesel.

Le nombre de modules requis peut être déterminé d'après la puissance de crête des modèles disponibles sur le marché.

$$\text{Nombre de modules, } P = \frac{P_{crête}}{\text{Puissance nominale du module}} \qquad \text{(vii)}$$

Une fois le nombre de modules établi, on pourra décider de les connecter en série ou en parallèle. L'onduleur à utiliser aura une influence sur la configuration en série/parallèle.

La sélection de l'onduleur approprié est fonction de la pompe choisie et de la taille du générateur PV. L'onduleur doit pouvoir admettre la puissance CC provenant du générateur PV et la traiter de façon à satisfaire les exigences de la pompe.

La tension du système PV est déterminée par la tension de l'onduleur. Chaque onduleur a une tension d'entrée maximale ($V_{max\_entrée}$) et une tension de MPPT minimale (V_{min_mppt}) qui sont indiquées sur la fiche technique de l'onduleur. L'onduleur a également une intensité et une puissance d'entrée maximales.

En outre, chaque module solaire a une tension maximale (V_{oc}) et une tension de crête (V_{mp}) qui sont inscrites sur le module et permettent de déterminer le nombre de modules qui seront connectés en série pour se situer entre la tension minimale et maximale du système.

Si M = nombre de modules en série (une configuration en série est habituellement désignée sous le terme de branche)

N = nombre de branches en parallèle

Alors,

$$\text{Nombre total de modules, } P = M \times N \text{ (voir la figure B1)} \qquad \text{(viii)}$$

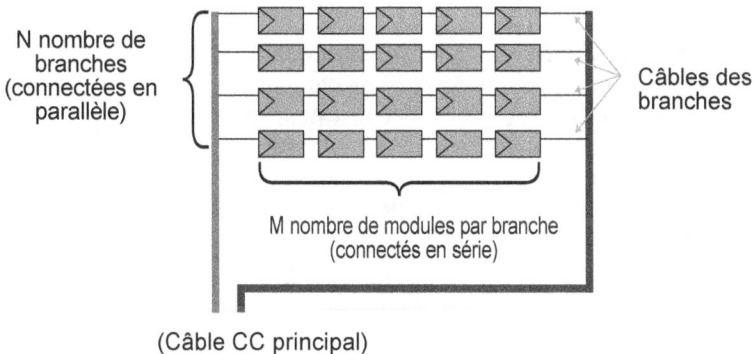

Figure B1 Nombre de modules configurés en série et en parallèle

Le nombre de modules en série (M) est déterminé en fonction des limites suivantes.

$$\frac{V_{min\_mppt} \text{ (système)}}{V_{mp} \text{ (panneau)}} < M < \frac{V_{max\_entrée} \text{ (système)}}{V_{oc} \text{ (panneau)}} \qquad \text{(ix)}$$

La valeur M doit être la plus élevée possible pour fournir la tension maximale possible. En d'autres termes, la valeur M choisie doit être aussi proche que possible de la limite supérieure.

Sachant que P et M sont désormais connus, la valeur N (nombre de branches en parallèle) peut être déterminée à l'aide de la formule viii.

Exemple pratique

Étape 1 : Détermination de la demande en eau et calcul du point de fonctionnement requis (débit et hauteur de référence)

La détermination du point de fonctionnement est expliquée à l'annexe A. En supposant que la demande en eau est de 60 m³/jour et en prenant un point de fonctionnement de 8,8 m³/h à une hauteur de 110 m, cela signifie que la pompe doit fonctionner environ **7 heures** au débit maximal pour satisfaire entièrement la demande avec l'énergie solaire.

Étape 2 : Sélection d'une pompe adaptée au point de fonctionnement

Une pompe immergée pour forage du type Grundfos SP9-21 4,0 KW 3 × 400 V 50 Hz peut être utilisée pour satisfaire ce point de fonctionnement. Voir les courbes de débit-hauteur de la pompe (figure B4) et les caractéristiques de la pompe (figure B5) ci-dessous.

Étape 3 : Détermination de la demande de puissance de la pompe, P_1

D'après les courbes P_2/Q (voir la courbe de puissance-débit ci-dessous sur la figure B6), la puissance absorbée par l'arbre de la pompe à 8,8 m³/h est $P_2 = 3,77$ kW.

La pompe Grundfos SP9-21 est équipée d'un moteur de 4 kW et la charge du moteur est de 3,8/4 = 95 %. Le rendement du moteur à ce niveau de charge peut être obtenu sur la fiche technique du moteur au moyen d'une interpolation de η_m = 78,4 % (à 75 % de charge) et η_m = 78,0 % (à 100 % de charge). L'interpolation entre ces deux valeurs donne : à 95 % de charge, rendement du moteur η_m = 78,08 %.

Note : pour simplifier, le rendement du moteur à la charge la plus proche (dans ce cas, 78,0 %) peut également être utilisé au lieu de l'interpolation.

Par conséquent, la puissance absorbée par le moteur d'après la formule (i) est

$$P_1 = P_2 \div \eta_m \text{ soit } 3,77 \div 0,7808 = \textbf{4,828 kW}$$

Ou bien, en utilisant la formule (ii) et en se rapportant à la figure B3 ci-dessous, $\eta_p = 0,7$

$$P_1 = P_h \div \eta_p \div \eta_m = (8,8 \times 9,8 \times 1\,000 \times 110) \div (3,6 \times 10^6 \times 0,7 \times 0,7808)$$
$$= 4,821 \text{ kW (proche de 4,828)}$$

GLOBAL SOLAR & WATER INITIATIVE
Contact: solarquery@iom.int

Company name:
Created by:

98699059 SP 9-21

Input - summary

Water volume (max): 60 m³/day
Month for sizing: June
Static lift above ground: 110 m
Dynamic water level: 0 m
Sun tracking: No (fixed)
Location: 603, Sericho, Isiolo, Kenya
Latitude: 1 DD, Longitude: 39 DD

Products

Pump: SP 9-21, 1 x 98699059
Solar module: 36 x Trinasolar 270
Switch box / control unit: RSI 3x380-440V IP66 5.5kW 12A, 1 x 99044351
Switch box / control unit: OTDCP16, Circuit Breaker, 16Amp, 2 x 98341686
Switch box / control unit: OVR PV 40-1000 P, Surge Protection, 1 x 98341687
Others: Sine-wave filter, 1 x 96754976

Sizing results - summary

Water production, Peak flow and Price
Total water production per year: 24500 m³
Avg. water production per day: 67.2 m³/day
Average water production per watt per day: 6.9 l/Wp/day

Solar module configuration:
Number of solar modules in series: 18, in parallel: 2
Solar array rated power: 9.72 kW
Solar array rated volts: 556.2 V
Sun tracking: No (fixed)
Tilt angle: 15 deg.

Typical performance at solar radiation 800 W/m²
Flow: 8.3 m³/h
Total head: 110.0 m

Cables and pipes:
Pump cable length: 120 m
Pump cable size: 4 mm²
Total cable loss: 2.2 %

Pipe diameter: DN50(44)
Friction loss: 0.0 m

System performance - monthly average

	Jan	Feb	Mar	Apr	May	Jun	Jul	Aug	Sep	Oct	Nov	Dec
Water production [m³/day]	69.6	70.1	68.4	66.5	64.8	62.6	63.3	67	69.6	69.4	67	68.2
Energy production [kWh/day]	44.2	44.5	43.4	42.3	41.2	40.1	40.5	42.5	44.0	44.0	42.7	43.4
Radiation horizontal [kWh/m² day]	6.8	7.4	7.1	6.9	7.0	6.6	6.6	7.2	7.7	7.2	6.1	6.2
Radiation tilt [kWh/m² day]	7.2	7.6	6.9	6.4	6.1	5.7	5.8	6.5	7.4	7.2	6.4	6.6
Avg. Temp. [K]	28.	29.	30.	28.	28.	27.	26.	26.	27.	28.	27.	27.

Solar data location: Latitude: 1 DD, Longitude: 39 DD

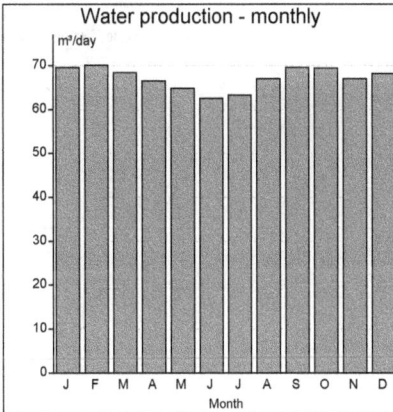

Water production - monthly

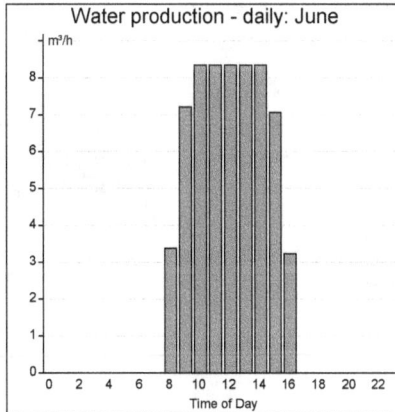

Water production - daily: June

Figure B2 Résultat du dimensionnement à l'aide du logiciel Grundfos

LORENTZ

BERNT LORENTZ GmbH

Wednesday, 03 July 2019
New project

Solar pumping project

Parameter

Location:	, (1° North; 39° East)	Water temperature:	25 °C		
Required daily output:	60 m³; Sizing for June	Dirt loss:	5.0 %	Motor cable:	120 m
Pipe type:	-	Total dynamic head:	110 m	Pipe length:	-

Products

	Quantity	Details
PSk2-7 C-SJ8-30	1 pc.	Submersible pump system including controller with DataModule, motor and pump end
Trinasolar 270	40 pc.	10,800 Wp; 20 x 2 modules; 15 ° tilted
Motor cable	120 m	6 mm² 3-phase cable for power and 1-phase cable for ground
Accessories	1 set	Surge Protector, PV Disconnect 1000-40-5, PV Protect 1000-125, SmartPSUk2, SmartStart, Well Probe V2

SunSwitch setting in PumpScanner   **min. 200 W/m²**

Daily output in June   **61 m³**

Daily values

	Jan	Feb	Mar	Apr	May	Jun	Jul	Aug	Sep	Oct	Nov	Dec	Av.
Output [m³]	82	83	75	67	65	61	62	68	76	75	68	73	71
Energy [kWh]	59	60	54	48	47	44	45	49	55	54	50	53	52
Irradiation [kWh/m²]	6.6	6.8	6.1	5.4	5.3	4.9	5.0	5.5	6.2	6.0	5.4	5.8	5.7
Rainfall [mm]	0.37	0.27	1.2	3.2	1.2	0.10	0.10	0.067	0.13	1.3	2.4	1.1	0.93
Ambient temp. [°C]	28	29	29	27	27	27	26	26	27	27	26	27	27

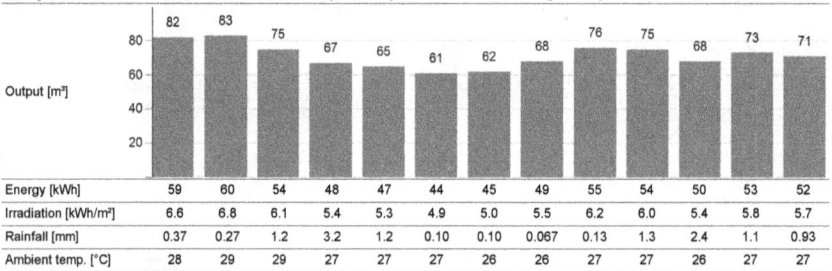

Hourly values

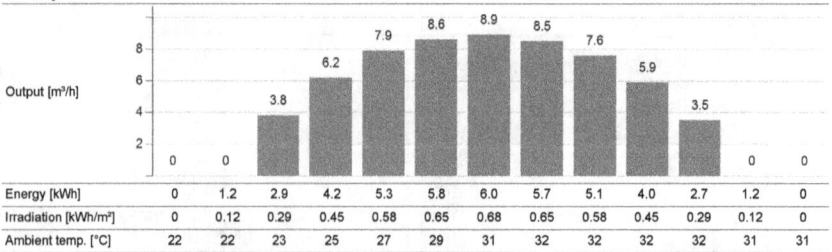

	6:00	7:00	8:00	9:00	10:00	11:00	12:00	13:00	14:00	15:00	16:00	17:00	18:00
Output [m³/h]	0	0	3.8	6.2	7.9	8.6	8.9	8.5	7.6	5.9	3.5	0	0
Energy [kWh]	0	1.2	2.9	4.2	5.3	5.8	6.0	5.7	5.1	4.0	2.7	1.2	0
Irradiation [kWh/m²]	0	0.12	0.29	0.45	0.58	0.65	0.68	0.65	0.58	0.45	0.29	0.12	0
Ambient temp. [°C]	22	22	23	25	27	29	31	32	32	32	32	31	31

LORENTZ

Figure B3 Résultat du dimensionnement à l'aide du logiciel Lorentz

SP 9

Performance curves

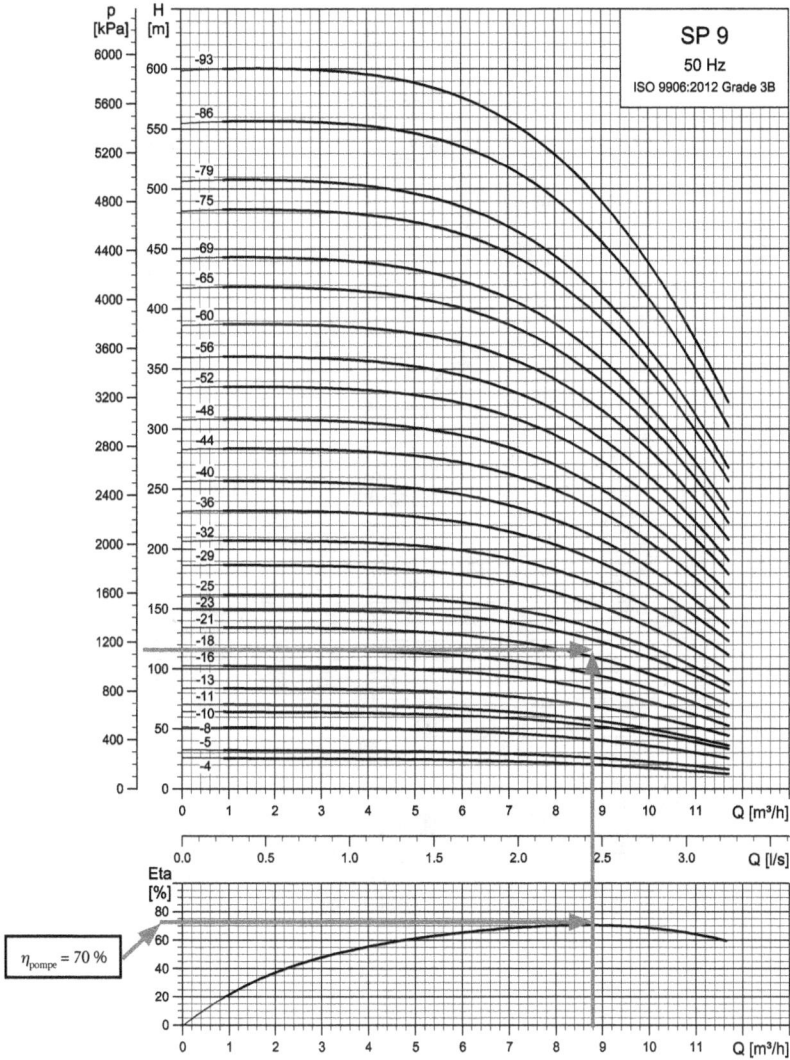

NPSH: Minimum inlet pressure 0.5 m.

Figure B4 Courbe hauteur-débit de la pompe Grundfos SP 9

Dimensions and weights

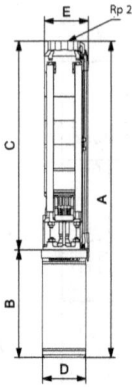

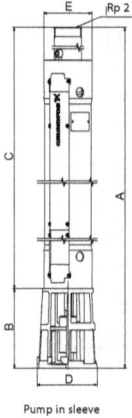

Pump type	Motor		Dimensions [mm]					Net weight [kg]
	Type	Power [kW]	C	B	A	D	E	
Single-phase, 1 x 230 V / 1 x 240 V								
SP 9-4	MS 402	0.75	438	306	744	95	101	15.9
SP 9-5	MS 402	1.1	488	346	834	95	101	18.3
SP 9-8	MS 402	1.5	638	346	984	95	101	20.0
SP 9-10	MS 4000	2.2	738	577	1315	95	101	31.6
SP 9-11	MS 4000	2.2	788	577	1365	95	101	32.2
Three-phase, 3 x 220-230 V / 3 x 380-400-415 V								
SP 9-4	MS 402	0.75	438	276	714	95	101	14.7
SP 9-5	MS 402	1.1	488	306	794	95	101	16.5
SP 9-8	MS 402	1.5	638	346	984	95	101	20.0
SP 9-10	MS 402	2.2	738	346	1084	95	101	22.5
SP 9-11	MS 402	2.2	788	346	1134	95	101	23.1
SP 9-4	MS 4000	0.75	438	402	840	95	101	19.2
SP 9-5	MS 4000	1.1	488	417	905	95	101	20.7
SP 9-8	MS 4000	1.5	638	417	1055	95	101	22.5
SP 9-10	MS 4000	2.2	738	457	1195	95	101	25.6
SP 9-11	MS 4000	2.2	788	457	1245	95	101	26.2
SP 9-13	MS 4000	3	888	497	1385	95	101	29.3
SP 9-16	MS 4000	3	1038	497	1535	95	101	31.0
SP 9-18	MS 4000	4	1138	577	1715	95	101	36.2
SP 9-21	MS 4000	4	1288	577	1865	95	101	37.9
SP 9-23	MS 4000	5.5	1388	677	2065	95	101	44.1
SP 9-25	MS 4000	5.5	1488	677	2165	95	101	45.2
SP 9-29	MS 4000	5.5	1688	677	2365	95	101	47.7
SP 9-32	MS 4000	7.5	1838	777	2615	95	101	53.4
SP 9-36	MS 4000	7.5	2038	777	2815	95	101	55.7
SP 9-40	MS 4000	7.5	2238	777	3015	95	101	58.0
SP 9-23	MS 6000	5.5	1451	547	1998	139.5	139.5	55.0
SP 9-25	MS 6000	5.5	1551	547	2098	139.5	139.5	562
SP 9-29	MS 6000	5.5	1751	547	2298	139.5	139.5	58.6
SP 9-32	MS 6000	7.5	1901	577	2478	139.5	139.5	63.4
SP-9-36	MS 6000	7.5	2101	577	2678	139.5	139.5	65.8
SP-9-40	MS 6000	7.5	2301	577	2878	139.5	139.5	68.1
SP 9-44	MS 6000	9.2	2501	607	3108	139.5	139.5	78.2
SP 9-48	MS 6000	9.2	2701	607	3308	139.5	139.5	80.6
SP 9-52	MS 6000	11	2901	637	3538	139.5	139.5	86.1
SP 9-56 [1]	MS 6000	11	3396	637	4033	139.5	140	110.0
SP 9-60 [1]	MS 6000	13	3596	667	4263	139.5	140	116.5
SP 9-65 [1]	MS 6000	13	3846	667	4513	139.5	140	120.9
SP 9-69 [1]	MS 6000	13	4046	667	4713	139.5	140	124.3
SP 9-75 [1]	MS 6000	15	4346	702	5048	139.5	140	133.6
SP 9-79 [1]	MS 6000	15	4546	702	5248	139.5	140	137.1
SP 9-86 [1]	MS 6000	18.5	4896	757	5653	139.5	140	147.6
SP 9-93 [1]	MS 6000	18.5	5246	757	6003	139.5	140	153.7

[1] SP 9-56 to SP 9-86 are mounted in sleeve for R2 connection.

The pump types above are also availabl e in N- and R-versions. See page 6.

E = Maximum diameter of pump inclusive of cable guard and motor.

Figure B5 Fiche technique de la pompe Grundfos SP 9

Power curves

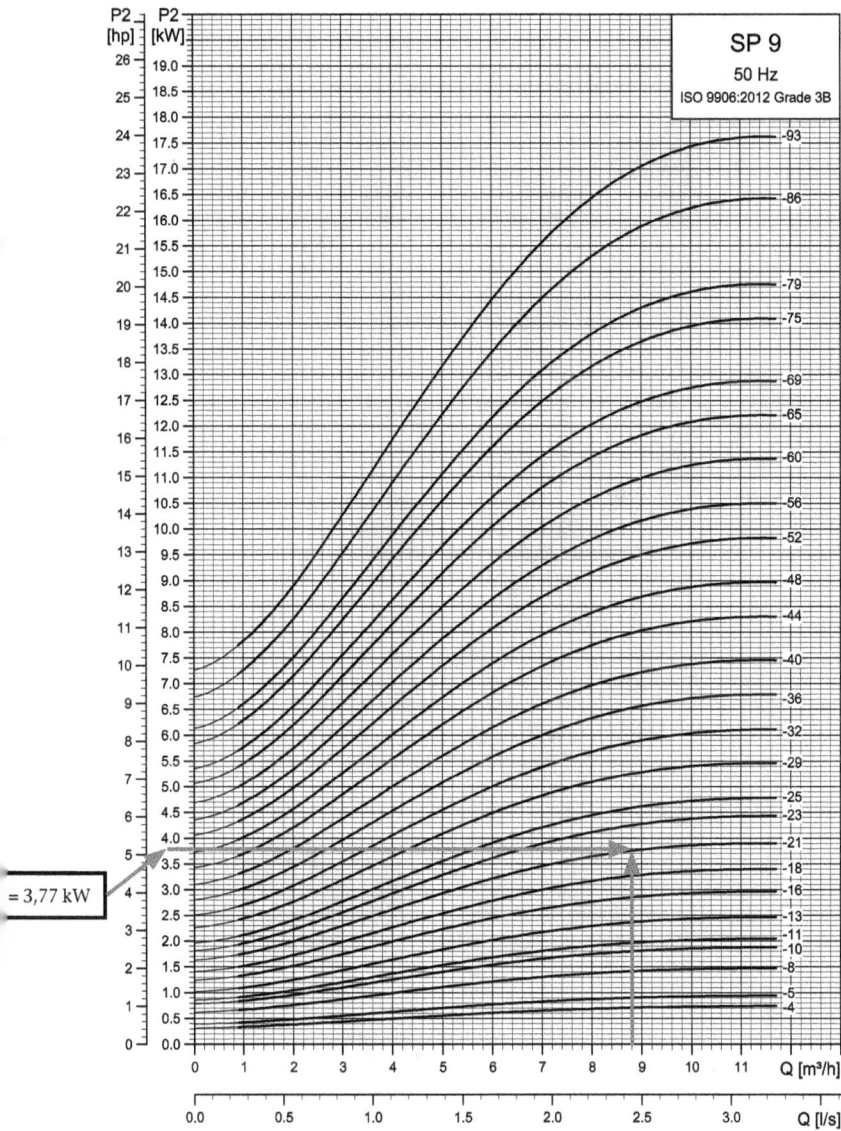

Figure B6 Courbe de puissance-débit de la pompe Grundfos SP 9

3 x 230 V, submersible rewindable motors "MMS"

| | | | | Electrical data | | | | | | | Dimensions | | |
| | Motor | | | Motor efficiency [%] | | | Power factor | | | | | Build | |
Type	Size	Power [kW]	Full-load current In [A]	η50 %	η75 %	η100 %	Cos φ 50 %	Cos φ 75 %	Cos φ 100 %	Ist/In	Diameter [mm]	in length [mm]	Weight [kg]
MMS 6 (N, R)	6"	5.5	25.0	71	75	76	0.61	0.72	0.78	3.5	144	807	50
MMS 6 (N, R)	6"	7.5	33.5	72	76	77	0.59	0.71	0.78	3.5	144	837	53
MMS 6 (N, R)	6"	9.2	40.5	74	77	78	0.59	0.71	0.78	3.6	144	867	55
MMS 6 (N, R)	6"	11	50.0	74	78	79	0.53	0.66	0.74	3.8	144	897	60
MMS 6 (N, R)	6"	13	56.0	77	80	80	0.57	0.69	0.77	3.9	144	927	65
MMS 6 (N, R)	6"	15	62.5	79	82	82	0.58	0.71	0.79	4.3	144	997	77
MMS 6 (N, R)	6"	18.5	75.0	80	82	82	0.61	0.75	0.81	4.2	144	1057	83
MMS 6 (N, R)	6"	22	87.0	82	84	83	0.61	0.74	0.81	5.3	144	1087	95
MMS 6 (N, R)	6"	26	106	81	83	83	0.57	0.7	0.78	5.6	144	1157	105
MMS 6 (N, R)	6"	30	118	82	83	82	0.63	0.76	0.82	4.8	144	1212	110
MMS 6 (N, R)	6"	37	148	82	84	83	0.59	0.72	0.81	5.4	144	1312	120
MMS 8000 (N, R)	8"	22	82.5	80	84	84	0.71	0.80	0.84	5.3	192	1010	126
MMS 8000 (N, R)	8"	26	95.5	81	84	84	0.76	0.83	0.86	5.1	192	1050	134
MMS 8000 (N, R)	8"	30	110	83	85	86	0.71	0.80	0.84	5.7	192	1110	146
MMS 8000 (N, R)	8"	37	134	83	86	86	0.73	0.82	0.85	5.7	192	1160	156
MMS 8000 (N, R)	8"	45	168	84	87	88	0.62	0.74	0.81	6.0	192	1270	177
MMS 8000 (N, R)	8"	55	214	84	87	88	0.57	0.70	0.77	5.9	192	1350	192
MMS 8000 (N, R)	8"	63	210	87	89	89	0.81	0.87	0.90	5.7	192	1490	218
MMS 10000 (N, R)	10"	75	270	84	86	86	0.72	0.81	0.85	5.4	237	1500	330
MMS 10000 (N, R)	10"	92	345	83	85	86	0.65	0.77	0.82	5.6	237	1690	385
MMS 10000 (N, R)	10"	110	385	85	86	86	0.80	0.86	0.88	5.7	237	1870	435

3 x 400 V, submersible motors "MS"

| | | | | Electrical data | | | | | | | Dimensions | | |
| | Motor | | | Motor efficiency [%] | | | Power factor | | | | | Build | |
Type	Size	Power [kW]	Full-load current In [A]	η50 %	η75 %	η100 %	Cos φ 50 %	Cos φ 75 %	Cos φ 100 %	Ist/In	Diameter [mm]	in length [mm]	Weight [kg]
MS 402	4"	0.37	1.40	51.0	59.5	64.0	0.44	0.55	0.64	3.7	95	229	5.5
MS 402	4"	0.55	2.20	48.5	57.0	64.0	0.42	0.52	0.64	3.5	95	244	6.3
MS 402	4"	0.75	2.30	64.0	69.5	73.0	0.50	0.62	0.72	4.7	95	279	7.7
MS 4000R	4"	0.75	1.84	68.1	71.6	72.8	0.69	0.79	0.84	4.9	95	401	13.0
MS 402	4"	1.1	3.40	62.5	69.0	73.0	0.47	0.59	0.72	4.6	95	309	8.9
MS 4000R	4"	1.1	2.75	70.3	74.0	74.4	0.62	0.74	0.82	5.1	95	416	14.0
MS 402	4"	1.5	4.20	68.0	73.0	75.0	0.50	0.64	0.75	5.0	95	349	10.5
MS 4000R	4"	1.5	4.00	69.1	72.7	73.7	0.55	0.69	0.78	4.3	95	416	14.0
MS 402	4"	2.2	5.50	72.5	75.5	76.0	0.56	0.71	0.82	4.7	95	349	11.9
MS 4000 (R)	4"	2.2	6.05	67.9	73.1	74.5	0.49	0.63	0.74	4.5	95	456	15.0
MS 4000 (R)	4"	3.0	7.85	71.5	74.5	75.2	0.53	0.67	0.77	4.5	95	496	17.0
MS 4000 (R)	4"	4.0	9.60	77.3	78.4	78.0	0.57	0.71	0.80	4.8	95	576	21.0
MS 4000 (R)	4"	5.5	13.0	78.5	80.1	79.8	0.57	0.72	0.81	4.9	95	676	26.0
MS 4000 (R)	4"	7.5	18.8	75.2	78.2	78.2	0.52	0.67	0.78	4.5	95	777	31.0
MS 6000 (R)	6"	5.5	13.6	78.0	80.0	80.5	0.55	0.67	0.77	4.4	139.5	547	35.5
MS 6000 (R)	6"	7.5	17.6	81.5	82.0	82.0	0.60	0.73	0.80	4.3	139.5	577	37.0
MS 6000 (R)	6"	9.2	21.8	78.0	80.0	79.5	0.61	0.73	0.81	4.6	139.5	607	42.5
MS 6000 (R)	6"	11	24.8	82.0	83.0	82.5	0.65	0.77	0.83	4.7	139.5	637	45.5
MS 6000 (R)	6"	13	30.0	82.5	83.5	82.0	0.62	0.74	0.81	4.6	139.5	667	48.5
MS 6000 (R)	6"	15	34.0	82.0	83.5	83.5	0.64	0.76	0.82	5.0	139.5	702	52.5
MS 6000 (R)	6"	18.5	42.0	83.5	84.5	83.5	0.62	0.73	0.81	5.1	139.5	757	58.0
MS 6000 (R)	6"	22	48.0	84.5	85.0	83.5	0.67	0.77	0.84	5.0	139.5	817	64.0
MS 6000 (R)	6"	26	57.0	84.5	85.0	84.0	0.66	0.77	0.84	4.9	139.5	877	69.5
MS 6000 (R)	6"	30	66.5	84.5	85.0	84.0	0.64	0.77	0.83	4.9	139.5	947	77.5

Figure B7 Fiche technique des moteurs Grundfos

CARTE DES RESSOURCE SOLAIRES

RAYONNEMENT GLOBAL HORIZONTAL
KENYA

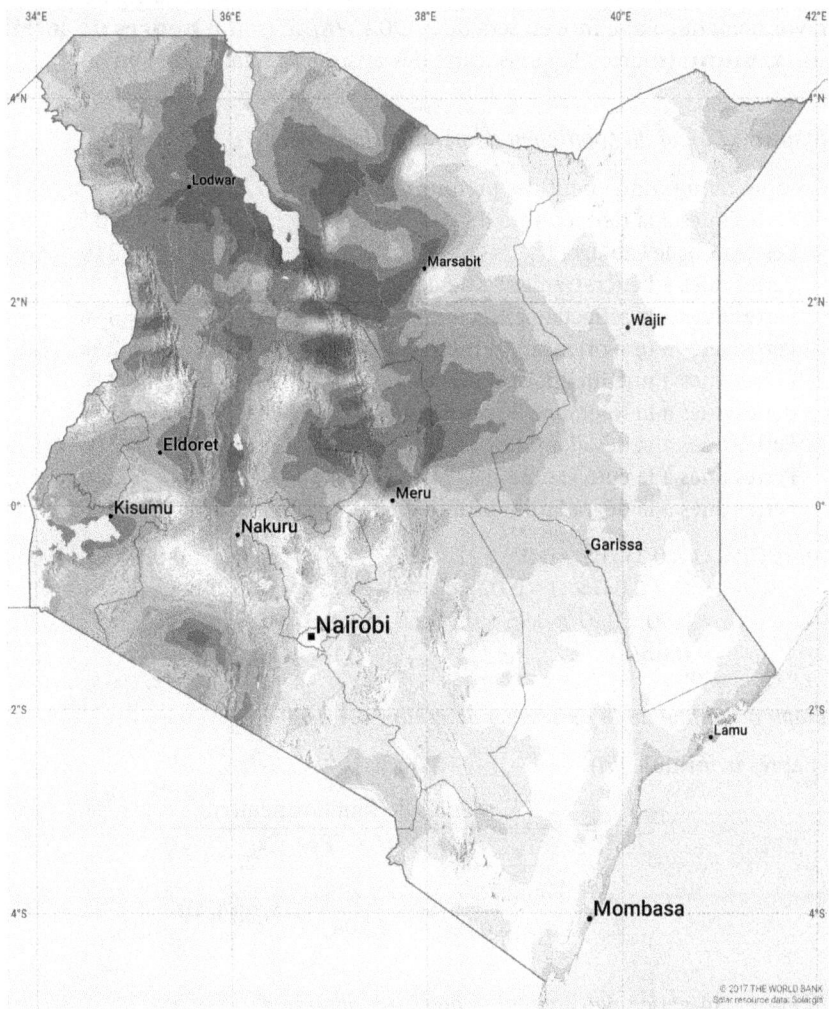

Totaux journaliers :	Moyenne à long terme du GHI, période 1994-2015						
	5,0	5,4	5,8	6,2	6,6	7,2	kWh/m²
Totaux annuels :	1826	1972	2118	2264	2410	2556	

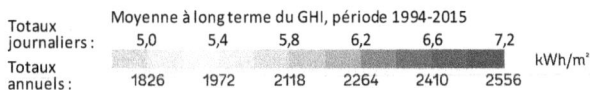

This map is published by the World Bank Group, funded by ESMAP, and prepared by Solargis. For more information and terms of use, please visit http://globalsolaratlas.info.

Figure B8 Carte des ressources solaires du Kenya
Source : Solargis

Étape 4 : Détermination des ressources solaires disponibles

Pour un système installé en Afrique subsaharienne (plus précisément au Kenya, 1°N 39°E, voir la carte du rayonnement solaire sur la figure B8), le rayonnement solaire moyen sera de 2 190 kWh/m² (soit **6 heures de soleil maximum**) (source : Solargis, carte des ressources solaires du Kenya).

Étape 5 : Calcul du coefficient de perte/performance

Compte tenu uniquement des pertes suivantes :

Pertes dues à la température, L_{temp}	= 10 %
Pertes dans le câblage, $L_{câbles}$	= 3 %
Pertes dues à l'encrassement/saleté, L_{encr}	= 5 %
Pertes dues à la réflectance $L_{réf}$	= 3 %
Pertes dues à une orientation incorrecte, $L_{orientation}$	= 2 %
Pertes dues à une inclinaison incorrecte, L_{incl}	= 3 %
Pertes dues à la tolérance de puissance, $L_{tolérance}$	= 3 %
Pertes dues à la désadaptation, $L_{désadapt}$	= 2 %
Pertes dues à la conversion	= 3 %
Pertes dues à la dégradation induite par la lumière, LLID	= 3 %

Alors CP = (1 − 0,1) × (1 − 0,03) × (1 − 0,05) × (1 − 0,03) × (1 − 0,02) × (1 − 0,03)
× (1 − 0,05) × (1 − 0,02) × (1 − 0,03) × (1 − 0,03)
= 0,90 × 0,97 × 0,95 × 0,97 × 0,98 × 0,97 × 0,97 × 0,98 × 0,97 × 0,97
= **0,684**

Étape 6 : Calcul de la puissance de crête PV à installer

D'après la formule (vi)

$$P_{crête} = \frac{P_1 \times \text{heures de fonctionnement}}{PSH \times CP}$$

$$P_{crête} = \frac{4,828 \times 7}{6 \times 0,684} = \frac{33,796}{4,104} = \textbf{8,23 kW}$$

Étape 7 : Sélection de l'onduleur/contrôleur approprié

D'après les caractéristiques électriques des onduleurs Grundfos indiquées ci-dessous, l'onduleur adapté au moteur Grundfos SP9-21, 4 kW, 9,75-9,6-9,8 A, 3 × 400 V (voir les caractéristiques électriques du moteur ci-dessous) est l'onduleur de 5,5 kW (voir les caractéristiques de l'onduleur ci-dessous) avec un courant de sortie nominal de 12 A 3 × 380–415 V. La tension du système est V_{min_mppt} = 400 VCC (V_{min_mppt} = 530–61 5 V recommandée), $V_{max\_entrée}$ système = 800 VCC.

À noter que l'onduleur de 4 kW avec un courant de sortie de 9,6 A n'a pas été sélectionné parce qu'il se situe juste à la limite du courant requis par le moteur.

Données électriques du moteur Grundfos :	
Type de moteur :	MS4000
Puissance nominale - P2 :	4 kW
Puissance (P2) requise par la pompe :	4 kW
Fréquence d'alimentation :	50 Hz
Tension nominale :	3 × 380–400–415 V
Courant nominal :	9,75–9,60–9,80 A
Intensité de démarrage :	460–500–530 %
Cos phi – facteur de puissance :	0,85–0,80–0,77
Vitesse nominale :	2 850–2 865–2 875 mn^{-1}
Méthode de démarrage :	direct
Indice de protection (IEC 34-5) :	IP68
Classe d'isolement (IEC 85) :	F
Capteur de température intégré :	non
N° moteur :	79194510

Données du contrôleur Grundfos				
Tension			*3 × 208–240 V*	*3 × 380–440 V*
Environnement d'installation	Température ambiante min.	[°C (°F)]	−10 (14)	−10 (14)
	Température ambiante max.	[°C (°F)]	60 (140)	60 (140)
	Humidité relative max.	[%]	100	100
Données électriques	Tension CC MPP minimum	[VCC]	230	400
	Tension CC MPP recommandée	[VCC]	290–336	530–615
	Tension d'entrée CC maximum	[VCC]	400	800
	Tension d'entrée CA	[VCA]	208–240	380–460
	Tension de sortie nominale CA	[VCA]	220	380–440
	Fréquence min.	[Hz]	5	5
	Fréquence max.	[Hz]	60	60
	Phases		3	3
	Indice de protection		IP66	IP66

Gamme haute tension Grundfos				
Puissance [kW (hp)]	Numéro de produit	*Données électriques*		
		P2 max. [kW (hp)]	Courant d'entrée nominal [A]	Taille châssis
2,2 (3)	99044348	2,2 (3)	5,6	A
3,0 (4)	99044349	3,0 (4)	8	A
4,0 (5)	99044350	4,0 (5)	9,6	A
5,5 (7,5)	99044351	5,5 (7,5)	12	A
7,5 (10)	99044352	7,5 (10)	16	B

Gamme haute tension Grundfos				
Puissance [kW (hp)]	Numéro de produit	Données électriques		
		P2 max. [kW (hp)]	Courant d'entrée nominal [A]	Taille châssis
11 (15)	99044363	11 (15)	23	B
15 (20)	99044364	15 (20)	31	B
18,5 (25)	99044365	18,5 (25)	38	C
22 (30)	99044366	22 (30)	46	C
30 (40)	99044367	30 (40)	61	C
37 (50)	99044368	37 (50)	72	C

Étape 8 : Détermination du nombre de modules et configuration des modules

Utilisation d'un module polycristallin de 270 W (Trinasolar) dont les données électriques sont indiquées ci-dessous, V_{mp} = 30,9 V, V_{oc} = 37,9 V

Données électriques (STC)					
Puissance crête watts-PMAX (Wc)*	265	270	275	280	285
Tolérance de puissance de sortie-PMAX (W)			0 ~ +5		
Tension à puissance maximale-VMPP (V)	30,8	30,9	31,1	31,4	31,6
Intensité à puissance maximale -IMPP (a)	8,61	8,73	8,84	8,92	9,02
Tension de circuit ouvert-VOC (V)	37,7	37,9	38,1	38,2	38,3
Intensité de court-circuit-ISC (A)	9,15	9,22	9,32	9,40	9,49
Rendement du module m (%)	16,2	16,5	16,8	17,1	17,4

Valeurs nominales de température	
NOCT (température nominale de fonctionnement des cellules)	44 °C (±2 °C)
Coefficient de température de PMAX	−0,41 %/°C
Coefficient de température de VOC	−0,32 %/°C
Coefficient de température d'ISC	0,05 %/°C

$$\text{Nombre de modules, P} = \frac{P_{crête}}{\text{Puissance nominale du module}} = \frac{8,23 \times 1\ 000\ (W)}{270\ (W)}$$

$$= 30,4 \text{ nombre minimum de modules}$$

Le nombre de modules en série est calculé à l'aide de la formule ix en utilisant les deux limites :

$$\frac{V_{min\_mppt}\,(\text{système})}{V_{mp}\,(\text{panneau})} = 530/30{,}9 = 17 \qquad \frac{V_{max\_entrée}\,(\text{système})}{V_{oc}\,(\text{panneau})} = 800/37{,}9 = 21$$

Le nombre de modules par branche, qui se situe entre 17 et 21, doit être le plus élevé possible tout en restant optimal. Le nombre de modules doit par ailleurs être le même dans toutes les branches.

Sachant que P = M × N, deux branches parallèles comportant entre 17 et 21 modules nécessiteront un générateur PV de l'ordre de **9,18 kW à 11,34 kW**.

Vérification : le logiciel de dimensionnement de Grundfos (un guide d'utilisation étape par étape de l'outil de dimensionnement de Grundfos est disponible sur GLOSWI, 2018f) permet d'obtenir les résultats indiqués sur la figure B2. La configuration proposée se compose de 18 panneaux en série divisés en deux branches (**9,72 kW**).

On peut également utiliser un onduleur Lorentz dont les données électriques sont les suivantes :

Données du contrôleur Lorentz	
Puissance max.	8,0 kW
Tension d'entrée max.	850 V
Vmp optimale**	> 575 V
Intensité max. moteur	13 A
Rendement max.	98 %
Temp. ambiante	–30 … 50 °C
Indice de protection	IP54

$$\frac{V_{min\_mppt}\,(\text{système})}{V_{mp}\,(\text{panneau})} = 575/30{,}9 = 18{,}6 \qquad \frac{V_{max\_entrée}\,(\text{système})}{V_{oc}\,(\text{panneau})} = 850/37{,}9 = 22{,}4$$

Deux branches parallèles de 19 à 22 modules nécessiteront un générateur PV de **10,26 kW à 11,88 kW**.

Vérification : le logiciel Lorentz Compass (un guide d'utilisation étape par étape de l'outil de dimensionnement Lorentz Compass est également disponible sur GLOSWI, 2018f) permet d'obtenir les résultats indiqués sur la figure B3. La configuration proposée se compose de 20 panneaux en série divisés en deux branches (**10,8 kW**).

Dans les deux cas, la vérification effectuée à l'aide d'un logiciel de dimensionnement aboutit à des systèmes qui fournissent davantage d'eau que le volume requis de 60 m³/jour. Le logiciel tient compte de la charge hydraulique et électrique, des ressources solaires disponibles, des pertes de puissance et des caractéristiques du module, permettant ainsi d'obtenir une conception plus précise, prévisible et optimale que le procédé manuel décrit dans cette section.

Étape 9 : Détermination d'une autre source d'alimentation éventuelle

Au cas où la demande en eau serait supérieure au volume que peut fournir un système solaire autonome, une autre source d'alimentation serait nécessaire pour prolonger le pompage. Dans cet exemple, il n'est pas nécessaire de prolonger le pompage parce que le système solaire autonome suffit à satisfaire la demande de 60 m³/jour.

Par exemple, si la demande était dans ce cas de 100 m³/jour, lors du pire mois de l'année, il serait nécessaire de prolonger le pompage pendant 4 à 5 heures au moyen d'un générateur ou du réseau (s'il existe) afin de combler le déficit de 40 m³/jour. Ce prolongement du pompage aurait lieu en début de matinée, en fin d'après-midi ou la nuit, lorsque le pompage solaire n'est pas possible.

Estimation du volume pompé journalier

Le volume d'eau pompé dépend des ressources solaires disponibles chaque jour et chaque mois ainsi que de la puissance de la pompe. La quantité d'eau pompée peut être estimée en appliquant les formules précédentes et en procédant à l'inverse.

$$P_1 = P_2 \div \eta_m \text{ et } P_2 = P_h \div \eta_p \text{ d'où } ; P_1 = P_h \div (\eta_p \times \eta_m)$$

De plus,

$$P_{crête} = \frac{P_1 \times \text{heures de fonctionnement}}{PSH \times CP} = \frac{P_h \times \text{heures de fonctionnement}}{\eta_p \times \eta_m \times PSH \times CP}$$

$$= \frac{Q \times \rho \times g \times H \times \text{heures de fonctionnement}}{\eta_p \times \eta_m \times PSH \times CP \times 3{,}6 \times 10^6}$$

On sait que le débit journalier = Q × heures de fonctionnement, et pour $\rho = 1\,000$ kg/m³, g = 9,81 m/s²

$$P_{crête} = \frac{\text{Débit journalier} \times \rho \times g \times H}{\eta_p \times \eta_m \times PSH \times CP \times 3{,}6 \times 10^6} = \frac{\text{Débit journalier} \times H \times 2{,}725^{-03}}{\eta_p \times \eta_m \times PSH \times CP}$$

Le débit journalier peut donc être estimé comme suit :

$$\text{Débit journalier} = \frac{P_{crête} \times \eta_{(p,m)} \times PSH \times CP}{H \times 2{,}725 \times 10^{-3}}$$

Débit journalier (m³/jour)	$= P_{crête} (W_c) \times \eta_{(p,m)} \times PSH \times CP \div H(m) \times 2{,}725$

À titre indicatif, le rendement combiné de la pompe et du moteur ($\eta_{p,m}$) se situe entre 25 % et 60 %. Tous les autres facteurs des formules sont connus d'après les travaux précédents. Par conséquent, en connaissant les différentes valeurs de PSH pour chaque mois, on peut suivre la procédure inverse pour estimer le débit journalier du SPS installé pour chaque mois ou saison. De même, le générateur PV nécessaire peut également être calculé sur la base de l'estimation du point de fonctionnement requis en réorganisant les formules.

Calcul des pertes dues à un angle d'inclinaison non optimal

Question : Comment obtenir davantage d'énergie avec 1 kW$_{crête}$ de modules PV installés à Valence (Espagne) ?

1. En montant les modules horizontalement en toiture.
2. En montant les modules sur la façade sud du même bâtiment.

Utilisez les outils de calcul PVGIS de la Commission européenne (2019) pour résoudre la question.

Rappelons que dans les systèmes PV, l'orientation azimutale est définie comme la déviation par rapport au sud (pour l'hémisphère nord).

Solution : avec les valeurs par défaut données par le programme pour le lieu « Valence, Espagne » et en sélectionnant l'option « Optimiser l'inclinaison et l'azimut », la valeur des $PSH_{optimales}$ = 2 070 PSH (irradiation annuelle en kWh/m²) peut être obtenue :

Résumé

Entrées fournies :	
Emplacement [Lat/Lon] :	39.470, −0.376
Horizon :	Calculé
Base de données :	PVGIS-CMSAF
Technologie PV :	Silicium cristallin
PV installée [kWp] :	1
Pertes du système [%] :	14

Résultats de la simulation :	
Angle d'inclinaison [°] :	36 (opt)
Angle d'azimut [°] :	−1 (opt)
Production annuelle PV [kWh] :	1 610
Irradiation annuelle [kWh/m²] :	2 070
Variabilité interannuelle [kWh] :	43,10
Changements de la production à cause de :	
Angle d'incidence [%] :	−2,5
Effets spectraux [%] :	0,6
Température et irradiance faible [%] :	−7,8
Pertes totales [%] :	−22,2

Les modules PV montés horizontalement en toiture ont une inclinaison de 0° et l'orientation n'a pas d'importance. Les modules montés sur la façade sud ont un angle d'inclinaison égal à 90°. L'utilisation du programme dans ces deux cas donne les résultats suivants :

Résultats de la simulation :	
Angle d'inclinaison [°] :	0
Angle d'azimut [°] :	0
Production annuelle PV [kWh] :	1 360
Irradiation annuelle [kWh/m²] :	1 770
Variabilité interannuelle [kWh] :	27,00
Changements de la production à cause de :	
Angle d'incidence [%] :	–3,6
Effets spectraux [%] :	0,4
Température et irradiance faible [%] :	–7,7
Pertes totales [%] :	–23,2

Résultats de la simulation :	
Angle d'inclinaison [°] :	90
Angle d'azimut [°] :	0
Production annuelle PV [kWh] :	1 050
Irradiation annuelle [kWh/m²] :	1 370
Variabilité interannuelle [kWh] :	38,80
Changements de la production à cause de :	
Angle d'incidence [%] :	–5,4
Effets spectraux [%] :	0,8
Température et irradiance faible [%] :	–6,5
Pertes totales [%] :	–23,4

L'éclairement (ou irradiation) est de $PSH_{0°} = 1\,770$ pour les modules horizontaux et $PSH_{90°} = 1\,370$ pour les modules en façade. Il est évident que la configuration horizontale produit davantage d'énergie que les modules montés en façade. Le facteur $L_{ori+incl}$ dans chaque cas est le suivant :

$$L_{incl0°} = \left(1 - \frac{1\,770}{2\,070}\right) = 0,145 \rightarrow 14,5\ \%$$

$$L_{incl90°} = \left(1 - \frac{1\,330}{2\,070}\right) = 0,375 \rightarrow 35,7\ \%$$

Les paramètres donnés par l'outil PVGIS comprennent les « pertes du système », qui correspondent au coefficient de performance défini précédemment. On peut voir que les trois valeurs du CP varient peu (1,1 % seulement), tandis que les **pertes dues à la réflectance spectrale et angulaire** fluctuent considérablement selon les différentes configurations.

ANNEXE D
Dimensionnement des câbles

La dimension appropriée de la section transversale des câbles pour les systèmes de pompage peut être déterminée au moyen d'une des quatre méthodes suivantes :

Méthode 1 : simulations de système de pompage par ordinateur donnant des dimensions de câbles recommandées

Méthode 2 : calcul manuel de la chute de tension admissible, suivi de la sélection de la taille de câble appropriée à partir de tableaux de chute de tension comme celui de la figure D1. Selon cette méthode, la chute de tension admissible est calculée en millivolts par ampère et par mètre (mV/A/m). Pour les câbles CC, la chute de tension admissible peut également être calculée au moyen de la formule suivante :

$$\text{Chute de tension} = L_c \times R \times I$$

Où L_c = longueur d'un câble bifilaire (aller-retour) en mètres, I = intensité nominale en ampères, R = résistance électrique d'un câble bifilaire en ohms/mètre.

Méthode 3 : utilisation des tableaux fournis par les fabricants d'équipements de pompage. Ces tableaux contiennent généralement une liste de tailles de câble avec la longueur maximale de chaque taille de câble qui peut relier le moteur à la source d'alimentation pour chaque taille de moteur, sur la base de la chute de tension maximale (1–3 %). Un exemple de tableau de dimensions de câbles immergés fourni par Grundfos est reproduit sur la figure D2 (pour des moteurs CA à une température maximale de l'eau de 30 °C). Différents tableaux sont disponibles pour les moteurs CC et les câbles CC.

Méthode 4 : utilisation des formules fournies dans la section 4.3. À noter que pour les câbles CC, le courant circule tout au long du circuit positif et négatif et la chute de tension est donc prise en compte pour une double longueur de câble.

$$\Delta P_{câble} = \Delta V_{câble} I$$

$$\Delta P_{câble} = R_{câble} \cdot I^2 = \rho \cdot \frac{L_{câble}}{S_{câble}} \cdot I^2 = \frac{1}{\gamma} \cdot \frac{L_{câble}}{S_{câble}} \cdot I^2$$

Exemple 1 : dimensionnement d'un câble CA à l'aide de la méthode 2

Moteur 11 kW 3 × 400 VCA, 24,6 A, câble CA 200 m

À noter que la longueur totale du câble de la pompe jusqu'au contrôleur CA doit être prise en compte, p. ex. 150 m immergé + 50 m en surface = 200 m.

| Conducteur ou taille (mm²) | Câble multifilaire blindé pvc isolé (PVC-SWA) | | | | Câble bifilaire et multifilaire pvc isolé | | | |
| | Câble bifilaire Alimentation monophasée | | Câble trifilaire ou quadrifilaire Alimentation triphasée | | Câble bifilaire Alimentation monophasée | | Câble trifilaire ou quadrifilaire | |
	Intensité max. admissible (A)	Chute de tension par ampère et par mètre (mV)	Intensité max. admissible (A)	Chute de tension par ampère et par mètre (mV)	Intensité max. admissible (A)	Chute de tension par ampère et par mètre (mV)	Intensité max. admissible (A)	Chute de tension par ampère et par mètre (mV)
1,5	22	29,00	19	25,00	19,5	29,00	17,5	25,0
2,5	31	18,00	26	15,00	27	18,00	24	15,0
4,0	41	11,00	35	9,50	36	11,00	32	9,5
6,0	53	7,30	45	6,40	46	7,300	41	6,4
10,0	72	4,40	62	3,80	63	4,40	57	3,8
16,0	97	2,80	83	2,40	85	2,80	76	2,4
25,0	128	1,75	110	1,50	112	1,75	96	1,5
35,0	157	1,25	135	1,10	138	1,25	119	1,1
50,0	190	0,94	163	0,81	168	0,94	144	0,81

Figure D1 Tableau d'intensités maximales et de chutes de tension admissibles

Source : Davis & Shirtliff Ltd

Dimensions du câble à 3 x 400 V, 50 Hz, démarrage direct

Chute de tension : 3 %

Moteur	kW	I_n [A]	Cos φ 100 %	1,5	2,5	4	6	(10)	(16)	25	35	50	70	95	120	150	185	240	300
4"	0,37	1,4	0,64	462	767														
4"	0,55	2,2	0,64	294	488	777													
4"	0,75	2,3	0,72	250	416	662	987												
4"	1,1	3,4	0,72	169	281	448	668												
4"	1,5	4,2	0,75	132	219	348	520	857											
4"	2,2	5,5	0,82	92	153	244	364	602	951										
4"	3	7,85	0,77	69	114	182	271	447	705										
4"	4	9,6	0,8	54	90	143	214	353	557	853									
4"	5,5	13	0,81	39	66	104	156	258	407	624	855								
4"	7,5	18,8	0,78	28	47	75	112	185	291	445	609	841							
6"	4	9,2	0,82	55	91	146	218	359	566	867									
6"	5,5	13,6	0,77	40	66	105	157	258	407	622	850								
6"	7,5	17,6	0,8	29	49	78	117	193	304	465	637	882							
6"	9,2	21,8	0,81	23	39	62	93	154	243	372	510	706	950						
6"	11	24,8	0,83			34	53	80	132	209	320	440	610	823					
6"	13	30	0,81		28	45	68	112	176	270	370	513	690	893					
6"	15	34	0,82			39	59	97	154	236	324	449	604	783	947				
6"	18,5	42	0,81				48	80	126	193	265	366	493	638	770	914			
6"	22	48	0,84				41	67	107	164	225	313	422	549	665	793	927		
6"	26	57	0,84					57	90	138	189	263	355	462	560	667	781	937	
6"	30	66,5	0,83					49	78	119	164	227	307	398	482	574	670	803	926
6"	37	85,5	0,79						63	97	133	183	246	317	382	452	525	624	714
8"	22	56,5	0,84				41	67	107	164	225	313	422	549	665	793	927		
8"	26	56,5	0,85					57	90	138	189	263	356	464	563	672	787	947	
8"	30	64	0,85					50	79	122	167	233	314	409	497	593	695	836	968
8"	37	78,5	0,85						65	99	136	190	256	334	405	483	567	682	789
8"	45	96,5	0,82						54	83	114	158	213	276	334	396	462	553	636
8"	55	114	0,85							68	94	131	177	230	279	333	390	469	544
8"	75	132	0,83								83	115	155	201	243	289	338	404	466
8"	75	152	0,86								70	97	132	171	208	249	292	353	409
8"	92	194	0,86										79	107	140	170	204	239	288	335
8"	110	224	0,87										89	116	141	169	198	240	279
10"	75	156	0,84								69	96	130	169	205	244	285	343	396
10"	92	194	0,82									79	106	137	166	197	230	275	316
10"	110	228	0,84										89	116	140	167	195	234	271
10"	132	270	0,84											98	118	141	165	198	229
10"	147	315	0,81												103	122	142	169	194
10"	170	365	0,81													105	122	146	168
10"	190	425	0,79														106	125	144
12"	147	305	0,83												105	125	146	175	202
12"	170	345	0,85												92	110	129	155	180
12"	190	390	0,84													98	114	137	158
12"	220	445	0,85														100	120	139
12"	250	505	0,85															106	123
Intensité max. du câble [A]*				23	30	41	53	74	99	131	162	202	250	301	352	404	461	547	633

* Dans des conditions de dissipation de chaleur particulièrement favorables.
Longueur maximum du câble en mètres, du démarreur du moteur à la pompe.
Pour les moteurs à démarrage en étoile-triangle, la longueur du câble peut être calculée en multipliant la longueur du câble indiquée dans le tableau ci-dessus par $\sqrt{3}$.

Figure D2 Tableau de tailles de câble
Source : Grundfos

Étape 1 – Calcul de la chute de tension admissible : 3 % × 400 V × 1 000 = 12 000 mV

Étape 2 – Calcul de la chute de tension admissible par ampère et par mètre dans le câble

$$= 12\ 000\ \text{mV} \div (24{,}6\ \text{A} \times 200\ \text{m}) = 2{,}44\ \text{mV/A/m}$$

Étape 3 – Choix de la taille de câble dans le tableau de câbles approprié. D'après la figure D1 (pour un câble multifilaire blindé PVC isolé >> câble trifilaire ou quadrifilaire pour alimentation triphasée), un câble de **16 mm²** aura une chute de tension de 2,4 mV/A/m, ce qui se situe dans la limite du maximum admissible de 2,44 mV/A/m calculé ci-dessus.

Exemple 2 : dimensionnement d'un câble CA à l'aide de la méthode 3

Moteur 11 kW 3 × 400 VCA 24,6 A, câble CA 200 m.

D'après la figure D2, on peut utiliser un câble de 2,5 mm² raccordé à un moteur de 11 kW sur un maximum de 34 m, un câble de 4 mm² sur 53 m, un câble de 6 mm² sur 80 m, un câble de 10 mm² sur 132 m et un câble de 16 mm² sur 209 m. Par conséquent, il convient de choisir un câble de **16 mm²** pour atteindre la distance de 200 m.

Exemple 3 : dimensionnement d'un câble CC à l'aide de la méthode 2

Câble CC 649 VCC, 18,4 A de 200 m

Étape 1 – Calcul de la chute de tension admissible : 3 % x 649 V x 1 000 = 19 470 mV

Étape 2 – Calcul de la chute de tension admissible par ampère et par mètre dans le câble

$$= 19\ 470\ \text{mV} \div (18,4\ \text{A} \times 200\ \text{m}) = 5,29\ \text{mV/A/m}$$

Étape 3 – Choix de la taille de câble dans le tableau de câbles approprié. D'après la figure D1 (pour un câble bifilaire et multifilaire PVC isolé >> câble bifilaire pour alimentation monophasée), un câble de 10 mm² aura une chute de tension de 4,4 mV/A/m, ce qui se situe dans la limite du maximum admissible de 5,29 mV/A/m calculé ci-dessus.

À noter que le câble étant bifilaire, il sera dénudé de façon à avoir un fil positif et un fil négatif.

En général, plus le câble est gros, moins la chute de tension sera élevée. La section transversale du câble peut donc être augmentée pour réduire les pertes opérationnelles si cela est économiquement viable et si les conditions le permettent.

Exemple 4 : dimensionnement d'un câble CC à l'aide de la méthode 4

Câble CC 649 VCC, 18,4 A de 100 m (pour le CC, le double de la longueur sera pris en compte, c.-à-d. 200 m)

Étape 1 – Calcul de la chute de tension admissible : 3 % × 649 V = 19,47 V

$$\Delta P_{câble} = 19,47\ \text{V} \times 18,4\ \text{A} = 358,248\ \text{W}$$

$$S_{câble} = \frac{\rho \times L_{câble} \times I^2}{\Delta P_{câble}} \text{ pour un câble à 70 °C, la résistivité } \rho = 0,02136$$

$$= (0,02136 \times 200 \times 18,4^2) \div 358,248 = 4,04\ \text{mm}^2 \times 2\ \text{fils}$$

$$= 8,08\ \text{mm}^2 \text{ la taille de câble la plus proche est 10 mm}^2$$

Exemple de fiche de garantie produit

Format de la fiche de garantie fournie avec chaque système de pompage d'eau solaire

Description de l'article
Modules solaires PV
Marque
Type de cellule
Date d'installation des modules
Nb de modules installés
Numéros de série
Puissance nominale de chaque module
Tension de sortie (V_{mpp}) de chaque module
Tension de sortie max. du groupe PV
Date de validité de la garantie
Groupe motopompe
Marque
Modèle/Numéro de pièce
Numéro de série
Capacité hydraulique nominale
Date de production fabricant
Date d'installation
Date de mise en service
Date de validité de la garantie
Onduleur CC-CA/contrôleur/pilote de pompe
Marque
Modèle/Numéro de pièce
Puissance nominale
Numéro de série
Date d'installation
Date de mise en service
Date de validité de la garantie
Isolation, mise à la terre et protection contre les surtensions
Date de mise en service
Date de validité de la garantie
Nom et adresse de la société et de la personne à contacter pour les réclamations sous garantie

Plaque et date

(Signature)
Nom et fonction
Nom et adresse du fabricant/fournisseur
(CACHET/TAMPON)

ANNEXE F
Fiches d'inspection et de maintenance de routine

Fiche d'interventions hebdomadaires

Fiche d'inspection régulière et d'entretien préventif		
Composant du système	*Entretien et maintenance préventifs*	*Intervention*
Pompe (en dehors des procédures d'exploitation régulières assurées par l'opérateur)	Vérifier l'absence de déchets et de débris autour de la pompe	Retirer et jeter les déchets et les débris
	Y a-t-il des fuites dans la pompe ou le tuyau de refoulement ?	Si oui, demander une assistance technique pour réparer les fuites
	Relever la pression de la pompe en fonctionnement	En cas de déviation par rapport à la plage de pression normale, demander une assistance technique
Station/ local de pompage	Vérifier l'absence de fissures et de dégâts dans le local	En cas de fissures, réparer avec du ciment
	Le local est-il verrouillé ?	Sinon, verrouiller le local et/ou réparer le dispositif de verrouillage si nécessaire
Contrôleurs/ Onduleurs, etc.	Relever la décharge électrique	En cas de déviation de la décharge électrique, demander une assistance technique pour vérifier les panneaux
Groupe solaire photo-voltaïque	Vérifier les sources d'ombres sur les panneaux (p. ex., végétation ou structures)	Tailler ou éliminer la végétation autour des panneaux solaires et retirer toutes les structures qui cachent le soleil
	Vérifier l'absence de déchets, débris et toiles d'araignées ou autres nids d'insectes autour des panneaux solaires	Retirer et jeter les déchets et les débris. Retirer soigneusement les toiles et les nids
	Nettoyer les panneaux	Les nettoyer aux premières heures, avant qu'ils ne chauffent. Utiliser uniquement une éponge douce et de l'eau
	Y a-t-il des fissures sur les panneaux ?	Si oui, demander une assistance technique
	Y a-t-il des câbles exposés, lâches ou débranchés ? Vérifier l'absence de dégâts de rongeurs ou d'animaux	Si oui, demander une assistance technique
	Le panneau est-il solidement monté et bien fixé ? Y a-t-il des fissures ou d'autres signes de fragilisation ?	Si oui, demander une assistance technique

Fiche d'inspection régulière et d'entretien préventif		
Composant du système	*Entretien et maintenance préventifs*	*Intervention*
Ligne de pression	Y a-t-il des tuyaux découverts ?	Si oui, enterrer le tuyau
	Y a-t-il des vannes qui fuient ?	Si oui, demander une assistance technique
	Y a-t-il des tuyaux qui fuient ?	Si oui, demander une assistance technique
	Y a-t-il des raccords qui fuient ?	Si oui, demander une assistance technique
	Y a-t-il des vannes bloquées (qui ne peuvent être actionnées), desserrées ou manquantes ?	Si oui, demander une assistance technique
Réservoir	Le couvercle du réservoir a-t-il été endommagé ou retiré ?	S'il n'y a pas de couvercle, le remplacer. S'il a été endommagé, demander une assistance technique pour réparer le couvercle ou passer une commande pour en acheter un nouveau
	Y a-t-il des fissures ou des fuites dans le réservoir lui-même ?	Si oui, demander une assistance technique
	Y a-t-il des fuites dans les raccords avec le réservoir ?	Si oui, demander une assistance technique
	La structure (support) du réservoir est-elle endommagée ?	Si oui, demander une assistance technique
	Est-ce que le réservoir penche ?	Si oui, demander une assistance technique
Ligne de distribution	Y a-t-il des tuyaux découverts ?	Si oui, enterrer le tuyau
	Y a-t-il des vannes qui fuient ?	Si la vanne est desserrée, resserrer les raccords. Si la fuite subsiste, retirer la vanne et remplacer le joint. Remplacer toute la vanne si nécessaire
	Y a-t-il des tuyaux/raccords qui fuient ?	Si le tuyau présente une fuite au niveau d'un raccord, resserrer le raccord. Si la fuite subsiste, demander une assistance technique
	Y a-t-il des vannes bloquées (qui ne peuvent être actionnées), desserrées ou manquantes ?	Si oui, demander une assistance technique

Fiche d'inspection régulière et d'entretien préventif		
Composant du système	*Entretien et maintenance préventifs*	*Intervention*
Robinets et bornes-fontaines	Y a-t-il des robinets desserrés ?	Si oui, resserrer le robinet
	Y a-t-il des robinets qui fuient ?	Si oui, resserrer le robinet. Si la fuite persiste, remplacer le joint ou l'ensemble du robinet si nécessaire
	Y a-t-il des robinets bouchés ou bloqués ?	Si oui, remplacer le robinet
	Y a-t-il des manettes de robinet manquantes ?	Si oui, remplacer la manette/le robinet
	Y a-t-il des bornes-fontaines qui penchent ou qui sont affaissées ?	Redresser la borne-fontaine et construire un support ou la fixer sur le support existant

Fiche d'interventions journalières

Fiche d'inspection régulière et d'entretien préventif		
Composant du système	*Entretien et maintenance préventifs*	*Intervention*
Général	Suivre le programme de pompage officiel du système	Comme indiqué par les responsables du système
Pompe (en dehors des procédures d'exploitation régulières assurées par l'opérateur)	Maintenir la propreté des installations en permanence	Retirer et jeter les déchets et les débris, balayer la zone
	Relever la pression de la pompe en fonctionnement	Pression_____Date_____Heure_____
		Pression_____Date_____Heure_____
		Pression_____Date_____Heure_____
	Relever les heures de pompage	
Compteur d'eau	Relever le compteur	• Si le compteur d'eau ne fonctionne pas, relever la consommation d'électricité (journalière) • Signaler immédiatement les disfonctionnements • Demander un calibrage en cas de doutes sur la précision des relevés ou si le compteur n'a pas été calibré depuis plus de cinq ans
	Lire le manomètre	

Fiche d'inspection régulière et d'entretien préventif		
Composant du système	*Entretien et maintenance préventifs*	*Intervention*
Contrôleurs/ onduleurs, etc.	Relever la puissance électrique	
	Vérifier les voyants d'avertissement ou les alarmes	• Faible niveau d'eau dans le puits • Intrusion • Panne de courant • Panne de la pompe • Faible pression
	Lire les voltmètres et ampèremètres	
Groupe solaire	Vérifier le groupe solaire pour résoudre les problèmes immédiats	• Feuilles ou branches arrachées ou tombées sur les panneaux • Excréments d'oiseaux ou accumulation excessive de saleté • Dégâts causés par des tempêtes ou autres • Câblage

Plan de maintenance préventive

Adapté de SolarPower Europe <www.solarpowereurope.org>

Les abréviations représentent l'importance et la fréquence des principales interventions pour chaque composant de la centrale solaire :

T : trimestriel

S : semestriel

A : annuel

xA : tous les x ans.

Équipement	Intervention	Importance	Fréquence
Modules	Inspection de l'état et remplacement	Exigence minimale	A
	Vérification de la propreté des modules	Exigence minimale	A
	Inspection des mesures électriques	Exigence minimale	A
	Inspection thermographique	Recommandation	A
	Vérification des étriers/boulons de la structure des panneaux	Exigence minimale	A
	Inspection interne des boîtiers de jonction	Recommandation	A
Tableaux électriques et interrupteurs	Vérification de l'état et nettoyage	Exigence minimale	S ou A
	Vérification de l'étiquetage et de l'identification	Exigence minimale	A
	Essais visuels et fonctionnels des protections électriques (y compris fusibles, parasurtenseur et autres)	Exigence minimale	A
	Vérification de l'état des câbles et des terminaux	Exigence minimale	S ou A
	Inspection des mesures	Bonne pratique	A
	Inspection thermographique	Recommandation	A
	Vérification des serrages de câbles	Exigence minimale	A
	Suivi des essais de fonctionnement	Bonne pratique	A

Équipement	Intervention	Importance	Fréquence
Câbles (CC et CA)	Inspection de l'état	Exigence minimale	S ou A
	Vérification de l'étiquetage et de l'identification	Exigence minimale	A
	Vérification des bornes de câbles	Exigence minimale	A
	Inspection des mesures	Bonne pratique	A
Boîtier de commande/ Onduleur	Vérification de l'état et nettoyage	Exigence minimale	S ou A
	Inspection documentaire	Bonne pratique	A
	Vérification de l'étiquetage et de l'identification	Exigence minimale	A
	Vérification du bon fonctionnement (on/off) par l'opérateur	Exigence minimale	S ou A
	Vérification des fusibles et des protections contre les surtensions	Exigence minimale	A
	Inspection thermographique	Bonne pratique	A
	Vérification du fonctionnement des capteurs	Exigence minimale	A
Générateur (de secours ou dans les systèmes hybrides)	Vérification de l'état et nettoyage	Selon les recommandations du fabricant	
	Maintenance générale		
	Vérification du fonctionnement		
	Remplacement des filtres		
Éclairage et prises électriques	Vérification de l'état et nettoyage	Exigence minimale	A
	Vérification du fonctionnement	Bonne pratique	A
	Vérification de la conformité aux normes locales	Bonne pratique	A
Système d'alimentation en eau	Inspection de l'état de la conduite et du réservoir (le cas échéant)	Exigence minimale	S ou A
	Vérification du fonctionnement du compteur d'eau	Exigence minimale	S ou A
	Vérification des relevés de l'opérateur	Bonne pratique	S ou A
Protection des dispositifs d'éclairage (le cas échéant)	Inspection de l'état	Exigence minimale	A
Clôtures et portes	Inspection de l'état	Exigence minimale	A

Équipement	Intervention	Importance	Fréquence
Végétation	Débroussaillage	Selon les conditions locales	T, S ou A
Système de drainage	Entretien général	Selon les conditions locales	T, S ou A
Bâtiments	Vérification de l'état et nettoyage	Selon les exigences locales	
	Inspection documentaire	Bonne pratique	A
	Vérification de la mise à la terre	Exigence minimale	3A
Structure de fixation PV	Inspection de l'état	Exigence minimale	A
	Vérification des serrages	Exigence minimale	A
Capteurs de lumière	Vérification de l'état et nettoyage	Selon les spécifications du fabricant et les conditions locales	T
	Calibrage		2A
	Essai de fonctionnement		A
Tableau de communication/ Télésurveillance	Vérification fonctionnelle de la communication	Exigence minimale	T
Système de détection des intrusions	Vérification de l'état et nettoyage	Selon les spécifications du fabricant	A
	Vérification fonctionnelle de la détection des intrusions		A
	Vérification fonctionnelle des alarmes/caméras		T
	Maintenance spécifique		A
Stock de pièces détachées	Inventaire	Exigence minimale	A
	Inspection visuelle de l'état du stock	Exigence minimale	A
	Réapprovisionnement	Exigence minimale	T

ANNEXE H
Dépannage général des SPS

Le dépannage des systèmes de pompage solaires est spécifique aux composants du système et dépend donc des marques et des modèles de produit. Ce tableau est donné à titre indicatif pour les problèmes couramment rencontrés dans un système de pompage solaire et il convient donc de se rapporter aux manuels des fabricants pour obtenir une procédure de dépannage complète.

Problème	Cause possible	Vérification	Solution
La pompe ne démarre pas/ ne fonctionne pas	Alimentation électrique de la pompe coupée par l'interrupteur réservoir plein ou par la protection contre la marche à sec	Vérifier si le voyant réservoir plein est rouge Vérifier si le voyant niveau bas est rouge	Le réservoir est plein – la pompe redémarrera quand le niveau d'eau diminuera La pompe redémarrera quand le point d'eau se rechargera
	Pas ou peu d'électricité venant du générateur PV	Vérifier si les modules solaires sont propres Vérifier s'il y a des connexions défectueuses Vérifier si le câblage (série/ parallèle) est correct	Nettoyer les modules Corriger les câbles non sécurisés/non scellés, les connexions de câble desserrées, les mauvaises jonctions de câbles Corriger le câblage incorrect
	Pas ou peu d'électricité parvenant au contrôleur	Vérifier si les accessoires sont correctement câblés Vérifier s'il y a des connexions défectueuses	Rectifier le câblage Rectifier les câbles non sécurisés/non scellés, les connexions de câble desserrées, les mauvaises jonctions de câbles
	Moteur non alimenté sur les trois phases	Vérifier s'il y a des connexions desserrées et si le câblage est correct	Rectifier les connexions desserrées et le câblage
	Protection contre la marche à sec défectueuse	Vérifier si le capteur anti-marche à sec fonctionne correctement	Rectifier le capteur anti-marche à sec
Le voyant de la pompe s'allume et s'éteint	L'alimentation solaire n'est pas assez puissante pour faire fonctionner la pompe	Vérifier si les panneaux sont propres Vérifier s'il y a des ombres passagères Vérifier si le temps est nuageux	Nettoyer les modules Cela n'indique pas un problème. La pompe devrait redémarrer après un laps de temps normal Attendre que le temps se dégage

Problème	Cause possible	Vérification	Solution
Le voyant ON de la pompe est rouge au lieu de vert en raison d'une surcharge du système	Pression excessive	Vérifier s'il y a un blocage dans le tuyau, p. ex. un tuyau bouché ou une vanne fermée	Éliminer le blocage, ouvrir la vanne
	Refroidissement insuffisant du moteur	Vérifier si le courant de fonctionnement est élevé	Confirmer la position de la pompe et suivre les instructions de la section 6.2.2
	Moteur ou pompe bloqués	Vérifier si le courant de fonctionnement est élevé	Éteindre la pompe et appeler le prestataire de service/technicien du système pour corriger
	Température de l'eau élevée	Vérifier si le courant de fonctionnement est élevé	Éteindre la pompe et appeler le prestataire de service/technicien du système pour corriger
La pompe essaie de démarrer de temps à autre (commence à tourner ou vibre un peu)	Alimentation insuffisante du contrôleur	Vérifier si les accessoires sont correctement câblés Vérifier s'il y a des connexions défectueuses	Rectifier le câblage Rectifier les câbles non sécurisés/non scellés, les connexions de câble desserrées, les mauvaises jonctions de câbles
	La pompe tourne en sens inverse	Vérifier si les phases sont correctement raccordées	Rectifier le câblage
	Moteur non alimenté sur les trois phases	Vérifier s'il y a des connexions desserrées	Resserrer les connexions
	Pompe ou tuyau bloqués	Vérifier s'il y a de la boue, du sable ou des débris qui bouchent la pompe	Nettoyer la pompe et les tuyaux
La pompe fonctionne mais ne fournit pas d'eau	Vannes de surface fermées	Vérifier s'il y a des vannes fermées	Ouvrir toutes les vannes
	Tuyau de descente cassé	Vérifier les tuyaux en écoutant près du forage	Sortir la pompe et remplacer les tuyaux usés
	Éclairement insuffisant pour pomper de l'eau	Vérifier si le seuil d'éclairement est suffisant pour le pompage d'eau	Attendre que le temps se dégage
	La pompe fonctionne en sens inverse	Vérifier si les phases sont correctement raccordées	Rectifier le câblage
	Clapet anti-retour bloqué en position fermée	Vérifier le clapet anti-retour	Nettoyer ou remplacer le clapet
	Crépine d'aspiration bloquée		Sortir la pompe et nettoyer la crépine
	Couplage pompe/moteur cassé	Vérifier si le courant de fonctionnement est bas	Éteindre la pompe et appeler le prestataire de service/technicien du système

Problème	Cause possible	Vérification	Solution
La pompe fonctionne mais le débit d'eau est moins élevé que prévu	Fuite dans le tuyau de descente ou de refoulement	Vérifier les tuyaux en écoutant près du forage Vérifier s'il y a des fuites dans les tuyaux en surface	Remplacer les tuyaux et raccords usés
	Niveau du point d'eau trop bas	Vérifier si le débit est intermittent et si le courant du moteur est faible	Attendre que le point d'eau se recharge
	Moteur ou pompe bouchés par de la vase/boue, vannes partiellement fermées	Vérifier si l'eau pompée est sale et contient de la vase Vérifier s'il y a des vannes fermées	Déboucher les tuyaux, sortir la pompe et la déboucher Ouvrir les vannes
	Vannes du tuyau de refoulement partiellement fermées/ bloquées		Nettoyer ou remplacer les vannes
	La pompe fonctionne en sens inverse	Vérifier si les phases sont correctement raccordées	Rectifier le câblage
	Alimentation insuffisante du contrôleur	Vérifier si les accessoires CC sont bien connectés Vérifier s'il y a des connexions défectueuses	Rectifier le câblage Rectifier les câbles non sécurisés/non scellés, les connexions de câble desserrées, les mauvaises jonctions de câbles
	Pièces internes de la pompe usées		Appeler le centre d'entretien pour la réparation ou le remplacement des pièces
La pompe démarre et s'arrête fréquemment	Capteurs de niveau d'eau ou interrupteurs de niveau mal installés dans le réservoir	Vérifier si les intervalles des capteurs et des interrupteurs sont trop proches	Régler les intervalles des capteurs/interrupteurs

Instruments de financement des systèmes d'irrigation à énergie solaire

Prêt d'une banque commerciale

Le prêt bancaire commercial est l'instrument le plus courant. L'emprunteur demande des fonds à un intermédiaire financier (la banque) et les deux parties conviennent du calendrier de remboursement et des conditions (taux d'intérêt). L'intermédiaire a le choix de financer différents projets dans tous les secteurs de l'économie. L'objectif de la banque est de minimiser le risque de défaut et de maximiser la rentabilité. Les intermédiaires cherchent généralement à constituer leur portefeuille en conjuguant des investissements à haute rentabilité (nouvelles technologies, par exemple) et à faible risque (immobilier). L'agriculture est considérée comme un secteur à risque car elle est tributaire de paramètres extérieurs (variabilité du climat). Des phénomènes climatiques imprévus peuvent réduire considérablement les revenus des exploitants (mauvaises récoltes). Comme indiqué dans le chapitre 8, l'irrigation peut atténuer l'incertitude des précipitations. Les banquiers demanderont beaucoup de renseignements personnels pour évaluer la solvabilité des clients potentiels : âge, sexe, état civil et historique bancaire et de crédit. Enfin, l'intermédiaire demandera des garanties, généralement sous forme de titres de propriété que de nombreux exploitants ne possèdent pas. L'évaluation du risque par les banques conduit à des taux d'intérêt différents : 15 % au Sénégal et 20–30 % au Kenya, par exemple (FAO & GIZ, 2018a).

Prêts de banques rurales ou de développement

Ils constituent une alternative aux prêts des banques commerciales. Le portefeuille de ces banques est composé uniquement de projets de développement rural dans lesquels l'agriculture occupe une place prépondérante. De ce fait, elles opèrent dans un environnement plus risqué. Elles peuvent offrir des taux d'intérêt plus bas grâce à leur connaissance du secteur mais leur capacité de gain est plus faible et elles sont soumises à la concurrence d'entités plus petites et plus souples telles que les acteurs de la microfinance. Pour cette raison, elles financent généralement une partie de l'investissement (environ 75 %), ce qui signifie que les exploitants doivent disposer d'un capital initial. Les taux d'intérêt des banques agricoles sont inférieurs à ceux des banques commerciales. Par exemple, le taux d'intérêt pratiqué par l'Agricultural Bank of Ghana est le taux de base plus 4–8,5 %

pour les prêts personnels et le taux de base plus 0–5 % pour le secteur agricole et forestier. Enfin, les exploitants ont toujours besoin d'un compte bancaire et de garanties. Actuellement, ni les banques commerciales ni les banques agricoles ne semblent encouragées à financer les SIS : elles sont encore peu sensibilisées aux particularités de ces équipements et à leurs avantages (en cas de défaut, les systèmes solaires pourraient être affectés à d'autres usages). Les organismes de financement internationaux pourraient refinancer les banques locales avec des lignes spécifiques pour les énergies propres afin d'inciter les banques locales à financer les SIS.

Microfinance

Les institutions de microfinance (IMF) gèrent le risque associé à leurs prêts en réduisant le montant des investissements et en imposant des remboursements fréquents (mensuels, hebdomadaires ou même quotidiens) et des durées de contrat courtes. Les prêts des IMF se situent normalement entre 100 et 300 US$, ce qui peut être insuffisant pour un système de pompage d'eaux souterraines. Cependant, ce montant peut compléter les investissements des exploitants eux-mêmes afin de couvrir l'achat d'une pompe à piston pour pomper l'eau d'un point d'eau de surface. En 2008, le taux d'intérêt moyen mondial du microcrédit était de 35 % (Kneiding & Rosenberg, 2008), bien supérieur à celui des banques commerciales et de développement rural.

Prêts intrafilière

Les fournisseurs d'intrants (en amont) ou les négociants (en aval) peuvent fournir des prêts infrafilière. Les premiers peuvent vendre des intrants à un coût réduit avant la récolte. Après la récolte, l'exploitant paie à l'intermédiaire le solde du prix des intrants majoré d'une commission. Les négociants prêtent de l'argent aux exploitants avant la récolte pour acheter des intrants. Après la récolte, les négociants rémunèrent les exploitants pour leur production, déduction faite des coûts des intrants et d'une commission. Dans le cas des SIS, les fournisseurs de pompes pourraient conclure des contrats avec les exploitants pour le paiement différé d'une partie du coût de l'équipement après la récolte. Les prêts intrafilière en aval (négociants) ne sont pas spécifiques aux SIS et ne peuvent être utilisés que si la période de remboursement du SIS est plus courte que celle des autres techniques d'irrigation. Pour les utilisateurs finaux, le taux d'intérêt peut atteindre 30 % car les taux d'intérêt des intermédiaires financiers seront additionnés au taux d'intérêt du fournisseur de la pompe en fonction de son analyse des risques. Au Kenya, par exemple, Futurepump fournit des pompes aux exploitants. Ceux-ci peuvent contracter un prêt auprès d'une banque commerciale à un taux d'intérêt réduit (14 % sur une durée de deux ans) avec un dépôt correspondant à 30 % du coût de la pompe et des frais d'établissement de 5 % (FAO & GIZ, 2018a).

Contrats de crédit-bail ou de rachat

Ces instruments financiers permettent à l'exploitant de louer la pompe et le système solaire associé. À la fin du bail, l'exploitant a le choix d'acheter ou non l'équipement. L'utilisateur paie deux redevances au preneur : une redevance d'utilisation et une redevance d'amortissement. Le bailleur paie le prix de l'équipement plus un taux d'intérêt. Les loyers du crédit-bail sont payés mensuellement. Le crédit-bail est plus avantageux que les prêts pour les exploitants. En cas de non-paiement, l'intermédiaire financier peut réclamer les équipements à l'exploitant.

Coopératives agricoles

Elles peuvent être financées par des banques agricoles et commerciales ainsi que par des programmes de développement gouvernementaux et internationaux. Ce sont des entités légalement enregistrées qui ont un statut spécifique dans la plupart des pays. Elles sont également financées par les contributions de leurs membres. Grâce à leur base d'adhésion et à leur statut juridique, elles sont généralement considérées par les banques comme moins risquées que les exploitants individuels. Elles sont donc en mesure d'offrir des prêts à des taux d'intérêt raisonnables à leurs membres pour l'achat d'équipements, y compris des SIS. Dans les coopératives, le défaut de paiement est moins important que dans les banques commerciales car les membres de la coopérative s'entraident pour rembourser collectivement le prêt contracté par un exploitant individuel (Huppi & Feder, 1990). En outre, en cas de défaillance, un autre membre peut racheter l'équipement.

Groupements d'épargne informels

Cette catégorie comprend différents types d'organisations et de dispositifs tels que les associations villageoises d'épargne et de crédit (AVEC), les tontines, les tables de financement ou les prêts informels. L'objectif est de collecter l'épargne des membres individuels du groupe afin de financer des investissements pour l'ensemble du groupe ou pour l'un de ses membres. Par exemple, dans un projet AVEC au Rwanda, le montant du prêt pendant le premier cycle de prêt se situait entre 200 et 1 000 dollars, ce qui est similaire au montant offert par les institutions de microfinance (CARE, 2007). Les AVEC et les coopératives agricoles pourraient soutenir des modèles financiers et d'exploitation selon lesquels les puits sont forés en commun, les investissements sont réalisés par le groupe et la maintenance est payée collectivement, ou qui permettent d'installer de petites pompes de surface pour irriguer des champs communaux.

Modèles commerciaux de tarification à l'usage

La tarification à l'usage se décline en deux types de mécanisme d'investissement : le modèle de redevance et le système de paiement à la consommation (Moving Energy Initiative, 2018). Dans le modèle de redevance, les exploitants engagent un montant initial pour couvrir les coûts d'installation du SIS. Le consommateur peut ensuite utiliser le dispositif énergétique en effectuant des paiements réguliers établis en fonction du temps d'utilisation, du volume d'eau ou de la quantité d'énergie. Dans le modèle de paiement à la consommation, le consommateur ne paie pas de montant initial et effectue des paiements réguliers pour utiliser le dispositif énergétique et l'eau pompée pendant une période fixe ou pour un volume déterminé. Il existe différentes manières de payer le service : SMS ou cartes de rechargement à gratter.

Mécanismes de subvention

Il existe des subventions indirectes sur les équipements solaires lorsque les pays n'appliquent pas de taxe sur la valeur ajoutée (TVA) sur les produits solaires. Des mécanismes de subvention spécifiques pour les SIS sont disponibles au niveau national en Inde, au Népal et en Tunisie. En Inde, les subventions sont gérées par les différents États. Elles vont de 100 % du coût total de l'équipement dans le Bihar à 60 % du coût total dans l'Haryana. Elles représentent 70 % du coût total pour une agricultrice au Népal. En Tunisie, la subvention s'élève à 40 % du coût total de l'équipement, plafonnée à 7 000 US$ par projet. La subvention obtenue peut être utilisée comme garantie pour obtenir des prêts bancaires pour les SIS. Les subventions peuvent également servir de levier pour soutenir le développement du secteur des SIS conjointement avec des mesures d'utilisation rationnelle de l'eau. Par exemple, différentes primes peuvent être offertes aux exploitants en fonction de leur projet. Un pourcentage plus élevé du projet peut être couvert si l'exploitant installe l'irrigation goutte à goutte ou pour une utilisation collective du SIS, par exemple.

Mécanismes de subventions de contrepartie

Ils sont basés sur le même principe que les mécanismes de subvention mais l'origine des fonds est différente puisqu'il s'agit de fonds de coopération et non pas de fonds nationaux ou fédéraux (IWMI, 2018).

Liste de contrôle physique de l'installation et de la maintenance

Afin d'assurer la qualité de l'installation de pompage solaire, il est essentiel de superviser les travaux effectués sur le terrain par le maître d'œuvre privé sélectionné. Il est donc vivement conseillé aux chefs de projet WASH de suivre autant que possible cette liste d'interventions.

Introduction : 4 étapes

1. Vérifier les références de tous les composants du système pour s'assurer que les composants installés correspondent à ceux qui figurent dans le projet.
2. Vérifier l'orientation et l'inclinaison des panneaux ainsi que l'ombrage sur le générateur solaire PV. Les valeurs d'orientation et d'inclinaison doivent être suffisamment proches de celles déterminées par les calculs de dimensionnement. Les variations acceptables doivent être inférieures à 5° pour l'inclinaison et à 15° par rapport à l'orientation géographique nord-sud.
3. Vérifier la propreté et la protection du câblage et sa conformité aux normes.
4. Finalement, inspecter les travaux de génie civil (p. ex., château d'eau, bassin, abreuvoir, fixation des supports solaires), la tuyauterie, les vannes et tous les autres éléments importants susceptibles de compromettre le bon fonctionnement du système.

Modules et groupe PV

N°	Objet	Observations
1.	Vérifier que les spécifications des modules sont conformes à la simulation du système et s'assurer que tous les modules installés possèdent les mêmes caractéristiques	
2.	Vérifier le nombre de modules en série et en parallèle par rapport au système conçu	
3.	Vérifier à l'aide d'un compas que les modules sont bien orientés vers le nord ou vers le sud (selon l'hémisphère), en plaçant le compas sur le bord est ou ouest d'un module	
4.	Vérifier l'angle d'inclinaison des modules à l'aide d'un inclinomètre	
5.	Vérifier avec un niveau que l'axe est-ouest des modules est bien horizontal	

Nº	Objet	Observations
6.	Vérifier que la hauteur du point le plus bas des modules par rapport au sol est supérieure ou égale à celle indiquée dans les spécifications	
7.	Vérifier la propreté du groupe solaire (chaque cellule)	
8.	S'assurer qu'aucun module n'est endommagé, p. ex. vitre brisée, châssis vrillé, rayé	
9.	Mesurer avec l'installateur la tension de sortie de chaque branche et s'assurer qu'elle correspond au projet et qu'elle est uniforme dans toutes les branches	
10.	Vérifier que chaque module est bien fixé à la structure avec tous les boulons afin de s'assurer de la solidité et de la protection contre le vandalisme	

Câblage électrique

Nº	Objet	Observations
1.	Vérifier la conformité du câblage : comparer les spécifications et les sections des câbles avec celles fournies par le fabricant pour la puissance et les distances mesurées sur le site	
2.	Vérifier que toutes les connexions de câble se trouvent dans les boîtiers de jonction fournis à cet effet ; aucune connexion entre deux câbles ne doit être visible	
3.	S'assurer que tous les presse-étoupes et les conduits de câble sont adaptés à la taille du câble et correctement scellés. Toutes les entrées de câble dans le boîtier de jonction doivent être munies de presse-étoupes	
4.	Vérifier que tous les onduleurs et boîtiers de jonction se trouvent à une hauteur minimum de 50 cm par rapport au sol	
5.	Choisir une portion du câble et la tester en tirant le câble du presse-étoupe pour s'assurer que celui-ci est suffisamment serré pour maintenir le câble	
6.	Vérifier que toutes les bornes des câbles sont bien fixées et assez serrées	
7.	Vérifier que l'interconnexion des modules est fixée à la structure à des intervalles réguliers au moyen d'attaches ou de serre-câbles appropriés	
8.	Vérifier que tous les câbles de surface sont blindés. Les câbles non blindés doivent être placés dans des conduits électriques et protégés par des dalles pour éviter qu'ils soient endommagés par le passage de véhicules	
9.	Vérifier qu'il n'y a pas de câbles aériens. Tous les câbles d'interconnexion (p. ex., entre deux structures de fixation) doivent être guidés sur le sol et conformes au point 7	
10.	Vérifier l'existence et la connexion adéquate des piquets de mise à la terre et de protection contre les surtensions dues à la foudre	

Structure de fixation des panneaux solaires

N°	Objet	Observations
1.	Vérifier que tous les éléments de la structure de fixation sont fabriqués dans les matériaux spécifiés. S'assurer qu'il n'y a pas de pièces sensibles à la corrosion. Vérifier que la peinture de la structure est adéquate et uniforme	
2.	Vérifier que les montants des structures sont visuellement alignés	
3.	Vérifier à l'aide d'un niveau à bulle la verticalité et l'horizontalité des mâts et des modules (cela permet de s'assurer de la qualité générale des travaux effectués)	
4.	Vérifier que tous les boulons ont bien été serrés	
5.	Vérifier que les dimensions des fondations sont suffisantes	
6.	Vérifier les défauts évidents tels que l'oscillation ou l'inclinaison excessive des structures	

Onduleur ou autre interface CA

Note : les pompes sont équipées d'un « boîtier d'onduleur » qui sert également de boîtier de commande. Pour celles qui fonctionnent en CC, l'armoire de commande est souvent appelée « interface » ou conditionneur de puissance.

N°	Objet	Observations
1.	Vérifier la conformité des spécifications de l'onduleur (ou de l'interface)	
2.	Vérifier l'existence de varistances entre la borne positive et la terre ainsi qu'entre la borne négative et la terre (ou entre les bornes positive et négative si la borne négative est reliée à la terre) sur le bornier à l'entrée de l'onduleur (ou de l'interface)	
3.	Vérifier que l'onduleur (ou l'interface) est correctement monté à plus de 50 cm au-dessus du sol	
4.	S'assurer que l'onduleur est bien protégé des intempéries et qu'il est aussi proche que possible du groupe PV, p. ex. placé à l'ombre des modules. S'il est installé dans un local, celui-ci doit être suffisamment aéré. L'onduleur ne doit pas être installé dans une armoire supplémentaire car cela pourrait occasionner des problèmes de refroidissement	
5.	Vérifier que l'onduleur est directement fixé sur un mur solide ou qu'il est muni d'une plaque de fixation et que le mur/la plaque peut supporter le poids de l'onduleur. S'assurer qu'il est également monté conformément aux exigences d'espacement minimales indiquées par le fabricant	
6.	S'assurer que des dispositifs de protection ont été installés entre le groupe PV et l'onduleur (p. ex., interrupteurs de déconnexion, disjoncteurs CC, parasurtenseurs)	

Groupe motopompe

N°	Objet	Observations
1.	Vérifier la conformité des spécifications du moteur	
2.	Vérifier la conformité des spécifications de la pompe	
3.	Vérifier que le type, la qualité et la finition du kit d'épissurage sont appropriés. Un joint en résine (plutôt qu'un dissipateur thermique) est recommandé pour les installations en profondeur. Vérifier l'absence de défauts évidents tels que des poches d'air sur le joint ou un manque d'uniformité du moule	
4.	Vérifier que la profondeur de pose de la pompe est conforme au bon de commande/cahier des charges	
5.	Au cours de l'installation, vérifier que le câble de descente et le câble de la sonde de puits sont fixés au tuyau au moyen de serre-câbles appropriés (NE PAS utiliser de bande adhésive ou d'attaches métalliques) tous les 3 m. S'assurer que le câble a été fixé avec une marge d'étirement du fait que le tuyau de refoulement est sujet à étirement quand il est rempli d'eau (environ 2 % de dilatation)	
6.	Au cours de l'essai de fonctionnement : Vérifier que les fonctions de protection sont paramétrées conformément aux spécifications de la pompe (p. ex., vitesse, tension, configuration des capteurs) Vérifier que les performances de la pompe sont conformes au projet en termes de débit et de pression (p. ex., des phases inversées réduiront le débit) Vérifier que le courant consommé par la pompe correspond aux spécifications de la pompe	

Tête de forage

N°	Objet	Observations
1.	S'assurer que tous les composants de la tête de forage/puits sont fabriqués dans un matériau résistant à la corrosion	
2.	Vérifier que le robinet-vanne est conforme aux spécifications et qu'il est entièrement ouvert. La manette de la vanne doit être retirée pour éviter une fermeture accidentelle	
3.	Vérifier la conformité du compteur d'eau aux spécifications et son sens de montage. Contrôler le respect des longueurs de sécurité minimales : 20 fois le diamètre nominal en amont, 10 fois en aval	

Surveillance et contrôle du système

N°	Objet	Observations
1.	Système enregistré sur une plateforme de télésurveillance	
2.	Contrôleur enregistré/activé pour le recueil des données et accès à distance fourni	
3.	Alertes et notifications au propriétaire par courriel/SMS activées	

Général

N°	Objet	Observations
1.	2 jours de formation pratique des opérateurs/utilisateurs/ONG dispensés sur le site	
2.	Rapport d'essai, d'installation et de mis en service remis à l'ONG ou autre propriétaire.	

ANNEXE K

Formulaire de suivi journalier des modules photovoltaïques et de la pompe

Adapté de la Banque mondiale

Données de performance journalières du groupe PV et de la pompe

Enregistré par : _____   Date _____   Désignation _____

Localisation _____   District _____   Région _____

Latitude _____   Longitude _____   Élévation _____ (m)

Type de pompe _____   Point de fonctionnement   Type de moteur _____
                             de la pompe _____ (m³/h)

Puissance nominale   Type de groupe PV _____   Type de cellule PV _____
du moteur (kW) _____

Watt-crête   Nb de panneaux _____   Marque
du groupe PV _____   de l'onduleur _____

Type d'onduleur _____   Puissance nominale de   Intensité nominale de
                             l'onduleur _____ (kW)   l'onduleur _____ (A)

Profondeur   Niveau statique _____ (m) Niveau dynamique _____ (m)
du forage _____ (m)

Profondeur   Capacité
de la pompe _____ (m)   du réservoir _____ (m³)

Heure du jour	Temps (pluie, nuages, soleil)	Alimentation électrique (solaire, générateur, autre)	Tension réelle PV (VCC)	Tension réelle onduleur (VCA)	Temp. ambiante (°C)	Temp. cellule (°C)	Rayonnement solaire (W/m²)	Relevé débitmètre (m³)	Relevé pression (bar)	Intensité réelle PV (A)	Intensité réelle onduleur (A)
0700											
0730											
0800											
0830											
0900											
0930											
1000											
1030											
1100											
1130											
1200											
1230											
1300											
1330											
1400											
1430											
1500											
1530											
1600											
1630											
1700											
1730											
1800											
1830											

Glossaire

altitude – angle entre l'horizon (un plan horizontal) et le soleil, mesuré en degrés.

AM – masse d'air.

ampère (A) – unité de mesure de l'intensité du courant électrique.

angle d'incidence – angle formé par le rayonnement solaire avec la surface rencontrée. L'angle d'incidence normal se rapporte au rayonnement solaire qui frappe une surface à un angle de 90° (perpendiculaire).

angle zénithal – angle d'incidence par rapport à une surface horizontale.

appareillage de commutation – interrupteurs et commandes électriques d'un système de pompage solaire.

aquifère – couche naturelle de sol, de roche ou de sable contenant de l'eau.

azimut – angle entre le sud géographique et le point situé à la verticale de la position du soleil, mesuré en degrés.

banc de batteries – deux ou plusieurs batteries raccordées électriquement pour le stockage d'énergie électrique.

batterie – deux ou plusieurs cellules raccordées électriquement pour le stockage d'énergie électrique.

branche – ensemble de modules solaires raccordés électriquement en série.

camp – ensemble de personnes déplacées vivant dans une enceinte gérée par une agence des Nations Unies telle que le HCR ou l'OIM et bénéficiant de services fournis par des organismes de mise en œuvre telles que des ONG.

capteur solaire – surface horizontale ou inclinée qui capte le rayonnement solaire à la surface de la terre.

cavitation – phénomène de formation de bulles dans l'orifice d'aspiration d'une pompe sous l'effet d'une dépression.

CdTe – type de cellule PV composée de cadmium et de tellurure.

CEI – Commission électrotechnique internationale

cellule photovoltaïque (PV) – cellule qui génère de l'énergie électrique lorsqu'elle est frappée par le rayonnement solaire incident.

champ PV/centrale PV/générateur PV – ensemble des modules PV d'une installation solaire.

charge – quantité d'électricité consommée à un moment donné. Désigne également tout dispositif ou appareil utilisant de l'électricité. Dans les SPS, la charge est la pompe.

CIGS – type de cellule PV composée de cuivre, d'indium, de gallium et de diséléniure.

circuit électrique – aller-retour complet des électrons entre une source d'alimentation et une charge.

CIS – type de cellule PV composée de cuivre, d'indium et de sélénium.

coefficient de performance (CP) – rapport entre l'énergie générée et l'énergie théorique qui serait générée par le champ PV si les modules convertissaient le rayonnement reçu en énergie utile selon leur puissance de crête nominale.

colonne montante – tuyau utilisé pour puiser de l'eau dans un forage ou un point d'eau de surface.

conditionneur de puissance – dispositif électrique permettant de convertir la puissance d'un groupe PV en une forme d'électricité adaptée à l'alimentation électrique requise par des charges plus conventionnelles. C'est un terme générique pour désigner les onduleurs, les transformateurs, les régulateurs de tension, les appareils de mesure, les interrupteurs et les dispositifs de contrôle.

conditions normales d'essai (STC) – conditions définies par un éclairement de 1 000 W/m², un spectre solaire d'AM 1,5 et une température de module de 25 °C.

contrôleur solaire – dispositif électrique permettant de contrôler et de surveiller un système de pompage solaire.

courant – déplacement de charges électriques dans un conducteur entre deux points ayant une différence de potentiel (tension).

courant alternatif (CA) – courant électrique dont le flux change fréquemment de direction à intervalle régulier.

courant continu (CC) – courant électrique qui circule dans une seule direction.

coût d'investissement – montant initial consacré à un projet.

coût du cycle de vie – estimation du coût de propriété et d'exploitation d'un système au cours de sa vie utile, généralement exprimée par la valeur actuelle de tous les coûts supportés pendant la durée de vie du système. Somme du coût d'investissement et de la valeur actuelle des coûts récurrents, de récupération et de remplacement.

DIL – dégradation induite par la lumière.

éclairement – puissance instantanée par unité de surface parvenant à un point déterminé à la surface de la terre (exprimé en W/m²).

E-générée – énergie générée et disponible à la consommation sur les charges CA et CC.

énergie hydraulique – énergie nécessaire pour puiser de l'eau.

énergie renouvelable (ER) – énergie produite par des moyens non fossiles et non nucléaires. Cela comprend l'énergie photovoltaïque, éolienne, hydroélectrique et issue de la biomasse.

ensoleillement – mesure de l'éclairement cumulé dans une zone spécifique pendant une période donnée, exprimée en Wh/m² ou en kWh/m².

facteur d'inclinaison – coefficient du rayonnement solaire incident sur la surface d'un groupe PV incliné par rapport au rayonnement solaire global.

forage – puits percé dans le sol pour atteindre l'eau. Les diamètres de forage varient en fonction de la dimension requise du système. Les dimensions de forage standard vont de 4 à 12 pouces (100 à 300 mm).

g – coefficient de température réduisant la puissance du module PV.

gestionnaire de l'installation – responsable du fonctionnement optimal du système de pompage solaire (ou d'un portefeuille de systèmes), chargé de superviser la production d'énergie et d'eau ainsi que les interventions d'O&M. Il rend compte au propriétaire.

GLOSWI – Global Solar and Water Initiative – Initiative Mondiale énergie solaire-eau. https://thesolarhub.org

groupe PV – configuration mécaniquement et électriquement intégrée de modules PV et de structures de fixation conçus pour former une unité de production d'électricité CC.

hauteur de refoulement – hauteur d'une colonne d'eau qui produit la pression reçue par la pompe.

heures de soleil maximum (PSH) – nombre d'heures équivalent de la journée pendant lesquelles l'éclairement solaire moyen est de 1 000 W/m².

HIT – hétérojonction à couche mince intrinsèque.

inclinaison – angle d'inclinaison d'un groupe PV mesuré en degrés par rapport à la surface horizontale. Généralement égal à la latitude de l'emplacement du groupe PV.

intensité électrique – grandeur du flux d'électrons.

interrupteur de déconnexion – dispositif de commutation servant à connecter ou déconnecter les composants dans un système autonome.

jours d'autonomie – nombre de jours consécutifs pendant lesquels un système autonome génère une charge déterminée sans apport d'énergie.

kilowatt (kW) – mille watts.

kilowattheure (kWh) – mille watts par heure.

kW/m² – kilowatt par mètre carré.

maître d'œuvre – entité chargée de l'installation des composants de pompage solaire et/ou des opérations et de la maintenance du système de pompage solaire.

module (panneau) – configuration électrique prédéterminée de cellules solaires laminées dans un châssis protecteur.

mois de référence – mois durant lequel le coefficient entre la production d'énergie renouvelable et la charge est le plus faible.

niveau statique – hauteur au-dessus de laquelle l'eau doit être pompée. Le niveau statique peut varier en raison de changements saisonniers des taux de récupération du puits, de fluctuations du niveau de la nappe phréatique, etc.

NOCT – température nominale de fonctionnement d'une cellule.

O&M – opérations et maintenance.

onduleur – dispositif à semiconducteurs qui convertit une entrée CC en sortie CA.

orientation – position par rapport aux points cardinaux (N, S, E et O) ; l'azimut est la mesure en degrés par rapport au sud géographique.

période de recouvrement – nombre d'années (périodes) qui s'écoule avant que les recettes (bénéfices) d'un projet soient équivalentes au coût d'investissement.

photovoltaïque (PV) – phénomène de génération d'électricité par l'énergie du soleil.

point de fonctionnement – débit et hauteur requis de la pompe en fonctionnement.

pompe centrifuge – pompe fournissant de l'eau par la force centrifuge au moyen d'éléments propulseurs qui produisent une variation de pression.

pompe volumétrique – type de pompe à eau qui peut tirer de l'eau d'un forage au moyen d'une cavité ou d'un cylindre de taille variable. Également appelée pompe à rotor hélicoïdal.

propriétaire de l'installation – il peut s'agir de la partie prenante qui contribue au financement de la construction (donateur ou agence des Nations Unies, ONG, gouvernement ou autre) ou de la communauté d'usagers si l'installation leur est transférée.

rabattement – distance à laquelle le niveau d'eau d'un puits descend en dessous de la nappe phréatique au cours du pompage continu.

rayonnement diffus – rayonnement solaire dispersé par l'atmosphère.

rayonnement direct – rayonnement solaire transmis directement à travers l'atmosphère.

rayonnement solaire global – somme du rayonnement solaire diffus et direct frappant une surface.

régulateur MPPT – dispositif électronique d'adaptation d'impédance utilisé pour le fonctionnement d'un groupe PV à sa puissance de sortie maximale.

rendement – rapport entre la puissance de sortie et la puissance d'entrée, exprimé en pourcentage.

rendement de conversion – rapport entre la puissance électrique produite par un dispositif PV et la puissance lumineuse incidente.

réseau – ensemble des lignes de transmission et de distribution et des transformateurs utilisés dans une centrale électrique.

reste du système (RDS) – composants d'un système PV autres que le champ de modules PV.

rotor – élément central rotatif d'un moteur ou d'une pompe.

silicium amorphe (a-Si) – cellule PV formée d'une couche mince de silicium de structure non cristalline.

silicium cristallin (c-Si) – type de cellule PV composée d'une couche de silicium monocristallin ou polycristallin.

silicium monocristallin – matériau composé d'un seul cristal de silicium.

silicium polycristallin – silicium dont la vitesse de solidification a produit de nombreux petits cristaux.

site distant – site qui ne se trouve pas à proximité d'un réseau électrique.

SPS – système de pompage solaire.

stator – composant extérieur stationnaire d'un moteur ou d'une pompe à rotor hélicoïdal.

système autonome – système qui fonctionne indépendamment du réseau électrique. Il peut tirer de l'électricité supplémentaire du réseau mais n'est pas capable de fournir de l'électricité au réseau.

système photovoltaïque (PV) – système intégré composé d'un groupe PV, d'un conditionneur de puissance et d'autres sous-systèmes, tels que le groupe motopompe.

taux d'actualisation – taux de variation de la valeur de l'argent par rapport à l'inflation générale.

tension nominale – tension de référence utilisée pour spécifier les batteries, modules, ou systèmes (p. ex., batterie, module ou système de 12 ou 24 volts).

TPV_cell – température de la cellule PV.

valeur actuelle – valeur des coûts ou des bénéfices futurs exprimée en valeur actuelle de l'argent (valeur monétaire courante).

volt (V) – unité de mesure de la force imprimée aux électrons dans un circuit électrique, c'est-à-dire du potentiel électrique (tension).

watt (W) – unité de mesure de la puissance électrique. Watts = volts x ampères.

watt-crête (Wc) – quantité d'électricité produite par un dispositif PV lors des périodes de rayonnement solaire de pointe, quand la cellule est exactement en face du soleil (valeur en STC).

watt heure (Wh) – quantité d'énergie électrique correspondant à l'utilisation/la génération d'un watt pendant une heure.

W/m² – watts par mètre carré.

Références

AIE (2019) *International Energy Outlook 2019*, Renewable, Agence internationale de l'énergie. <https://www.iea.org/reports/world-energy-outlook-2019/renewables#abstract>.

AIE PVPS (2018) *Annual Report*, 2018, Agence internationale de l'énergie. <http://www.iea-pvps.org/index.php?id=6>.

Aquastat (2019) Système d'information mondial de la FAO sur l'eau et l'agriculture, FAO, Rome. <http://www.fao.org/aquastat/fr/overview/methodology/water-use>.

Banque mondiale (2010) *Système d'énergie solaire photovoltaïque pour les installations et les services communautaires. Orientation pour la durabilité*, Banque mondiale, Washington, DC. <https://docplayer.fr/976316-Systeme-d-energie-solaire-photovoltaique-pour-les-installations-et-les-services-communautaires-orientation-pour-la-durabilite.html>.

Banque mondiale (2017) *Pompes à eau solaires – Comment protéger vos panneaux photovoltaïques contre le vol*, Banque mondiale, Washington, DC. <https://www.banquemondiale.org/fr/news/video/2017/03/21/solar-water-pumping-101-how-to-protect-solar-panels-from-theft>.

Banque mondiale (2018a) Emplois dans l'agriculture (% du total des emplois) (estimation modélisée de l'OIT). <https://donnees.banquemondiale.org/indicateur/SL.AGR. EMPL.ZS?most_recent_value_desc=false>.

Banque mondiale (2018b) *Nouvelle classification des pays en fonction de leur revenu : actualisation 2018–2019. L'équipe d'analyse de données*. <https://blogs.worldbank.org/opendata/nouvelle-classification-des-pays-en-fonction-de-leur-revenu-actualisation-2018-2019>.

Banque mondiale (2019) *Taux d'intérêt réel (%)*. <https://données.banquemondiale.org/indicateur/FR.INR.RINR?year_high_desc=false>.

Brandt, M.J., Johnson, K.M., Elphinston, A.J. et Ratnayaka, D.D. (2017) « Dosing pump », *in* Brandt *et al.*, *Twort's Water Supply – 7th Edition*, chapitre 12, <https://www.sciencedirect.com/topics/engineering/dosing-pump>.

Bridge to India (2019) *Managing India's PV module waste*, Bridge to India, Gurugram, <https://bridgetoindia.com/backend/wp-content/uploads/2019/04/BRIDGE-TO-INDIA-Managing-Indias-Solar-PV-Waste-1.pdf>.

CARE (2007) *Linkages between CARE's VSLAs with Financial Institutions in Rwanda*. <https://mangotree.org/files/galleries/691_CARE_Rwanda_SLA_Linkage_to_Credit_Case_study_-_August0712.pdf>.

CICR (2010) *Étude technique sur le forage et la remise en état de puits sur le terrain.* <https://www.icrc.org/fr/doc/resources/documents/publication/p0998.htm>.

Commission européenne (2019) Outils interactifs, *Photovoltaic Geographical Information System.* <http://re.jrc.ec.europa.eu/pvg_tools/fr/tools.html>.

Davis & Shirtliff Ltd (2014) Cable splicing for submersible pump, <https://youtu.be/ox4oak9Bjm8>.

Délégation de l'Union européenne au Pakistan (2018) *Revival of Balochistan Water Resources Programme.* <https://eeas.europa.eu/delegations/pakistan/52697/eu-delegation-provides-technical-assistance-effective-water-and-land-management-balochistan_en>.

Energypedia (2019) *Solar PV in hot climate zones.* <https://energypedia.info/wiki/Solar_PV_in_hot_climate_zones>.

Energypedia (2020) *Solar Pumping Toolkit – The Global Solar & Water Initiative.* <https://energypedia.info/wiki/Solar_Pumping_Toolkit_-_The_Global_Solar_%26_Water_Initiative>.

FAO (1998) *Crop Evapotranspiration – Guidelines for Computing Crop Water Requirements,* FAO Irrigation and Drainage Paper 56, chapitre 4, Organisation des Nations Unies pour l'alimentation et l'agriculture, Rome. <http://www.fao. org/3/X0490E/x0490e08.htm>.

FAO (2014) *Walking the Nexus Talk: Assessing the Water-Energy-Food Nexus in the Context of the Sustainable Energy for All Initiative,* FAO, Rome. <http://www.fao.org/3/a-i3959e.pdf>.

FAO (2015) *Opportunities for Agri-Food Chains To Become Energy-Smart,* FAO, Rome. <http://www.fao.org/3/a-i5125e.pdf>.

FAO (2017) *Les agriculteurs gambiens s'adaptent au changement climatique grâce à de nouvelles stratégies d'irrigation,* FAO, Rome. <http://www.fao.org/in-action/new-irrigation-strategies- gambia/fr/>.

FAO (2018a) *The Benefits and Risks of Solar-Powered Irrigation – A Global Overview,* FAO, Rome. <http://www.fao.org/3/i9047en/I9047EN.pdf>.

FAO (2018b) *Costs and Benefits of Clean Energy Technologies in the Milk, Vegetable and Rice Value Chains,* FAO, Rome. <http://www.fao.org/3/i8017en/I8017EN.pdf>.

FAO & GIZ (2018a) *Module 6: Finance of the SPIS toolbox.* <https://energypedia.info/wiki/Toolbox_on_SPIS>.

FAO & GIZ (2018b) *Boîte à outils pour les systèmes d'irrigation à énergie solaire,* Energypedia. <https://energypedia.info/wiki/Toolbox_on_SPIS/fr>.

FAO & GIZ (2019) *Impact des systèmes de pompage et d'irrigation à énergie solaire en Tunisie.*

FAO & ICIMOD (2019) *Bangladesh Policy Brief Focus Areas.*

FAO & WWC (2015) *Towards a Water and Food Secure Future. Critical Perspectives for Policy-makers.* <http://www.fao.org/3/i4560e/i4560e.pdf>.

GLOSWI (2018a) *Field visit reports.* <https://thesolarhub.org/?s=visit>.

GLOSWI (2018b) <https://www.youtube.com/watch?v=3H-8qfC68EI>.

GLOSWI (2018c) *Installation Checklist.* <https://thesolarhub.org/resources/installation-control-checklist/>.

GLOSWI (2018d) *Sample bidding document.* <https://thesolarhub.org/resources/bidding-template/>.

GLOSWI (2018e) *Solar Pumping emergency kits.* <https://thesolarhub.org/resources/user-notes-for-emergency-kits-2/>.

GLOSWI (2018f) *The Solar Pumping Toolkit.* WASH Cluster. <https://thesolarhub.org/where-to-start-with-solar/>.

Grundfos (2012) *Grundfos catalogue SP A, SP range.* <https://net.grundfos.com/public/literature/filedata/Grundfosliterature-1098>.

Grundfos (2018) *Livret technique des pompes immergées Grundfos.* <https://www.tech-pompes.fr/wp-content/uploads/2017/12/SP.pdf>.

Grundfos (2020) *Grundfos Product Centre : outil de dimensionnement.* <https://product-selection-classic.grundfos.com/front-page.html?custid=GFD&qcid=1333463915>

Hagenah, M. (2017) Information de GIZ. Programme Énergies Durables (PED).

Huppi, M. et Feder, G. (1990) The role of groups and credit cooperatives in rural lending, *World Bank Research Observer*, 5(2), 187–204. <http://documents.worldbank.org/curated/en/774751468152395258/pdf/770010JRN0WBROOBox0377291B00PUBLIC0.pdf>.

IRENA (2019) *Renewable Power Generation Costs in 2018*, Agence internationale pour les énergies renouvelables, Abu Dhabi. <https://www.irena.org/-/media/Files/IRENA/Agency/Publication/2019/May/IRENA_Renewable-Power- Generations-Costs-in-2018.pdf>.

IWMI (2018) *Business model scenarios and suitability: smallholder solar pump-based irrigation in Ethiopia.* Agricultural Water Management – Making a Business Case for Smallholders. Institut international de gestion de l'eau (IWMI).

Kneiding, C. et Rosenberg, R. (2008) *Variations des taux d'intérêt du microcrédit*, note du CGAP, Banque mondiale, Washington, DC. <https://www.findevgateway.org/sites/default/files/publications/files/mfg-fr-publications-diverses-variation-des-taux-interet-du-microcredit-11-2008-note.pdf>.

Lorentz (2020a) *Efficacité des systèmes de pompage d'eau solaire.* <https://www.lorentz.de/fr/produits-et-technologie/technologie/efficacite>

Lorentz (2020b) *NPSH Calculation.* <https://partnernet.lorentz.de/files/lorentz_psk2-cs_manual_en.pdf>.

MOAIWD (2012) *Standard operating procedures for aquifer pumping tests.* <https://www.rural-water-supply.net/_ressources/documents/default/1-807-4-1530191157.pdf>.

Moving Energy Initiative (2018) *A Summary of Technology-enabled Finance for Solar Systems in the Sahel: Burkina Faso.* <https://mei.chathamhouse.org/file/2249/download?token=d-mcXRLa>.

Mukherji, A., et al. (2017a) *Solar powered irrigation pumps in South Asia: Challenges, opportunities and the way forward.*

Mukherji, A., Chowdhury, D.R., Fishman, R., Lamichhane, N., Khadgi, V. et Bajracharya, S. (2017b) *Sustainable financial solutions for the adoption of solar powered irrigation pumps in Nepal's Terai*, ICIMOD, Katmandou. <https://lib.icimod. org/record/32565>.

REN21 (2019) *Renewables 2019 Global Status Report* <https://www.ren21.net/gsr-2019/>.

SABCS (2015) *Solar America Board for Codes and Standards*. <http://www.solarabcs.org/about/publications/reports/module-grounding/>.

Schnepf, R. (2006) *'Agriculture-based renewable energy production'*, US Congressional Research Service, The Library of Congress, Washington, DC. <https://digital.library.unt.edu/ark:/67531/metacrs8685/m1/1/high_res_d/ RL32712_2006Feb28.pdf>.

Shah, T., Rajan, A., Prakash Rai, G., Verma, S. et Durga, N. (2018) Solar pumps and South Asia's energy-groundwater nexus: exploring implications and reimagining its future, *Environmental Research Letters*, 13(11). <https://iopscience.iop.org/article/10.1088/1748-9326/aae53f/ meta#acknowledgements>.

Skinner, B. (2001) *Chlorinating Small Water Supplies: A Review of Gravity-powered and Water-powered Chlorinators*, London School of Hygiene and Tropical Medicine and Water, Engineering and Development Centre, Londres et Loughborough. <https://www.lboro.ac.uk/orgs/well/resources/well-studies/full-reports-pdf/task0511.pdf>.

UNICEF (2016) *Scaling up solar powered water supply systems: review of experiences*, UNICEF, New York. <https://www.pseau.org/outils/ouvrages/ unicef_scaling_up_solar_powered_water_supply_systems_a_review_of_ experiences_2016.pdf>.

WSTF (2017) *Service Delivery Model Toolkit for Sustainable Water Supply Service*, Water Sector Trust Fund, Nairobi. <https://waterfund.go.ke/publications? download=88:service-delivery-models-toolkit-v2>.

Sites web

Bases de données

POWER Data Access Viewer <https://power.larc.nasa.gov/data-access-viewer/>.
Solargis solar resource maps <https://solargis.com/maps-and-gis-data/overview>.
<https://solargis.com/maps-and-gis-data/download/kenya>. (Annexe B)

Fabricants d'équipements de SPS (chapitre 3)

Variateurs solaires ABB : https://new.abb.com/drives/low-voltage-ac/machinery/
ABB-solar-pump-drives
Pompes et variateurs solaires Franklin : https://solar.franklin-electric.com/
products/high-efficiency/6-inch-high-efficiency-solar-system/
Variateurs solaires Fuji :
https://www.fujielectric-europe.com/en/drives_automation/products/
solutions/frenic_ace_for_solar_pumping
Société Grundfos : www.grundfos.com
Pompes et contrôleurs Lorentz : www.lorentz.com
Prestataire de services solaires : https://www.davisandshirtliff.com
Prestataire de services solaires : https://solargentechnologies.com
Société Well Pumps : https://wellpumps.eu/en/homepage

Fiches techniques de modules PV (consultées en juin 2019)

s-Si : Trina Solar Tallmax DE15M(II) 415 W (www.trinasolar.com)
p-Si : Trina Solar Honey PE06H 300 W (www.trinasolar.com)
a-Si/µc-Si : Kaneka Hybrid U-EA type 120 W
(http://www.kaneka-solar.com/ product/thin-film/)
CdTe : First Solar Series 6 FS-6445 (http://www.firstsolar.com/Modules/
Series-6)
CIS : Solar Frontier SFK185-S 185 W (http://www.solar-frontier.com/eng/)
CIGS : Solibro SL2 Generation 2.3 150 W (https://solibro-solar.com)
HIT : Panasonic VBHN340SJ53 340 W (https://eu-solar.panasonic.net/en/)